西南大学教育学部
现代教育文库

学习分析在高等院校的
理论与实践研究

李 毅 著

人民出版社

图书在版编目（CIP）数据

学习分析在高等院校的理论与实践研究 / 李毅著. —北京：

人民出版社，2019

ISBN 978-7-01-020859-6

Ⅰ.①学… Ⅱ.①李… Ⅲ.①高等学校－教学研究－中国

Ⅳ.①G642.0

中国版本图书馆CIP数据核字(2019)第095514号

学习分析在高等院校的理论与实践研究

XUEXI FENXI ZAI GAODENG YUANXIAO DE LILUN YU SHIJIAN YANJIU

著　　者：李　毅

责任编辑：阮宏波　韩　悦

出版发行：人民出版社

地　　址：北京市东城区隆福寺街99号

邮政编码：100706

印　　刷：廊坊市海涛印刷有限公司

版　　次：2020年5月　第1版

印　　次：2020年5月　河北第1次印刷

开　　本：710毫米×1000毫米　1/16

印　　张：17.75

字　　数：240千字

书　　号：ISBN 978-7-01-020859-6

定　　价：70.00元

销售中心：(010) 65250042 65289539

目　　录

序

人类正处于一个数据爆炸式增长的时代，人的社会行为被量化，在这个过程中各个领域产生的庞大数据量是前所未有的。这些结构化、半结构化和非结构的数据来自数据收集系统，通过互联网实现数据的共享和交流。随着信息技术的不断发展，信息化正式步入"互联网＋"时代。2015 年 3 月 5 日，李克强总理在政府工作报告中提出，制定"互联网＋"行动计划，推动移动互联网、云计算、大数据、物联网等与现代制造业相结合，促进电子商务、工业互联网和互联网金融的健康发展。

"互联网＋"是把互联网的创新成果与经济社会各领域深度融合，推动技术进步、效率提升和组织变革，提升实体经济创新力和生产力，形成更广泛的以互联网为基础的经济社会发展新形态。

"互联网＋"具有新技术、新生产要素、新社会空间和新业态体系四个核心特征。第一，新的技术。先进的基础设施，例如云、网、端一体化的数字化、智能基础设施以及云计算、移动互联、物联网、3D 打印、智能可穿戴技术等设备及工具为创新和发展提供了支撑；[①] 第二，新的生产要素。数据与信息资源已成为各行各业最为核心的资产，大数据的涌现在改变人们的生活与工作方式、企业的运作模式的同时，甚至

---

① 陈丽、林世员、郑勤华：《"互联网＋"时代中国远程教育的机遇和挑战》，《现代远程教育研究》2016 年第 1 期。

还引起科学研究模式上的根本性改变;① 第三,新的社会空间。以互联网为基础,利用信息技术与各领域、多维度的跨界融合,形成了互联互通的社会网络关系,虚拟世界与现实世界的边界逐渐模糊化;第四,新的业态体系。在互联网的影响下新体制、新机制、新分工在形成,随着电子信息技术和网络媒介的快速发展,信息的创造、复制和传播都在提速,使事物在不断超越自身的外延向相邻领域侵入的同时也在不断打破自身内在的规定性。②

"互联网 + 教育"是"互联网 + "背景下教育领域发生的重大变革,其基本含义就是利用信息通信技术和互联网平台,让互联网与传统教育行业进行深度交汇融合,以创造和发展教育新生态。"互联网 + "为教育带来了重大的革新,主要表现在优化教育资源配置,促进教育公平;尊重学生个体差异,满足学生个性化差异;突破学习时空的限制打破传统学校的"围墙",促进学习方式的变革;促进交互学习,丰富课程内容,促进教学方式的变革四个方面。③

教育资源配置的目标是追求效率和公平,"互联网 + 教育"提高教育资源的共享程度,使碎片化和复杂化的教育资源实现其最大价值。这一作用主要体现在两个方面,首先,互联网能够使已有的教育资源价值最大化在传统的教学课堂中,一名教育者仅能面对几十最多上百名学生进行教育,但通过互联网一名优秀的教师将可以同时服务于上千万的学生,学生也可以随时在互联网中选择课程进行学习。其次,互联网打破了地域和时间限制,在互联网上,学生可以实现跨时间、跨学科、跨地区的学习,任何人在任何时间均能接触到同等的优秀的教育资源,促进

---

① 王元卓、靳小龙、程学旗:《网络大数据:现状与展望》,《计算机学报》2013年第 6 期。
② 张天勇:《技术异化与现代性的走向——海德格尔与鲍德里亚的视域》,《科学技术哲学研究》2015 年第 2 期。
③ 平和光、杜亚丽:《"互联网 + 教育":机遇、挑战与对策》,《现代教育管理》2016 年第 1 期。

了教育公平的实现。

个性化教育是"互联网＋教育"核心优势。"互联网＋教育"以学习者为中心，尊重学生的个性差异，对学习者的个性化需求进行满足。此外，根据学习者的学习行为数据还可以对其进行个性化的课程推荐，这些都是传统教育无法满足的。

"互联网＋教育"突破传统的教育模式，创造了一种信息共享、交流合作的交互式学习环境，在这样的学习环境下，学习者和教学者的学习方式和教学方式均发生了改变。在互联网中，学生不需要在固定的时间和地点进行学习，教师也不再是知识的主要占有者和教学的主导者，他们更多情况下是学习资源的提供者，在教学中激发学生的学习兴趣并与学生实现互动。

"互联网＋教育"带来了教学和学习模式的革命。社交网络的构建、教育大数据的分析翻转式课堂等均是"互联网＋教育"的重要实践。学习分析技术正是"互联网＋教育"实现的重要技术之一，而教育数据挖掘就是实现学习分析的核心工具。在前文中提到的个性化教育就是学习分析技术在"互联网＋"背景下应用于教育领域的重要体现。

学习分析是近年来随着"互联网＋"时代的到来，大数据在教育领域的典型应用。目前尚未形成完全统一的学习分析技术的定义。国内外各个学术会议和学者均对其做出了界定。在首届学习分析技术与知识国际会议上，学习分析技术被定为"测量、收集、分析和报告有关学习者及其学习情景的数据集，以理解和优化学习及其发生情景"。[①]新媒体联盟（New Media Consortium）提出"学习分析利用松散耦合的数据收集工具和分析技术，研究分析学习者学习参与、学习表现和学习过程的

---

① G. Siemens, *Learning and Knowledge Analytics – Knewton – the Futureof Education?* 2011, http://www.learninganalytics.net/?p.126.

相关数据，进而对课程、教学和评价进行实时修正"。① 2012 年美国《通过教育数据挖掘和学习分析促进教与学》报告认为"学习分析是综合运用信息科学、社会学、计算机科学、心理学和学习科学的理论和方法，通过对广义教育大数据的处理和分析，利用已知模型和方法去解释影响学习者学习重大问题，评估学习者学习行为，并为学习者提供人为的适应性反馈"。②同年我国学者顾小清提出"学习分析是围绕与学习者学习信息相关的数据，运用不同的分析方法和数据模型来解释这些数据，根据解释的结果来探究学习者的学习过程和情景，发现学习规律；或者根据数据阐释学习者的学习表现，为其提供相应的反馈从而促进更加有效的学习"。③通过上述的定义梳理可知，虽然国内外关于学习分析的定义不完全相同，但其内在核心具有高度的一致性，即通过数据工具和分析技术对教育大数据进行分析，促进教与学的发展。

　　学习分析在教育领域兴起的时间很短，但其历史可追溯至 20 世纪 60 年代。当时大数据尚未出现，英国的开放大学在 1969 年已经开始对搜集和分析远程学习者的课程成绩，学习分析初见雏形。随着 21 世纪互联网的普及，教育大数据逐渐引起了广泛关注。为更好地了解学生的学习行为，对其学习结果进行预测并提供个性化的教学服务，教育数据挖掘技术在教育领域的应用范围不断扩大。但后来通过实践证明，教育数据挖掘过于关注技术，侧重数据模型和模式的抽取，忽略了教育层面的探究。④ 因此，学习分析逐渐从教育数据挖掘领域独立出来，成为一

① *NMC Horizon Report* 2011 *Higher Ed Edition*, 2011, http://www.nmc.org/publications/horizon‐report‐2011‐higher‐ed‐edition.

② *Enhancing Teaching and Learning through Educational Data Mining and Learning Analytics*, 2012, http://www.ed.gov/edblogs/technology/files/2012/03/edm‐la‐brief.pdf.

③ 顾小清、张进良、蔡慧英：《学习分析：正在浮现中的数据技术》，《远程教育杂志》2012 年第 1 期。

④ R. Ferguson, "The State of Learning Analytics in 2012: A Review and Future Challenges", *Knowledge Media Institute the Open University UK*, 2012.

门使用教育挖掘技术对教育现象和教育规律进行挖掘的技术。在此期间，旨在通过运用学习分析，提高学术研究标准、促进开放教育资源发展、提高政策制定者和决策者的分析意识、推进利益相关者的协作沟通和讨论的学习分析学研究协会的成立标志着学习分析正式从教育数据挖掘领域独立出来，融合包括学习科学、统计学、计算机科学、信息科学、社会学等其他学科的技术方法，形成一个独立的新兴领域。①

学习分析由国外引进，在我国尚处于探索和发展阶段，相关研究成果较少。本书将就学习分析的应用原理、国外高校的应用项目、国内高校应用学习分析中的问题与对策建议及学习分析在我国高校的本土化的程度与展望进行具体的阐述。

本书第一章对学习分析的应用原理进行了基本的介绍，主要通过学习分析的五个步骤——数据捕获、形成报告、预测、干预和优化的核心技术和工具进行具体的讲解。学习分析起源于国外，在国外的高校中已有不少的经典成功案例，对我国学习分析技术的发展具有启示意义。第二章主要对国外高校中典型的学习分析项目，如美国普渡大学的信号灯系统、澳大利亚卧龙岗大学的 SNAPP 系统等，进行具体的讲解，这些项目主要体现学习分析与教学辅助系统、学业评价系统以及校园管理系统相结合的应用。在我国高校中，学习分析的发展与应用仍存在很多的问题。第三章主要针对我国高校学习分析发展的问题以及学习分析的利益相关者（研究人员、管理人员、教师及学生等）面临的具体问题进行具体的阐述并提出具有针对性的建议。最后，学习分析作为"舶来品"，成功的本土化应用才是学习分析发展成熟的标志。本书在第四章中针对我国学习分析的本土化环境进行了详细的分析并尝试对学习分析的本土化应用提出了新的发展方向和美好展望。

在编写过程中，作者查阅了大量的国内外相关资料，整合了很多有

---

① 吴青、罗儒国：《学习分析：从源起到实践与研究》，《开放教育研究》2015 年第 1 期。

价值的文献。在此基础上尝试了理论创新与实践探索，充实了本书的内容。尽管如此，由于作者水平有限，加之时间紧张，书中不妥之处在所难免。希望能够更得到各位专家、同仁及教学一线教师的不吝指正。

李　毅

中国 重庆 西南大学

2017 年 2 月 28 日

第一章

学习分析的基本原理

第一章

第一节 章节导论

学习分析需要使用者使用分析技术和数据工具，对教育大数据进行获取、分析和结果整理，这一实践过程需要使用者掌握学习分析的具体操作步骤以完成基本的操作，并在此基础之上了解相关的核心技术和原理以深入理解这些操作的内涵、针对不同的情况选择不同的操作并能够深入解读相关的分析结果。最后，使用者需要了解一些主流工具，并根据各步骤的不同需求来选择不同的工具。每一步骤的操作不能离开对核心技术的理解，核心技术的具体体现则是通过每一步骤的操作和结果解读体现，而学习分析工具则使得学习分析技术更具有可操作性，三者互为一体，密不可分。

本章从学习分析的基本步骤、各阶段的核心技术和学习分析的主流工具三个小节展开论述和分析，为大家介绍学习分析的基本原理。综合前人的研究，本章将学习分析划分为三个阶段——数据获取阶段、数据分析阶段和结果运用阶段，五个步骤——数据捕获、形成报告、预测、干预和优化进行详细论述。第二节是对学习分析五个步骤的具体介绍，主要从定义、重要性和案例分析三个方面来介绍；第三节是对学习分析三个阶段下核心技术的具体论述，三个阶段对应的核心技术分别是数据转换接口、数据挖掘与社交网络和可视化报告的呈现；第四节是对学习分析主流工具的论述，侧重于使用社交网络技术的工具和使用数据挖掘技术的工具两大工具的介绍。

目前学习分析的定义尚未统一，但可以概括出学习分析的五个步骤——数据捕获、形成报告、预测、干预和优化，本章的第二节详细介绍了学习分析的五个步骤，首先对各个步骤做出定义，并阐述该步骤在整个学习分析过程中的位置和作用，最后给出相关案例，以呈现每一步骤的具体实践途径。

在理解了每一步骤之后，使用者需要进一步了解这些步骤背后的技术原理，以在操作过程中根据不同实际情况做出适当调整，并在得到分析结果后进行适当解读并运用于教学现状的改善之中。因此本章在介绍学习分析的基本步骤之后，进一步介绍了学习分析过程中的某些重要的技术手段，以帮助使用者进一步理解学习分析。学习分析的实际操作可以分为五个步骤，而这五个步骤又可以进一步分为三个阶段，即数据获取、数据分析和结果运用，[1] 这三个阶段所借助的核心技术各有不同，分别为数据转换接口的建立与适用、数据挖掘法与社交网络分析法和干预引擎，涉及数学、统计学、信息技术等学科。

最后，要将学习分析投入实际操作中，还需要借助一些分析工具，学习分析面对的教育大数据数量庞杂，完成相关的步骤操作必须借助相应的工具。这些工具根据其使用的数据分析方法不同可以大致分为使用数据挖掘的工具和使用社交网络分析法的工具，使用者需要根据自己在学习分析过程中的具体需求进行工具的选取。

---

[1] J. A. Larusson, B. White, *Learning Analytics: From Research to Practice*, Berlin: Springer Publishing Company, 2014, p. 16.

第二节　学习分析的基本步骤

一、整体模型构建

在学习分析的发展过程中，研究者首先面临的问题便是对学习分析实现过程的阐述，不同学者在这一点上有不同的看法，也因此造成了学习分析流程的多种整体模型，这些整体模型中学习分析的各个步骤也有各种不同的划分方法。为了对学习分析模型有更深入的了解，本节首先介绍国内外较为知名的学习分析模型，以帮助读者对学习分析进行初步而整体上的了解。本节将从设计特点、模型组成和特性三个方面重点介绍国外较为知名的四个学习分析模型、国内较为完善的四个分析模型，以及已有的模型分类讨论。

（一）国外学习分析模型

1. GorgeSimens 的学习分析过程模型①（如图 1.1）

在改变了传统课堂教学的技术化知识和学习模型（Technologically Externalized Knowledge and Learning, TEKL）的基础上，Simens 提出了学习分析过程模型。如图 1.1，可知本模型包括了四个主要环节：数据收集、分析、预测和干

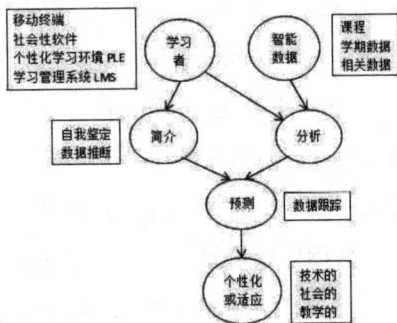

图 1.1　Simens 的学习分析过程模型

① G. Siemens, *What Are Learning Analytics*, 2016, from: https://opus. lib. uts. edu. au/handle/10453/19517.

预。数据的两大来源是学生的移动终端和课程。移动终端产生的学习数据会被反馈给学生进行自我鉴定和数据推断。学习者数据和课程产生的智能数据被捕获后会在分析环节进行社会网络等分析最终形成威胁信号。之后，在预测环节还需要数据跟踪保证数据的动态更新。最终采取技术、社会、教学三个方面的干预以达到实现学习个性化的目标。此模型确定了学习分析模型的基本要素，为后续的学习分析模型研究奠定了基础。

2. Elias 的持续改进模型① （如图 1.2）

Elias 结合了知识的连续性、分析的五步法、知识管理模型，建立了持续改进模型。此模型由一大核心和三大阶段组成。一大核心是技术资源，其包括组织机构、计算机、人力和理论。三大阶段是数据收集、数据处理、知识应用。在技术资源的支持下，数据收集阶段会对获取的数据进行选择，数据处理阶段能够聚合数据以及预测数据，知识应用阶段则可以使用

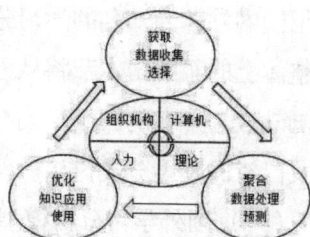

图 1.2　Elias 的持续改进模型

预测结果和优化模型。该模型的显著特性是循环性，即三个阶段循环发展，提高教与学的持续性。

这一模型以 Simens 的模型为基础，进一步将学习分析的五个步骤，即数据捕获、形成报告、预测、干预和优化进一步分成三个阶段，数据获取属于第一个阶段，即数据收集阶段；形成报告和预测属于第二个阶段，即数据处理阶段；干预属于第三个阶段，即知识应用阶段，最后的优化步骤则是使用和分享的一部分，在此研究者也将其归为知识应用阶段。这一模型与前一模型相比更加注重学习分析整个过程的连贯性。可以看出，在这个模型中，学习分析的几个阶段并不各自为营，而是最终

① T. Elias, "Learning Analytics: Definitions, Processes and Potential", *Learning*, Vol. 23, No. 23(2011), pp. 134 – 148.

形成了一个圆环相互呼应。由于该模型自有的理论基础和明显的优势，许多研究者均以此为基础进行研究。本书也借鉴该模型进行步骤划分、技术和工具的介绍。

3. 沃尔夫冈和亨德里克的要素模型（如图1.3）

考虑到学习分析中的非技术因素——学习分析的影响和接受度等因素，沃尔夫冈和亨德里克采用一般形态分析法，对学习分析研究社区里讨论的话题进行了归纳，建立了学习分析

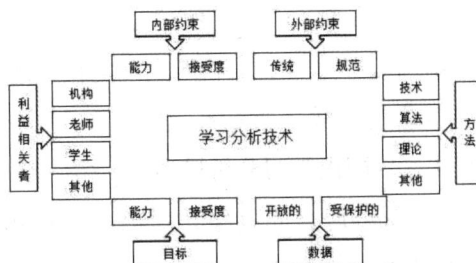

图1.3　要素模型

技术要素模型。该模型由六大维度构成，分别是：内部约束、外部约束、方法、数据、目标和利益相关者。各个维度相互联系，每个维度之下又有更细致的模块划分。

4. Chatti 等的学习分析模型①（如图1.4）

Chatti 等将影响学习分析的因素融入到数据环境与技术中，建立了此学习分析模型。该模型有四大维度：数据与环境、技术、利益相关者、目标。数据与环境模块阐述了具有开放性、分散性和异构性的环境以及大数

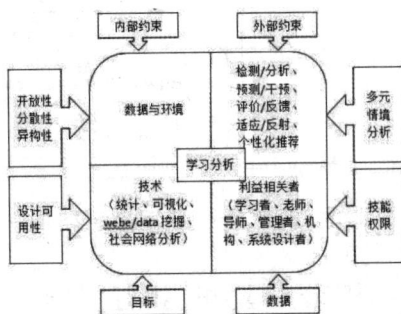

图1.4　Chatti 的学习分析模型

---

① M. A. Chatti, H. Drachsler, "Translating Learning into Numbers: A Generic Framework for Learning Analytics", *Technology Enhanced Learning Archive*, Vol. 4, pp. 1 – 22.

据和数据仓库；技术维度着重介绍统计、可视化、**web/data** 挖掘等技术；利益相关者维度中介绍了学习者、老师、导师、管理者等相关人员，同时也提出了利益相关者技能权限和伦理、隐私、管理约束等方面的问题；目标维度说明了在多元情境分析下该模型的主要目的，包括监测/分析、预测/干预、评价/反馈、适应/反射和个性化推荐。该模型的主要特性是整体性，即将四大维度和数据采集与预处理、数据分析与行动等步骤统合成一个整体。

（二）国内学习分析模型

1. 马晓玲、邢万里、冯翔、吴永和的学习分析对象数据模型①（如图1.5）

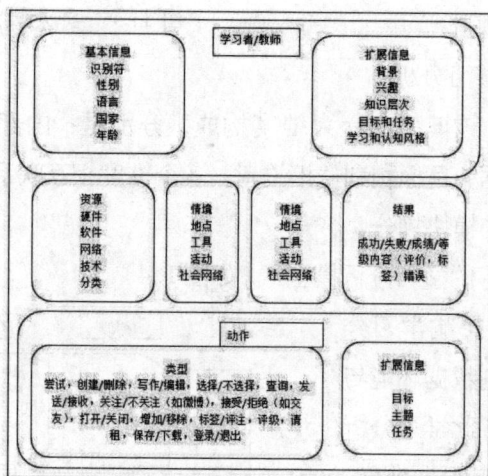

图1.5 马晓玲、邢万里、冯翔、吴永和的学习分析对象数据模型

马晓玲、邢万里、冯翔、吴永和根据学习分析对象、学习分析系统数据流的分析，同时参考前期成果，建立了学习分析对象数据模型。此模型可以收集用户对资源的各类操作信息，如尝试、创建、删除、写作、

---

① 马晓玲、邢万里、冯翔、吴永和：《学习分析系统的构建研究》，《华东师范大学学报》2014 年第 2 期。

编辑等，也可捕获动作发生时用户使用的资源、情境、时间和结果的信息。同时包含学习者和教师的基本信息和扩展信息。该模型初步集合了各类数据元素，还需要整合其他的理论模型，如活动理论模型进行改进。

2. 胡艺龄、顾小清、赵春的在线学习行为分析模型①（如图1.6）

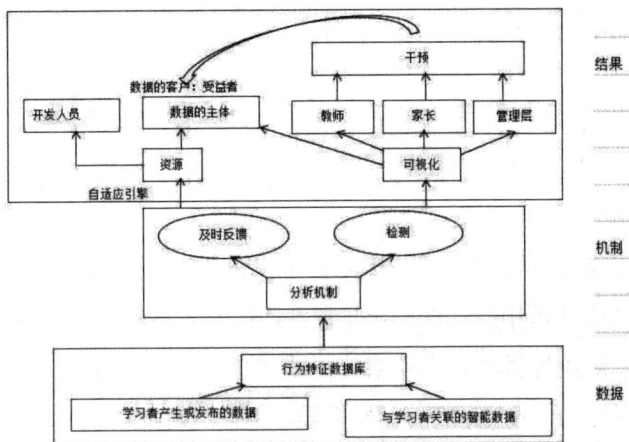

图1.6 在线学习行为分析模型

该模型遵循问题解决流程模式，自底向上将模型分为三个层次：数据、机制、结果。数据层呈现学习者可能产生的数据源和数据库；机制层辅助理解与优化学习效果的技术与方法；结果层体现利益相关者与数据之间的关联、影响学习效果的关系流程。因为学生既是数据的产生者又是技术的受益者，所以该系统具有明显的周期性，即数据不断迭代更新。

3. 姜强、赵蔚、王朋娇、王丽萍的个性化自适应在线学习分析模型②（如图1.7）

① 胡艺龄、顾小清、赵春：《在线学习行为分析建模及挖掘》，《开放教育研究》2014年第2期。
② 姜强、赵蔚、王朋娇、王丽萍：《基于大数据的个性化自适应在线学习分析模型及实现》，《中国电化教育》2015年第1期。

该模型的理论基础是个性化自主学习、个性化适应推荐、个性化心理学和计算机科学。该模型有四大维度：数据与环境、关益者、方法、目标。数据与环境维度着重考虑有效聚合开放、碎片化和异构数

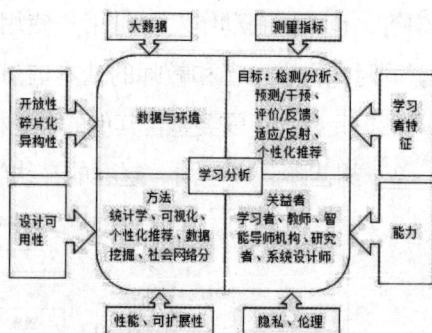

图 1.7　个性化自适应再现学习分析模型

据；关益者维度探讨了学习分析对各主体的作用以及隐私、伦理问题；方法维度从设计可用性和性能可扩展性出发，重视统计学、可视化、个性化推荐、数据挖掘和社会网络分析的技术；目标维度实现的目标主要有检测/分析、预测/干预、辅导/指导、评价/反馈、自适应、个性化推荐和反思。该系统的特性是个性化，即考虑学生个性化特征，实施个性化的学习分析。

4. 祝智庭、沈德梅的智慧教育中的 LA 过程模型①（如图 1.8）

该模型以学习科学、教学法、课程设计理论、统计学等为理论基础。主要采用描述性统计分析、相关分析、回归分析、社会网络分析、内容分析等数据处理方法。该模型包括三大环节：LA 目标的确定、LA 本身的开发和干预。其中 LA 本身的开发主要针对数据方面，如数据操作、分析、呈现等方面的

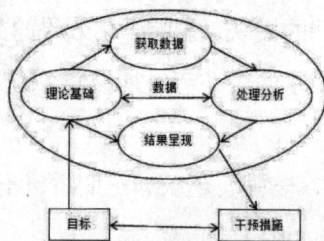

图 1.8　智慧教育中的 LA 过程模型

开发。该模型的特点是目的性，即重视在开发 LA 系统之前确立明确的目标，从而促进整个模型朝着目标接近。

（三）已有学习分析模型分类研究介绍

郑晓薇按照不同模型强调的内容和呈现形式将学习分析模型划分为三种类型，[①] 见表 1.1：

表 1.1 不同类型学习分析的模型比较

类型	设计特点	重点环节	呈现形式	特性	案例
反馈环状学习分析模型	从理论角度出发，整体描述了学习分析的实施环节及流程	数据采集、数据处理、结果应用	环状	过程性、循环性	Elias 提出的持续改进模型
交互网状学习分析模型	从技术角度出发，为构建学习分析系统及平台提供参考	数据采集、数据处理、个性化与自适应	网状	交互性、多源性	SOLAR 的学者提出的整合式学习分析系统
多因素学习分析模型	从人文角度出发，列举出限制实施学习分析的条件、影响学习分析结果的因素	数据、对象、环境、技术工具	模块化	整体性、完备性	Chatti 的学习分析模型

这三类模型的共性有：以数据采集和数据处理为基础，重视数据分析，综合考虑环境、技术等因素对学习分析的影响。但这三类模型各有侧重点：反馈环状学习分析模型重视数据的采集预处理以及分析结果的应用；交互网状的学习分析模型强调各个环节的技术支持，并将信息交互特征融入学习分析的过程中；多因素学习分析模型展示了人文层面，重视分析影响学习分析的各方面因素及相互制约的关系。反馈环状分析

---

① 郑晓薇、刘静：《学习分析模型的分类与对比研究》，《现代教育技术》2016 年第 8 期。

模型侧重于每一步骤操作与结果的呈现，交互网状分析模型侧重对每一步骤的实现技术的阐述，多因素学习分析模型则侧重于对每一步骤实现结果的影响因素的讨论，侧重点不同也导致三个模型的使用场合各不相同。

本章主要介绍的是学习分析每一步骤操作与实现，因此将主要采用反馈环状学习分析模型介绍学习分析的主要实现流程。本章第二节主要阐述学习分析的基本步骤，涉及各个步骤的具体实现过程，因此采用西蒙斯的观点，在反馈环状模型将学习分析划分为数据获取阶段、数据分析阶段和结果运用阶段这三阶段的基础上进一步将学习分析的具体操作分为五个步骤，即数据收集、结果呈现、形成报告、预测、采取行动和优化，以对各个步骤的具体操作进行更为详细的阐述。

二、数据捕获

（一）定义

数据捕获[1]指的是采用一定的方式和技术对学习情境下产生的数据进行收集。数据捕获的主要捕获对象是学习数据。学习数据是指通过对学生学习过程中所产生的学习日志进行滤处理后得到的数据。[2] 学习数据的来源十分广泛，大部分学习数据是学生学习过程中自然发生的数据，是即时产生的，需要及时采集。实时数据的捕获主要依赖于传感器、射频识别技术或专门的软件等。例如，利用图像传感器捕捉学生在观看教学视频时的实现移动，借助专门的软件跟踪记录学生学习时长和完成习题检测的全过程，使用特定的学习系统来捕获学生在该系统上学习的轨迹等。经过各种渠道捕获的学习分析数据，种类和结构极其复

---

[1] J. A. Larusson, B. White, *Learning Analytics: From Research to Practice*, Berlin: Springer Publishing Company, 2014, p. 16.

[2] 马晓玲、邢万里、冯翔、吴永和：《学习分析系统构建研》，《华东师范大学学报（自然科学版）》2014 年第 2 期。

杂，只有少部分是结构化数据，大部分是难以计量和分析的非结构化数据。这些数据需要被编码转化成单一或是便于处理的结构才能进行数据分析。

本书将学习分析分为三大阶段，有五个步骤：数据捕获、形成报告、趋势预测、采取措施和优化。此外，吴永和等学者将学习分析系统的整体框架组成划分为四个层次：① 数据层、分析层、报告层、干预和适应层。其中，数据层的定义与数据捕获的定义较为相近，学习分析的数据层主要用于收集、获取与"教学过程"、"学习过程"相关的各种信息、数据。目前学习分析技术所需数据的来源有：数据仓库中的基本信息数据、网络服务器中的用户浏览日志、学习网站和通过学习系统挖掘的其他文本数据（例如评论、博客、搜索词等）。

（二）重要性

大数据改变了学生的学习方式，智能手机、平板电脑等电子信息设备在学习情境中被广泛使用，为学习分析提供了丰富的数据来源。学习管理系统（Learning Management System，LMS）中存储着大量学生学习数据，学生在线学习保留了大量学习轨迹信息，社交网络中的学习行为更是呈现出急剧增长的趋势。这些数据来源丰富，数量巨大，而且格式多样。为了充分利用这些数据来指导学习，学习分析应运而生。而数据捕获正是把这些数据收集、编码最终形成分析结果的最初步骤，是连接学生学习时间与学习分析的重要纽带。

学习管理系统收集学习信息形成的分析报告有助于个人确定个性化、多样化的学习方案，从而促进学习与发展。而数据捕获是学习分析中将学生多样化的学习数据信息捕获、编码，为学习分析提供重要的数据基础。数据捕获在学习分析系统海量的学习数据中捕获了有价值的学习数据，并且将非结构化数据转化为结构化数据，为下一步的形成报告

---

① 吴永和、陈丹、马晓玲：《学习分析：教育信息化的新浪潮》，《远程教育杂志》2013 年第 4 期。

提供了可靠的数据源。

（三）相关案例

数据捕获是将学习者在学习分析系统中学习产生的数据进行收集和存储。但是，捕获的学习数据的种类繁多、结构极其复杂，部分非结构化数据需要编码才可以应用。在数据捕获中，捕获数据的编码方式尤为重要，因为适宜的编码可以让数据不仅变得更易于保存，也变得更加具有流通性，可以在不同的分析系统中进行流通。基于此，本节选取了课堂教学行为分析系统数据编码的案例进行具体分析，尝试从这一系统的实际编码过程中分析得知编码的具体操作过程和实际运用的效果。

穆肃等人结合国内外现有的教学行为分析方法和自身对课堂教学活动理论，提出了一种基于教学活动的"课堂教学行为分析系统"①(Teaching Behavior Analysis System，TBAS)。该系统将信息化环境下的课堂教学行为分为三种：教师活动、学生活动和无意义的教学活动。并且对这三类教学行为建立了分类编码规则，然后通过定时抽样来获取分析样本，同时对行为类型进行编码，最后根据编码结果建立起教学行为的数据矩阵。下面是对 TBAS 数据捕获中收集数据与编码的简要介绍：

1. 制定教学行为的分类表及编码规则

TBAS 将课堂教学行为划分为：教师活动、学生活动和无教学活动意义三大类。在每一大类下又划分出若干子类，对每个子类行为的名称及其具体内容都有详细的描述，并赋予每一个子类唯一且统一的编码。

教师活动类的八项子类活动是：提问、反馈、讲授、指示、传统的媒体演示、计算机多媒体信息演示、设备的基本操控、课堂的监督与控制。前四项用来考察教师的常规行为对课堂教学的影响，后四项则用来考察信息化教学环境中教师对技术与媒体的运用状况以及课堂教学中教师对学生行为的监督与管理。

---

① 穆肃、左萍萍：《信息化教学环境下课堂教学行为分析方法的研究》，《电化教育研究》2015 年第 9 期。

学生活动类的六项子行为活动是：应答、主动提问、与同伴讨论、做练习、观看媒体演示、操纵媒体。通过考察这些行为，可以了解学生的师生互动、学生之间的互动情况以及学生在使用技术多媒体方面的表现行为。

无教学意义活动是指教学过程中可能出现的短暂安静或混乱，使观察者无法判断当前的师生行为具体类型。表 1.2 详细介绍课堂教学活动的分类与编码。

表 1.2 基于教学活动的课堂教学行为分类及编码表

分类	编码	行为内容	描 述
教师活动（T）	1	提问	教师以自己的意见或想法为基础，询问学生问题，并期待学生的回答
	2	反馈	教师回应学生的应答行为，回答学生的提问，给出学生一些指导性的意见等
	3	讲授	教师就内容、步骤提供事实或简介，表达自己的观点，提出自己的解释，或引述权威的看法，包括借助媒体展示辅助讲授行为
	4	指示	指示或命令学生做某件事情，此类行为具有期望学生服从的意图
	5	传统媒体演示	教师通过书写板书、利用挂图、录音机、实物展示等方式呈现教学信息、要点
	6	计算机多媒体信息演示	教师通过演示计算机系统中各种多媒体信息向学生展示内容，包括以演示为主的辅助性语言解释
	7	设备基本操控	对媒体设备功能的测试、安装、调控等，以及媒体演示前的一些准备行为，如查找、拷贝文件等
	8	课堂的监督控制	教师对教学中学生的活动和行为进行监督，如警告学生玩手机、聊天、上不良网站等行为，包括教师自身或通过计算机系统监控学生的行为。

续表

分类	编码	行为内容	描　　述
学生活动（S）	9	学生应答	学生回应教师的提问
	10	主动提问	学生根据学习内容，主动提出问题，期望教师给予解答
	11	与同伴讨论	学生与同伴讨论、交流看法
	12	做练习	学生通过传统方式（如书本、纸、笔、黑板、实物等）的课堂练习，包括学生的朗读练习、写作练习等
	13	观看媒体演示	学生观看多媒体演示，如聆听音乐、观看动画或视频、浏览网页等
	14	学生使用多媒体	学生使用多媒体查找学习资料，使用计算机操作练习、呈现内容、说明观点、演示学习成果等
无教学意义活动 (I)	15	无助于教学的沉静或混乱	教学中暂时的安静或混乱，以至于观察者无法判定师生具体行为的具体类型

2. 抽样获取样本对行为进行编码的运用状况

依据上文给出的分类方式以及编码规则对课堂教学过程进行编码，观察者应先对课堂教学过程实录的视频按照一定频率进行取样，再对样本按类型进行分类，并用其对应的代码进行编码标记，从而形成课堂教学行为的矩阵，最后进行课堂行为变量分析。

通过 TBAS 分析系统对课堂教学实录中收集的信息进行处理分析，能够得到较为客观的教学信息。更好地展示了教师活动、学生活动、无教学意义活动三方面的活动状况，为教师改善教学、学生改善学习提供了较好的案例，能够让师生更及时地发现在课堂教学中不足之处，从而及时改正以达到较为理想的教学目标。但是真正的课堂教学活动是复杂的，本系统的编码不够精细，不能完全概括课堂的所有活动，仍需要研究者的不断探索寻求解决的方法。

三、形成报告

（一）定义

形成报告是学习分析的第二步。形成报告是指教学情境下原始数据被捕获后经过处理反馈给学习系统使用者的过程。[①] 而对数据进行处理形成反馈，最重要的因素是数据的可视化。因为学习分析所提取的数据数量巨大，内容庞杂，只有通过对报告内容进行梳理，使其便于理解和读取，才能够使报告的读者对相关的信息有所了解。而要使报告变得便于理解，最有效且最广泛的手段就是对原始数据进行可视化处理。因此，形成报告的关键在于如何将原始数据在最大程度上实现可视化。

可视化是利用计算机图形学和图像处理技术，将数据转换成图形或图像在屏幕上显示出来，并进行交互处理的理论、方法和技术。可视化的最大优点在于其可使不易理解的数据转化为易于理解的图像或图形，用户因此可以轻松地获知想要的信息，而不用花费过多的精力解读数据。虽然可视化具有显著的优点，但其实际运用却存在诸多的问题，如数据量过大、数据种类太多等，使得其在各领域中的实际运用遭遇了很多的困难。在学习分析中，原始数据无法最大程度上实现可视化的原因在于捕获的数据量过大。当研究对象只局限在一个很小的学生团体中时，直接描述捕获到的数据是较简单的。当研究对象的范围扩大、研究对象的行为多样化，捕获到的数据会更加复杂，即使能够将捕获到的数据进行可视化，其形成的报告也会很多，不便于使用者进行报告的查看，这就对可视化的实现提出了更高的要求。在学习分析系统中，为更好地解决这一问题，通常采用"仪表盘"来实现数据的可视化，展示形成的报告。

"仪表盘"整合了学习分析系统捕获的学生学习数据，形成了反映

---

① J. A. Larusson, B. White, *Learning Analytics: From Research to Practice*, Berlin: Springer Publishing Company, 2014, p. 16.

学生学习各个方面的综合表。用户可以根据"仪表盘"所显示的图表，了解学习进度、作业情况和学习交往等方面的具体信息。

（二）形成报告的重要性

形成报告是将原始数据处理和反馈给用户的重要过程，是在数据捕获的基础上对捕获到的原始数据的处理与转化，目的在于为用户提供可视化的报告。在学习分析的过程中，教师、管理者和学生是报告的直接反馈者。对教师而言，形成的报告提供了学生学习总体状况，有利于及时对教学做出调整，从而使教学更加贴近学生的学习状况；对管理者而言，形成的报告提供学生的学习信息便于制订适合学生学习发展的教育政策和教育规划；对学生而言，形成的报告是对他们学习状况的重要反映，有利于学生增加自我学习状况的了解。学习系统所形成的报告是对学生学习的客观反映，是学生在自我认知的主观认识之外对自我学习状况增加了解的重要途径。

在当今中国学生数量众多的国情之下，学习分析系统形成的报告尤为重要。由于班级内学生人数过多，教师无法对班里的每一位学生做出细致客观的学习评价，一方面抑制了部分学生的学习发展，另一方面，教师无法及时改进教学以适应学生的学习现状。学习分析系统则会全面捕获学生学习的数据，形成客观的学习报告，不仅帮助学生形成对自我学习的客观认知，还向教师和教育管理者提供了真实可靠的学习现状分析。

（三）相关案例

正如上文所言，教师、管理者和学生是报告的直接反馈者。因此案例选取了 Canvas 系统的教师和管理者视角的报告①与社会化学习分析系

---

① 黄赟茹：《大数据时代学习平台的数据统计分析功能研究——以 Canvas 和 Sakai 系统为例》，《情报工程》2016 年第 3 期。

统①下学生视角的报告进行分析。

1．Canvas 系统：教师和管理员视角的报告

美国 Instucture 公司在 2011 年开发了 Canvas 学习管理系统，该系统的特征是云服务架构设计、教与学工具整合应用、强大的数据分析、支持移动用户和开源应用，② 打破了传统教学平台的局限。Canvas 形成的教师视角报告和管理员视角报告具体内容见表 1.3 和表 1.4。

表 1.3　教师视角的课程分析报告

一级分类	分析内容	二级分类	分析内容
活动	时间、参与项、页面视图数	\	\
提交文件	作业名称、到期日期、缺少百分比、准时百分比		
评分	名称、高分、中等分、低分		
学生	页视图；参与；提交文件；当前分数	活动	时间、页面查看数
\	\	通信	学生与老师通信数、时间
		提交文件	作业名称、按时提交、没按时提交、未交为接受的学生
		评分	课程名称、最高分、中等分、最低分、该同学该课程得分

① G. Simens et al, *Open Learning Analytics: an Integrated, Modularized Platform*, Ph. D Thsis, Open University Press, 2011.

② 黄德群：《云服务架构下的 Canvas 开源学习管理系统研究》，《中国远程教育》2013 年第 7 期。

表 1.4　管理员视角的课程分析报告

分类	内容
按日期划分的活动	时间、活动项数、页面视图数
按类别划分的活动	类别、页面视图数
评分分布	百分比学生、分数
课程统计	总计、作业、学生、文件存储
讨论	讨论帖、新建讨论、新建讨论条目
作业	作业小组、课程标准说明、所有评分标准说明
活动学生	为接受的学生
测验	测验题、测验提交

在收集数据方面，Canvas 更重视学生学习行为数据的收集，对教师的行为数据收集较少；在数据的呈现方面，Canvas 的报告直接将教师和管理员所需的信息呈现出来，强调数据的精确，注重教学过程中的数据变化。

2. 社会化学习分析（Social Learning Analytics，SLA）：学生视角的报告

社会学习强调的是学习者如何在自己的文化和社会背景下建立完整的知识体系。Rebecca 和 Simon 提出的社会学习分析[①]使用了仪表盘对学生学习形成报告，具体如图 1.9 所示：该仪表盘分为五大模块：第一个模块"学习语言分析"（Learning Dialogue Analytics）是对学生 Kris 的学习的语言侧重点进行分析，该模块利用语言识别软件，分析了 Kris 谈话中的重要组成要素，并且找出 Kris 谈话中缺少的要素（Challenge）。

---

① R. Ferguson, S. B. Shum, "Social Learning Analytics: Five Approaches", *International Conference on Learning Analytics and Knowledge*, 2012, pp. 23 – 33.

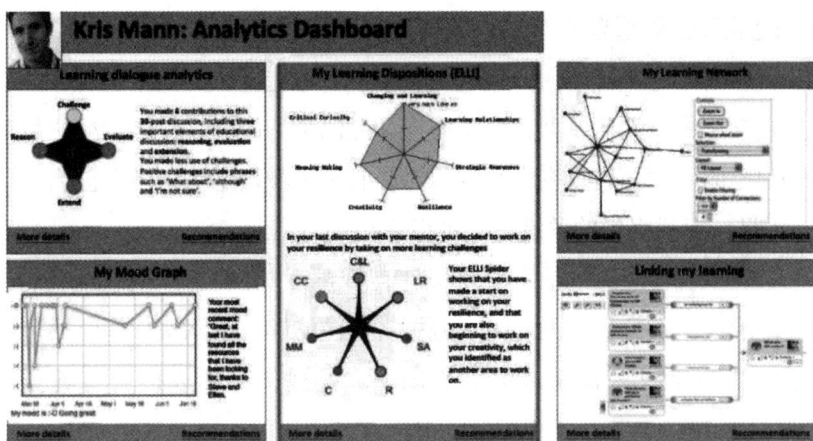

图 1.9 Kris Mann 的分析仪表盘

第二个模块"我的心情图"（My Mood Graph）以时间为横轴，采集了 Kris 在学习过程中发布的博客。Kris 发布博客信息中反映了他在学习过程中的心情变化和原因。第三个模块"我的学习倾向分布"（My Learning Dispositions）记录的是 Kris 在 ELLI①（反映学习者技能和倾向的网络调查工具）上的简要状况。蜘蛛网图（Spider Diagram）显示的是 Kris 感知到学习相关方面，例如学习关系、策略感知、创造力和适应力等。下方则是对 Kris 在这几方面的具体分析。第四个模块"我的学习网络"（My Learning Network）展示了 Kris 在一门课程内的学习合作情况。每一个红点代表的是一个主体，连接的线条即表示主体间存在学习合作。Kris 可以通过这个图来查看交互学习的状况和建立时间。第五个模块"联系我的学习"（Linking My Learning）是一个展示 Kris 学习中产生的重要思考的嵌入图，该图呈现了 Kris 产生的思考间的有意义联系。

社会化学习分析的报告中，数据的来源广泛，从课余的博客信息到

---

① G. Claxton, "Developing an Effective Lifelong Learning Inventory: the ELLI Project", *Assessment in Education: Principles, Policy, Practice,* Vol. 3（November 2004）, pp. 247－272.

课上的学习信息都有所涉及。数据的呈现方式多样，报告采用了折线图、蜘蛛网图等多种图形，直观展示学生在各个模块的数据状况。此报告重视学生的个性化发展，着重分析学生的学习倾向，帮助学生更好地认知自己的能力，也重视学生的思考，有利于激发学生学习的创造力。

（四）形成报告的关键——可视化

人类从外界获得的信息有 80% 来自视觉系统，[①] 当数据以直观的可视化图形展示在分析者面前时，分析者往往能够一眼洞察数据背后隐藏的信息并转化成具有深刻意义的知识。可视化对形成报告有着重要意义。

信息的可视化是许多研究的重点。面对用户接收的信息超载的问题时，信息的可视化方法应运而生。Wong 等人在《极端大规模数据可视分析面临的十大挑战》[②] 一文中指出，未来的十大挑战主要聚集于可视化分析领域所关注的核心问题：认知、可视化、人机交互的深度融合。人机交互（Human – Computer Interaction）的定义是：人与系统之间通过某种对话语言，在一定交互的方式和技术支持下的信息交互过程。其中的系统可以是各类机器，也可以是计算机和软件。在学习分析中，设计和实施可视化的困难在于是否能在学生和系统的交互中得到反映学生真实情况的原始数据。系统需要以适应学生的对话语言与学生进行交互，实现最大程度上获取最接近学生真实状况信息的目标。由此形成的可视化报告的真实性才能得到保障。本书将在第二章仔细探讨可视化的问题。

四、预测

（一）定义

学习分析的第三步是预测。预测是根据已有的数据、规则和模型进

---

① L. Ren, Research on Interaction Techniques in Information Visualization, Ph. D. Thesis, *The Chinese Academy of Sciences*, 2009.

② P. Wong, et al. , "The Top 10 Challenges in Extreme – scale Visual Analytics", *IEEE Computer Graphics and Applications*, Vol. 32, （April 2012）, pp. 63 – 67.

行分析推理，对未发生的事物做出估计。[①] 在数据捕获和形成报告之后，预测将利用捕获到的数据建立预测模型对用户的未来学习状况进行预测，发挥数据内在的价值。[②] 建立预测模型有许多技术和方法，需要依据具体的情境选择最适合的技术和方法。学习分析的预测可以分为两大类：统计推断（Statistical Inference）和机器学习（Machine Learning）。这两类方法都是通过收集数据建立模型来预测将来。在这两种类型之外，用于预测的还有一些专门的技术。由于在学习分析平台上捕获到的数据是多种多样的，专门的技术能够提供更好的预测。例如，采用社会文化话语分析（Sociocultural Discourse Analyze）来分析学习活动中的同步聊天。[③]

1. 统计推断简述

统计推断是指由样本资料去推测相应总体情况的理论和方法，也就是由部分推全体，由已知推未知过程。[④]

在统计推断中，较为简单的常用预测模型是线性回归模型。回归分析是研究变量与变量之间的关系，分析一些变量对某个变量的影响，并进行预测或控制的一种数理方法。回归的一个重要用处是对自变量的给定值预测影响变量的未来值。回归的三阶段过程是：数据收集、模型选择与估计、模型确认。[⑤] 数据收集是这一过程的重要前提，好的数据是后两个阶段的重要基础。模型的选择由变量的选择和变换组成。模型的

① 李艳燕、马韶茜、黄荣怀：《学习分析技术：服务学习过程设计和优化》，《开放教育研究》2012 年第 5 期。

② J. A. Larusson, B. White, *Learning Analytics: From Research to Practice*, Berlin: Springer Publishing Company, 2014, p. 16.

③ R. Ferguson, B. S. Simon, "Learning Analytics to Identify Exploratory Dialogue within Synchronous Text Chat", *Proceedings of the 1st International Conference on Learning Analytics and Knowledge*, 2011.

④ 张厚粲、陈建平：《现代心理与教育统计学》，北京师范大学出版社 2003 年版。

⑤ R. D. Cook, S. Weisberg, *Residuals and Influence in Regression*, New York: Chapman and Hall, 1982, p. 32.

确认可以由多种方法完成，例如使用样本的统计量来度量平均预测误差。回归从自变量数目上看，分为一元回归和多元回归。一元回归是一个解释变量对被解释变量的影响，多元回归则是多个解释变量对被解释变量的影响。在复杂的学习情境下中，一个变量的分析往往涉及多个影响变量，多元回归尤为重要。本节将在相关案例部分具体论述多元回归预测模型的建立。

2. 机器学习简述

机器学习就是要使计算机能模拟人的行为，自动地通过学习获取知识和技能，不断改善性能，实现自我完善。简而言之，机器学习是利用一组因素得到一则算法，再用额外的数据来预测构建算法的因素。得到算法之后，需要计算该算法的有效性，这保证了预测了真实性。[①]

最为成熟和广泛的机器学习应用于学习分析的类型是：分类。分类器可以将输入的离散或者连续特征值的矢量转化输出一个独立的离散值，也就是类型，达到分类的目的。[②]

（二）重要性

预测作为学习分析的第三步，对学习分析的三大直接利益相关主体具有重要的意义，具体表现如下：

1. 预测促进教师教学

教师可以通过预测模型预测学生的最终学业成绩，在学生学习过程中及时对表现不佳的学生进行教学干预，从而优化教学结果。预测模型的结果可以为教师提供教学过程中重要环节的参考，提醒教师在重要的教学环节上抓好教学。

2. 预测促进学生学习

---

① 闫友彪、陈元琰：《机器学习的主要策略综述》，《计算机应用研究》2004 年第 7 期，4－13 页。

② P. Domingos, "A Few Useful Things to Know about Machine Learning", *Communications of the ACM*, Vol. 55（October 2012）, pp. 78－87.

学生根据预测可以对学习环节上出现的问题做出及时的补救措施。根据预测模型，学生可以了解到不同学习环节的重要性，从而对自身的学习投入进行调整，制订合理的学习计划。对重点环节多加注意，以便取得较好的学业成绩。

3. 预测促进教学管理

管理者通过预测可以了解学生现阶段的学习行为导致的学习结果，从而对教学做出及时的调整。根据预测模型，管理者可以了解到教学重难点从而设置更为合理的课程安排、考核方式等。

（三）**相关案例**

1. 建立回归模型的具体步骤

（1）确定目标子模型

学习分析系统捕获的数据种类多、范围广，针对用户不同的学习方面进行预测，需要收集不同种类的数据。因此，为了达成一定的预测目标需要确定目标子模型来明确所需捕获的数据种类。预测目标分成三类：教学目标、管理目标和研究目标。其中，教学目标包括：知识与技能、过程与方法和情感态度价值观。管理目标分为：教学资源分配情况、教学管理决策和学习支持服务设计。研究目标分为：教育机构研究和科学研究。

（2）筛选变量子模型

确定变量子模型后，需要构建筛选变量子模型。在目标的指导下，对学习分析系统下的数据进行捕获，提取与研究目标相关的变量，得到相关变量初始集合。首先，将学习分析系统上捕获到的数据进行存储、格式转换等操作。将非格式化和半格式化数据转化之后存储导入 excel 电子表格中。对存放在 excel 电子表格中的数据进行统计处理的具体步骤如下所示：

第一步，对变量初始集中的变量进行散点图分析，判断变量间的相关趋势。以学生的课程总分为因变量 Y，收集到的各变量分别为自变量

X_1、X_2、……X_k。分别将自变量和因变量放入 x 轴和 y 轴，根据绘制出来的散点图的形状判断自变量与因变量是否相关。经过第一步的处理得到初始集 1。第二步：对初始集 1 中的变量与学生的课程总分做简单二元变量相关（Simple Bivariate Correlations）。根据分析结果中 P 值的大小可以筛选出与学生课程总分呈显著相关的变量，$P < .05$ 则表示该变量与学生课程总分呈显著相关，反之，剔除。将经过第二步筛选的变量称为初始集 2。

由于学生的学习行为不能够仅由单一的变量完全表示，有时学生的学习行为需要多个变量整合在一起才能得到完整表示。因此，要在简单二元相关分析基础上进行多元回归分析。初始集 2 中的变量进行回归分析，根据研究目的和统计分析结果中的 B 值，确定影响学生学业成就的变量，称为初始集 3。初始集 3 中的变量能较好地解释学生课程总分的变化。

（3）呈现结果子模型

在筛选变量子模型之后，可以通过表达式、文本、图形等方式呈现结果子模型，例如表达式呈现结果子模型原形为 $Y = a + b_1X_1 + b_2X_2 + …… + b_kX_k$，其中因变量 Y 为学生课程总分，自变量 X 为各教学模块。

（4）预测模型总体架构（如图 1.10 所示）

2. 建立回归分析模型

本案例选取长春教育学院 2012 年教育技术初始能力培训一期 2 班 70 名学员的学习状况进行研究。本期培训课程主要包括八个板块，板块一包括基础的概念、理念与课程介绍、要求等内容，板块八为布置综合性作业，其余板块由测试题、上传作业和讨论区三个部分组成。在讲授完前七个板块后设有一个讨论区探讨本次培训的收获与遗漏，之后进行第八个模块。教师采取总结性和过程性、定性与定量相结合的评价方式，对学生提交的综合性作业给予评价。

（1）确定研究目标：确定在教育技术初始能力培训中与学生最终

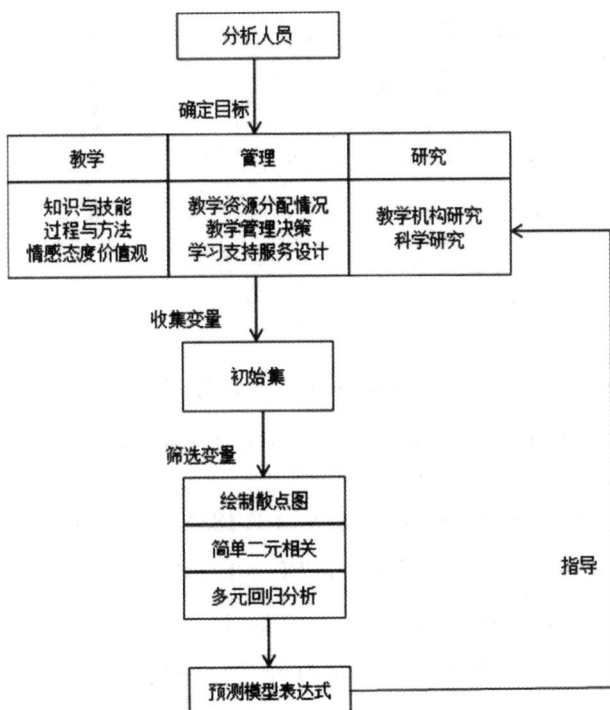

图 1.10　预测模型总体框架

学业成就显著相关的模块，并在以后的培训中进行优化改正。

（2）筛选变量：本案例利用 Blackboard 平台对学习数据进行捕获，提取得到含有 21 个变量的初始数据集，即初始集 2。绘制散点图分析表明，21 个变量与学生最终课程成绩呈正相关。以实时讨论区——课程总分的散点图为例。如图 1.11 所示。

通过对数据初始集进行绘制散点图，剔除与课程成绩不相关变量，得到初始数集 1，对数集 1 进行简单相关分析以进一步确定收集到的变量对学生课程总分相关是否显著。

（3）呈现结果

由表 1.5 可知回归方程中各相关变量的系数 B 值，得出该多元回归方程为：

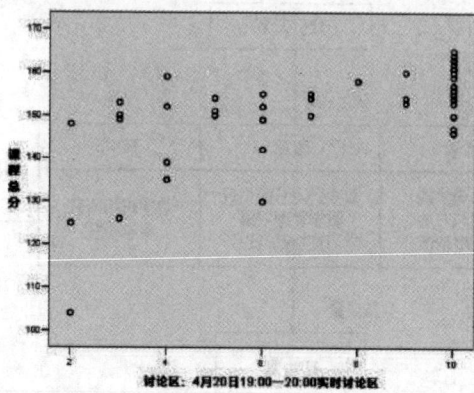

图 1.11　实时讨论区——课程总分的散点图

$$Y = 59.023 + 1.305X_1 + 1.162X_2 + 1.183X_3 + 1.897X_4 + 1.257X_5 + 0.915X_6 + 0.998X_7 + 0.661X_8 + 1.117X_9 + 0.978X_{10}$$

其中因变量 Y 为学生课程总分，自变量 X 为各教学模块。

由预测模型呈现结果可知：从 21 个变量中最终筛选出来的 10 个变量可以很好地解释学生课程总分的变化。从自变量系数可以看出：测试题、上传作业和讨论区三部分对课程总分影响较大。模块二、三、四、五的测验结果对课程总分影响较大，模块五、六、七上交的作业对课程总分影响较大。

本案例建立的预测模型是多元回归分析模型（见表 1.5），综合考虑了影响教师培训成绩的各个模块的影响效果，可以通过预测改进教师的教学与学生的学习。但是，此模型针对的是教师教育技术初始能力培训，还需要将此模型应用在不同研究中，以验证其普适性。

表1.5 多元回归相关系数表

	模型	路经系数	标准误	t	P
10个变量	截距	59.023	5.934	9.947	0.000
	讨论区:4月20日19:00–20:00实时讨论区	1.305	0.112	11.689	0.000
	测验:模块二测试题	1.162	0.214	5.442	0.000
	作业:模块七上传作业	1.183	0.131	9.031	0.000
	测验:模块五测试题	1.897	0.307	6.179	0.000
	作业:模块四上传作业	1.257	0.271	4.638	0.000
	作业:模块六上传作业	0.915	0.280	3.270	0.002
	作业:模块五上传作业	0.998	0.207	4.823	0.000
	测验:模块三测试题	0.661	0.222	2.980	0.005
	讨论区:2012年一期模块七2班讨论区	1.117	0.311	3.592	0.001
	测验:模块四测试题	0.978	0.322	3.040	0.004

五、干预

(一) 定义

干预是学习分析的第四步,干预是在预测的基础上生成改变学习活动的行为。[1] 在教师远程培训的学习干预研究的基础上,张超认为远程教育情境下的干预是"学习服务提供者为改善学习者学习绩效和解决学习问题而针对学习者采取的各种策略与行为的综合,其最终目的是帮助学习者发展特定的知识、技能和态度"。[2] 陈珊认为"学习干预是立足

---

[1] Ari J. Larusson, B. White, *Learning Analytics: From Research to Practice*, Berlin: Springer Publishing Company, 2014, p.16.

[2] 张超:《教师远程培训的学习干预研究》,博士学位论文,华东师范大学 2010 年。

于学习者出现的各种困难和难题，更有针对性地为其提供的各种支持，包括资源和活动等"。①

干预的措施分为人为干预措施和系统自动干预措施。人为干预措施是利益相关者得到学习分析系统产生的学习报告后采取的实际措施。系统自动干预措施是学习分析系统收集信息经预测模型分析预测后自动采取措施。例如，当预测模型反映学生在一门课程的学习中有较多的空闲时间，系统就会自动增加相关的文献资料供学生阅读，以改善学生空闲较多状况。系统自动干预措施包括系统向学生发送与课程相关的邮件和提醒以及鼓励。当学生出现长时间没有进行课程学习的情况时，系统会发给学生鼓励让学生尽快登录学习系统进行学习。干预也可以是人为干预措施和系统自动干预措施两者兼有的。当学习者收到邮件提醒但是没有及时回复时，干预引擎就会把相关信息反映给教师，教师收到反馈信息后会对学生进行直接干预。

干预引擎是干预步骤中重要的一项技术。② 干预引擎会根据预测模型对学生学习过程的预测提供人为和自动的干预。例如，学生会接到来自教师、学习伙伴等不同内容的推荐。这些推荐包括学习资源、社交联系等方面内容，有利于促进学生的学习和发展。在学生的学习中，学习分析系统的推荐功能帮助学生发现相关且重要的学习资源以促进学生的学习。

（二）重要性

学习分析的目的在于提高学生学习的效率和改善学习的效果，而干预是学生在学习实践中达到此目标的关键步骤，因为干预能够将学习分析得出的结论转化为具体的行动直接作用于学生，从而对学生实际的学

---

① 陈珊：《促进问题解决的学习干预设计与应用研究》，博士学位论文，华东师范大学 2013 年。
② G. Siemens, et al, *Open Learning Analytics: An Integrated & Modularized Platform*, London: Open University Press, 2011.

习行为产生影响，进而改变学习行为。捕获数据、形成报告和预测都为干预提供了良好的现实研究基础，干预则使得学生在实践中做出学习活动的改变，从而提高学习效率和改善学习结果。

同理，对于教师而言，系统能够在学生学习上出现问题时，及时采取措施进行干预，不仅避免了许多问题得不到及时解决的状况，而且节省了辅导学生时间。教师还可以根据学习分析系统反映的学生情况，采取合理有效的人为措施，有针对性地辅导学生，提高教学效率。

对于管理者而言，进行干预是做出高质量的课程设计、完善课程发展过程的关键。学习分析系统收集到学生学习情境下的大量信息，分析报告反馈给管理者之后，管理者针对学生学习现状采取相应措施以促进学生的学习。

（三）相关案例

如前文所述，采取的措施分为人为干预措施和系统自动干预措施。本节案例选取了早期预警系统的人为干预措施和个性化自适应在线学习分析系统的系统自动干预措施进行分析。

1. 早期预警系统

国外学者 Steven Lonn 等以早期预警系统（Early Warning System, EWS)[1] 论述了学习分析理论与实践之间的联系，本节选取其中采取措施的环节进行论述：

在早期预警系统下，根据学生的成绩和课程网站的登录次数，指导者可以采取下列三种措施："鼓励"——鼓励学生继续保持良好学习状态；"探测"——详细了解学生学习的信息；"关爱"——关爱学生及时解决学生学习中的困难。这三种措施的划分依据是：第一，学生获得点数的百分比在初始学习基础上增加到或超过 85%、75% 或是 65%；

---

[1]　S. Lonn, et al., "Bridging the Gap from Knowledge to Action: Putting Analytics in the Hands of Academic Advisors", *Proceedings of the 2nd International Conference on Learning Analytics and Knowledge*, ACM, 2012, pp. 184 – 187.

第二，学生在学习中获得的点数低于课程平均值的 10% 或 5%；第三，学生登陆学习系统学习次数低于 75% 的学生。

早期预警系统中，人为干预措施划分的依据侧重于学生的登录次数和成绩，数据基础不够广泛，在促进学生学习的全面发展方面不够完善。此系统中的人为干预措施与系统自动干预有机结合、完善了预警系统的精确性。

2. 个性化自适应在线学习分析系统

美国《通过教育数据挖掘和学习分析促进教与学》简报中给出了学习者自适应学习结构及数据流程，实现了显性数据和隐性数据的分析，构建了学习者特征模型。该模型向学习者提供了适合的学习路径、学习对象等。同时也让老师根据学习者的学习行为和需要进行适当的干预。该模型基本包含了系统、学习者和教师三者之间的互动，但是学习者之间的交互缺乏。我国学者姜强等对个性化自适应在线学习分析模型进行了《C语言程序设计》课程学习的案例研究，针对知识点掌握情况采取的干预措施具体如下所述：

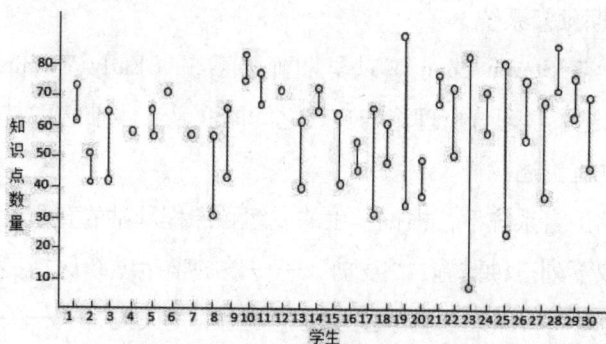

图 1.12　学生掌握知识点数图

　　图1.12 图中横轴代表学生，竖轴代表学生学习知识点的数量。[1] 其中线段最高点代表学生学过的知识点数量，线段的最低点代表学生已掌握的知识点数量，两端点的距离代表学生未掌握的知识点数量。由图可知，第 4、6、7 和 12 名学生的掌握知识点情况就是一个点，说明这四位学生完全掌握了所学知识点。第 23 名学生的掌握知识点和未掌握知识点的差距最大，未掌握的知识点最多。当系统设置了未掌握知识点数为 15 的阈限时，第 23 名学生未掌握的知识点超出了阈限就会接到系统的自动干预信息。系统就会自动采取相应的措施：发送警示、根据学习者自身的学习能力推送与其认知能力相当的学习知识点、告知学生学习需要预习、复习的相关学习知识。

　　个性化自适应在线学习分析系统根据学生知识点的掌握情况，设置知识点掌握数量的阈限来采取系统自动化干预措施。其系统自动化干预措施是针对知识点采取的提醒、推荐等措施，有利于实施针对性的个性化干预指导，避免了海量学习资源下学生难以做出选择的尴尬境地，提高学生的学习效率。

六、优化

（一）定义

　　优化是学习分析的最后一个步骤。优化是对前四个步骤进行回顾和监督，还包括调整步骤使学习分析的各个步骤更适合学生的学习情境。[2] 数据捕获、形成报告、预测和干预这四个步骤受外部变化的因素影响较大。例如，预测模型的可靠性直接受到外部变化环境的影响。就建立回归模型这一案例来说，如果外部环境发生改变，建立回归方程式

---

[1]　姜强等：《基于大数据的个性化自适应在线学习分析模型及实现》，《中国电化教育》2015 年第 1 期。

[2]　J. A. Larusson, B. White, *Learning Analytics: From Research to Practice*, Berlin: Springer Publishing Company, 2014, p. 16.

的数据来源发生了变化，回归方程式也需要随之改变，否则，预测模型将会失去预测的有效性，导致预测结果的失真。在数据捕获中，优化可以提高捕获数据的质量；在形成报告中，优化可以提供出更多有效信息；在预测中，优化可以完善模型得到更为精确的结果；在干预中，优化可以促使采取的措施更具有个性化、更加适应环境。

（二）重要性

由于优化的对象是对数据捕获、形成报告、预测和干预这四个步骤，此处将针对这 四个步骤来分析优化的重要性。数据捕获存在的问题有：应该收集什么数据？多久收集一次数据？数据将要被存储到哪儿？形成报告存在的问题有：谁将会收到报告？多久收到一次报告？什么信息需要报告给用户？怎样为用户呈现报告？预测中存在的问题有：需要预测那些方面？需要使用哪些预测技术？怎样确定预测的精确性？怎样把预测结果反馈给用户？采取行动中存在的问题有：需要采取哪些行动？怎样在学习情境下采取行动等。

优化就是为了解决上述四个步骤在实施时出现的问题，从而使整个学习分析系统得到完善。优化使数据捕获阶段收集到高质量的数据，为整个学习分析的过程提供坚实的数据基础。优化使形成的报告内容更加丰富、形式更多样，为用户提供更加人性化的反馈。优化使预测模型更加精确，为用户提供更为可靠的预测结果。优化使采取的行为更加个性化，针对不同的对象和学习情境提供更为合适的行为以改进学习。

本书将在后面的第二章问题与对策部分，针对学习分析各个步骤出现的问题展开深入探讨并尝试提出针对性的解决对策。

第三节　各阶段的核心技术

在上一节的介绍中我们可以知道，数据分析主要由五个步骤构成，即数据捕获、形成报告、预测、干预和优化。这五个步骤可以划分为三个阶段，即数据获取阶段（主要包含数据捕获和形成报告两步），数据分析阶段（主要包含预测），结果运用阶段（主要包含干预和优化两步）。在三个阶段中，每个阶段都需要技术手段来支撑。其中，数据获取阶段涉及的核心技术是数据转换接口的建立和使用，数据分析阶段涉及的核心技术包括数据挖掘技术和社交网络分析技术，结果运用阶段则涉及干预引擎的建立和使用。本节将就每阶段的核心技术分别进行说明，以使读者能够对每阶段的核心技术有一定的了解。

一、数据获取阶段：数据转换接口的建立和使用

学习分析的三大阶段分别是数据获取、数据分析、和数据呈现，每一阶段均建立在上一阶段的基础之上。而作为学习分析的初始阶段，数据捕获至关重要，学习分析的每一环节都是建立在前一环节的基础之上，数据分析的原材料就是数据捕获阶段所捕获到的各项数据，而后续的结果运用阶段则需要使用数据分析阶段所分析出的结果。作为学习分析的初始阶段，数据捕获的数量和质量会影响整个学习分析过程的进行。[1] 在这之中的首要问题便是从教育环境中抽取出需要的数据，因为在教育环境中学生学习的相关信息数量巨大，种类繁杂，首先要解决的问题便是哪些数据需要被捕获、应该如何被捕获并储存。在确定了要捕获什么样的数据并进行了数据的获取之后，接下来面临的问题便是不同系统之间的数据转换与存储。因为不同的学习管理系统能够实现的功能各不相同，单纯的数据提取工具并不能完成数据存储与数据分析，这就需要使用者把数据从教育环境中采集出来之后传递到系统中进行存储，并且借助其他系统对数据进一步处理。如果只在收集数据的系统内进行存储和分析，数据处理的效率和质量都会降低，从而影响整个学习分析

---

[1] J . P . Campbell, D. G. Oblinger, "Academic analytics", *EDUCAUSE Review*, Vol. 42, (April 2007) , pp. 40 – 57.

过程的进展。① 因此综合来看，在数据捕获阶段，最需要解决的技术问题便是确定需要捕获的数据的数量和类型，以及解决数据在收集环境、采集工具与分析工具之间的流通。

要确定数据捕获的数量和类型，最为快捷的方法便是建立一套数据捕获的标准，以规定数据捕获的具体对象。而要解决的第二个问题即解决数据对接的问题，对数据捕获的对象描述、内容分析和数据交换方式进行规定，以此保证所收集到的数据具有流通性。这种标准可以被视为一种数据转换接口，使用这个接口可以使得所收集到的数据在收集环境、采集工具和分析工具之间可以流通。

目前在国际上影响力最大的数据捕获标准分别是 SCORM（Shareable Content Object Reference Model，可共享内容对象参考模型）标准，以及在此基础之上发展的应用程序编程接口 Experience API（Application Programming Interface）。这两个标准制定的目的都是收集并转换数据，使之能够从教育环境进入学习管理系统。在此基础之上，Experience API 系统进一步地简化了数据收集的相关规定，从而使得数据的流通不只局限于教育环境到学习管理系统，更能够在系统之间流通。

（一）SCORM 标准

SCORM 标准是美国国防部为教育技术领域制定的一系列标准。它对数字内容材料制作和开发做了详细规定，同时也规定了应该如何采集学生的信息。这份规格说明使得网络课程和学习管理系统能够达成数据的互换，即具有互操作性。在网络课程中，学生在学习过程中产生学习活动，学习活动记录下来形成数据录入学习管理系统，SCORM 则详细规定了数据组织的结构，同时也规定了一个应用程序编程接口来处理这些数据。在集成 IMS、IEEE - LTSC、AICC 等有关规范（标准）的基础

---

① D. Blanco, A. Serrano, M. Freire, "E - Learning Standards and Learning Analytics. Can Data Collection Be Improved by Using Standard Data Models?" *Global Engineering Education Conference*, (March 2013), pp. 1255 - 1261.

上，ADL 于 2000 年 1 月推出了 SCORM 1.0 版标准。经不断改进，于
2001 年 1 月、2001 年 10 月、2004 年 1 月 30 日、2004 年 7 月 22 日、
2006 年 9 月 28 日、2009 年 8 月 14 日相继推出 SCORM 标准的 1.1 版、
1.2 版、1.3.0 版、1.3.1 版、1.3.2 版、2004 4th Edition 1.1 版。其中
后四个版本的基本架构相同，统称 SCORM 2004 标准。① 与之前的版本
相比，SCORM 2004 最大的特点是吸收了 IMS(Information Management
System，信息管理系统) 的"排序"(Sequencing) 机制。在 IMS 中，排
序机制是指按照一定规律对相关信息呈现顺序进行的编排。② 而在学习
管理系统中，排序则主要是以该课程授课教师所选取的教学设计策略为
基础进行编排的，并且会在实际的执行文件中以 XML 文件的形式呈现。
这一过程在学习管理系统中可以用一个基于学习内容的使用者模型来表
达。在使用者进行学习时，学习管理系统会记录使用者学习的内容和即
时的检测结果。接下来学习管理系统会综合已有的信息和排序机制综合
得出使用者接下来应当学习什么内容并呈现这一学习内容。排序原本并
不是作为学习管理系统的专用工具和专有概念，但 SCORM2004 对排序
法则的引入使其也可用于"学习路径"的设计。此外，在 SCORM 2004
的第 4 版中，更新了版本文档、检测要求与自测组件、运行时样例和配
套的 Reload 编辑器。同时，"高级要求"由原来的 6"性"(可访问性、
可适应性、经济性、耐用性、互操作性、重用性) 简化为 4"性"(可
访问性、互操作性、耐久性、重用性)。③

　　SCORM 作为一种教育技术标准，对教育技术的材料、内容、对象

① 彭绍东:《基于 SCORM 标准的"学习路径"设计》,《现代教育技术》2010 年
第 8 期。

② H. Freya, K. S. Timothy, "Automatic Trap Detection: A Debugging Mechanism for
Abnormal Specification in the IMS Sequencing Controls", *IEEE Transactions on Learning Technologies*, Vol. 1, (March 2008), pp. 176 – 189.

③ Advanced Distribution Learning Initiative:*SCORM 2004 4th Edition*, https://www.
adlnet. gov/adl – research/scorm/scorm – 2004 – 4th – edition/.

等各方面都做出了规定，其实际内容包括内容包装模型（CAM）、运行时环境支持（RTE）和排序与导航（SN）部分。而在信息捕获方面，SCORM 规定的信息捕获主要包含如下几个部分：

完成度：学生完成某项给定任务的程度。

总分：学生的整体表现，或者说最终成绩。"对象"这一栏记录着每一个学习内容中的完成度、整体表现、过程性测验、最终分数，以及这些部分是如何作用于最后的成绩的。

交互表现：详细记录了学生在每个教学部分中的学习行为，例如回答问题的情况、在完成某项任务中的行为等。这些记录不只是记录行为结果（如是否答对问题），还会记录行为的类型（例如答对人群和答错人群的特质是否有联系），以及每个行为对最终成绩的影响大小。交互表现的记录方式分为两种：一种是按照时间进行记录，每隔一段固定时间之后就进行记录。另一种是按照阶段进行记录。前者能够记录到学生的每一个微小行为，而后者则能够反映某些行为之后的结果。

学习内容与自我评价：这一部分记录了每个教学内容的相关信息，并且记录了学生对自己学习过程的反馈。[1]

SCORM 标准定义了一个应用程序接口，用以在学习管理系统和教育内容之间发送和接收信息，使得数据能够在两者间得以流通。然而，SCORM 标准是基于学习管理系统的，只有在学习管理系统中的学习行为才被认可。这就意味着数据捕获过程中系统不能采集未经由学习管理系统收集的数据，并且数据捕获后这些数据也不能由除了学习管理系统之外的其他系统使用。数据的流通只在学习管理系统和学习环境中传递。此外，SCORM 标准还存在着只能够以在线方式读取信息、不支持

---

① D. Blanco, A. Serrano, M. Freire, "E - Learning Standards and Learning Analytics. Can Data Collection Be Improved by Using Standard Data Models?" *Global Engineering Education Conference,* (March 2013), pp. 1255 - 1261.

用户自己创建的内容等缺点。①

（二）Experience API

在学习资料的多样化和学习革新日渐加速的当今，SCORM 的诸多缺陷如无法整合多平台上的学习资料、不能记录学习过程等，导致了其应用的种种限制，学习数据的捕获和转换急需新的数据采集标准。在这种需求下，Experience API（简称 xAPI，也称为 Tin Can API）应运而生。

与 SCORM 相同，Experience API 也是由 ADL 建立的标准。在 2010年前后，ADL 意识到需要定义一个更新的标准，来克服许多 SCORM 所面临的限制。2012 年 4 月的 ADL 下一代 SCORM 会议中提出要建立新一代的 SCORM 规范，并将其命名为 Tin Can API。同年 7 月，工作小组将 Tin Can API 更名为 Experience API，并于 10 月发布了该规范的 0. 95版。规范中将 Experience API 定义为："一种简单的、轻量级的技术规范。可以让任何被许可的参与者存储和检索可扩展的学习记录、学习者信息和学习经历档案，而这一功能和其具体实现的平台无关。"

与 SCORM 相比，xAPI 的最大特征在于其允许各平台的数据进行流通，即数据不仅可以由教育环境流向学习管理系统，还可以在不同的学习管理系统之间进行数据的交换，这丰富了数据的采集来源。此外，xAPI 还关注制式课程之外的东西。它更强调学习者本身的角色，可纳入所有可能会发生或预期之外的学习经验（包含连线或离线学习）。②这使得 xAPI 的数据内容更加丰富，系统可以追踪一系列微小的活动，诸如在电子书上阅读了文章、观看一个教学视频时的停顿和重复行为，

① 李青、孔冲：《下一代 SCORM 标准的新动向——ADL TLA 和 Experience API 解读》，《电化教育研究》2013 年第 8 期。
② M. Hruska, C. Amburn, R. Long, T. R. Poeppelman, "Experience API and Team E-valuation: Evolving Interoperable Performance Assessment", *The Interservice/Industry Training, Simulation , Education Conference (I/ITSEC)*, 2014.

在多人合作学习行为中的团体表现，甚至一些生理表征例如心率等。①

在数据的具体存储上，xAPI 建立在学习记录管理系统（Learning Record Store，简称 LRS）之上，而没有像 SCORM 一样基于学习管理系统。这意味着只要有连通性，学习工具就能够把数据从学习管理系统中分离出来。这种独立性使得离线学习的数据记录成为可能，也使得多平台之间的数据交换变得容易。此外，为了能提供更加丰富多样的学习数据以对学习者的方方面面进行监测，xAPI 也允许除了学习管理系统之外的其他系统上传数据，数据都由学习记录管理系统进行保存。

在实际的数据捕获方式上，xAPI 与 SCORM 也有明显的不同。xAPI 的运行依据是"活动流"（Activity Stream）概念。② 在当前的信息化时代，大量用户同时在线使用多种多样的工具进行海量而多样的活动（如上传照片、点赞等），这些大量的活动共同构成活动流。依照这种概念，用户的行为会被记录为"谁做了什么事"。xAPI 数据模型将这一概念扩展到学习过程的方方面面，使用以下结构来记录学习者的学习行为：

谁在何种环境下做了什么事，达成何种结果。‹ actor› ‹ verb› ‹ object›，with ‹result›，in ‹context›。这个结构主要由如下五个要素构成：

"谁"（人物）：在学习工具多样化的当今，学生可能会使用不同的学习工具来进行学习。因此 xAPI 允许同一个学生在不同系统使用不同的 ID，而不是要求每个学生都是用固定的同一个 ID。这一革新也为寻找匿名用户提供了方法。

"做"（动作）：动作元素是这一数据收集结构中的核心，因为动作元素描述了学生的实际行为，而实际行为通常是学习数据中最重要的部

---

① *The xAPI Overview*, https://www.adlnet.gov/adl – research/performance – tracking – analysis/experience – api/.

② Guy, et al, "Swimming against the Stream: Search and Analytics over the Enterprise Activity Stream", *Proceedings of the 21st ACM International Conference on Information and Knowledge Management*, ACM, 2012.

分。基本的动词用于描述动作（例如"经历了"、"达成了"、"不及格"、"通过"等），但需要注意一些特定的网络学习行为用词的出现会导致原有的动词词义发生变化，产生歧义（例如严肃游戏等）。

"事件或物体"（对象）：这一要素描述了学习活动的实际内容，包含指向学习者学习行为的 URL 地址。

"达成何种结果"（结果）：结果要素主要包含分数、学习成就、完成度。

"在何种环境下"（条件）：条件要素为这一结构添加额外的信息，它可以描述这一行为与其他行为的关系，这一活动在一系列活动中的位置，教师的教学风格等信息。条件要素和结果要素共同对这一结构起修饰作用。[①]

在这个结构之中，"谁"（人物，通常指的是学习者）、"做"（动作）、"事件或物体"（对象）是强制存在的，"在何种环境"（环境或者条件）和"达成何种结果"（结果）起修饰作用。要素的数量相对灵活，要素本身也可以更换，这使得这一结构非常的灵活多变，可以收集和储存更多样的学习信息。[②]

与 SCORM 相比，xAPI 的最大特点是将学习信息从学习管理系统中解放出来，即完成了"解耦"。学习信息不再和学习管理系统完全耦合，储存在 LRS 中的数据可以流动到任意学习管理系统或者其他学习分析工具中，完全不会被锁死。在将数据存入 LRS 之后，用户就算是在离线状态下也可以在稍后连通 LRS 进行数据传输。不仅如此，学习者也可以自己编写并上传需要分析的信息。然而，xAPI 在实际操作中

① A. Parmar, "Paper Review on Sharable Content Object Reference Model (SCORM): Framework for E – learning Standard", *Advanced Computing, Communication Technologies (ACCT)*, 2012 Second International Conference on. IEEE, 2012.

② D. Blanco, A. Serrano, M. Freire, "E – Learning Standards and Learning Analytics. Can Data Collection Be Improved by Using Standard Data Models?" *Global Engineering Education Conference*, (March 2013), pp. 1255 – 1261.

仍然遇到不少问题，其中最大的问题是大部分已有的学习管理系统均使用的是 SCORM 标准，新标准对数据采集的要求与旧有标准有很大区别，这对系统本身和系统的使用者都是一个挑战。此外，xAPI 增加的新功能也存在一些问题。例如动词的变化太过多样导致无法精确地选择、使用和读取，对用户名的检测导致的隐私和安全问题，存储大量数据导致的效率问题。

二、数据分析阶段：数据挖掘法与社交网络分析法

在进行了数据捕获环节之后，我们得到了一些已经经过预处理的数据。在此基础上，我们使用不同的方法对数据做进一步的处理，以此来探寻数据中的隐藏信息，从而为改善学生学习状况提供建议。在这个过程中，最重要的是确定所需要使用的数据处理方法并科学合理地使用方法。[①] 本节将主要介绍数据分析阶段使用的两种主要方法：数据挖掘法和社交网络分析法。

（一）数据挖掘法

1. 数据挖掘简介

快速发展的信息技术正改变着教育的各个方面，教学材料多媒体化、教学环境虚拟化、教学资源开放化等变化无不对传统教育产生深刻的影响。而其中最值得注意的一点便是，高度发达的信息技术使得搜集海量的学习数据成为可能，教育参与者和决策者可以通过这些信息来做出决策，从而提升教育工作的质量和效率。然而，海量数据已经远超出人的分析能力范围，人们无法合理利用这些数据来得出有用信息，如何处理这些数据成了最大的问题。[②] 针对这种数据增长快、广泛可用、数量大的现状，数据挖掘应运而生。数据挖掘是从大量数据中挖掘有用模

① M. A. Chatti, et al, "A Reference Model for Learning Analytics", *International Journal of Technology Enhanced Learning*, Vol. 4. No. 5 – 6 (2012), pp. 318 – 331.

② 黄成：《教育信息数据挖掘初探》，《现代远距离教育》2006 年第 4 期。

式和信息的过程。数据数量庞杂，因此需要通过数据挖掘，最终得出的简洁、精炼且针对性强的有用信息。[①]

广义的数据挖掘包括数据清理、数据集成、数据选择、数据变换、数据挖掘、模式评估和知识表示七个步骤，涉及数据的搜集、分析、报告、后处理等各个阶段。而狭义的数据挖掘则单指数据挖掘步骤中的数据挖掘法，即提取数据模式和有用信息。数据挖掘法是整个数据挖掘的核心，也是本节将重点讨论的对象。在学习分析的三个环节即数据捕获、处理、呈现中，各个环节都有自己的特点，不全遵循数据挖掘的操作顺序和步骤。在学习分析的整个流程中，数据挖掘只是学习分析数据处理环节中的一种方法，而非贯穿整个学习分析过程。因此本节着重讨论数据挖掘法，并选择其中一些比较重要的方法进行介绍。

数据挖掘法可以大致分为三类：监督式学习（包含分类和数值预测）、非监督式学习（聚类）和关联规则挖掘法。[②] 下面就每一类进行详细论述。

（1）监督式学习

监督式学习也称概念学习，是指从给定资料中学到或建立一个模式，并依此模式推测新的例子，是一个两阶段过程。对分类和数值预测两种监督式学习来说，这个两阶段过程的每一阶段均有不同。

数据分类的第一阶段称为学习阶段，这一阶段需要构建分类模型，即分类器；第二阶段称为分类阶段，该阶段则使用模型进行类标号。分类是寻找一个函数（或者说模型）来描述并区别数据的类别，目的是能够运用这个函数来预测未知类标签的对象的类别。常见的分类方法包含决策树、神经网络、朴素贝叶斯分类、支持向量机和 K 最邻近分类法。

数值预测的第一阶段也是学习阶段，与数据分类不同的是，数值分

---

① J. Han, J. Pei, M. Kamber, *Data Mining: Concepts and Techniques, Elsevier*, 2011.

② B. Liu, Web Data Mining: *Exploring Hyperlinks, Contents, and Usage Data*, Berlin: Springer Science, Business Media, 2007.

类在给阶段中所构造的模型（又称预测器）是用来预测一个连续值函数的，而非用于进行类标号；数值预测的第二阶段则是预测阶段，即使用预测器进行预测。回归分析是数值预测最常用的统计学方法，因此这两个术语通常作为同义词使用。①

（2）非监督式学习

非监督式学习主要指的是聚类。聚类是组织数据对象，并将它们归类的过程，被归为同一类的对象彼此相似，而不同类的对象则彼此不相似。与监督式学习相比，聚类过程中训练对象的类标签并不是事先确定好的。所谓的相似，是指的对象在空间上的相似性，这种空间上的相似性能够通过一个距离函数测定出来。主要的聚类方法分为三种：分割法、分层法、基于密度的方法。②

划分方法从原始的随机类别开始，使用迭代迁移技术将对象从一个簇转移到另外一个中，以此来提升分类的质量。这一方法使用的是常见的探试算法，例如 K 均值法（每一个类由该类所有对象的均值表示）和 K 中心点法（每一类由该类的某一个对象表示）来渐进提升聚类的质量，进以达到局部最优解。这些方法优势很适合发现中小规模的数据库中的球状簇，因为其数据量相对较少，划分方法能够较快得出局部的最优解。

层次方法则是创建给定数据对象集的层次结构分解（即聚类树）。层次结构的分解可能自下向上（归并），也可能自上而下（拆分），层次方法也因此分为凝集方法和分裂方法。凝集方法首先将每个对象作为单独的一个组，然后逐次合并相近的对象或组，直到满足终止条件。分类方法则首先将所有对象放入一个聚集中，在进行后续迭代之后，一个聚集被划分为更小的簇，直到满足终止条件。

---

① J. Han, J. Pei J, M. Kamber, *Data Mining: Concepts and Techniques, Elsevier*, 2011.
② M. A. Chatti, et al, "A Reference Model for Learning Analytics", *International Journal of Technology Enhanced Learning*, Vol. 4. No. 5 – 6 (2012), pp. 318 – 331.

基于密度的算法基本思想则是对于一个类中的每一对象，在其给定半径的邻域中包含的对象不能少于某一给定的最小数目。这一方法利用类的密度连通特性，可以快速发现任意形状的类，因为一个类能够被其中的任意一个核心对象所确定。[①] 基于密度的算法会持续扩展一个给定的类，直到相邻区间的密度（对象的数量）超过既定阈值。在这个过程当中，基于密度的方法只考虑类的相斥性，而不考虑其模糊性。这一方法也可用于滤出数据噪音（离群值）。DBSCAN(Density – Based Spatial Clustering of Applications with Noise，有噪音的基于密度空间聚类应用）和其拓展类型 OPTICS(Ordering Points to Identify the Clustering Structure，核心点确定聚类层次）都是典型的基于密度的方法。

（3）关联规则挖掘

关联规则指的是数据间有意义的相关关系，而关联规则挖掘则是挖掘这种有意义的相关关系的方法，最早由 Agrawal 于 1993 年提出。[②] 在其研究中，Agrawal 提出了一套整合了缓冲区管理、图像估计和修枝技术等多种方法的一种算法，从消费者交易数据库中提取并整合了项目之间的相关关系，从而为零售公司提升自己的服务水平提出策略。这一分析也被称为"购物篮分析"，分析过程最初的应用是通过发现顾客放入购物篮中的商品之间的关联，从而来分析顾客的购物习惯。这种关联的分析能够帮助零售商了解哪些商品被频繁地同时购买，从而更好地制定

---

① M. Ester, H. P. Kriegel, J. Sander, X. Xu, "A Density – Based Algorithm for Discovering Clusters in Large Spatial Databases with Noise", *Proceedings from KDD*, 1996, pp. 226 – 231.

② Agrawal, T. Imieliński, A. Swami, "Mining Association Rules Between Sets of Items inLarge Databases", *ACM SIGMOD International Conference on Management of Data*, Vol. 22 (1993), pp. 207 – 216.

营销策略。① 此后，关联规则挖掘的方法被逐渐推广到各个领域。②

关联规则主要的度量指标有支持度和置信度，分别用于度量规则的有用性和确定性。通常认为具有较高支持度和置信度的关联规则才是有意义的。

关联规则挖掘主要由如下两个步骤的操作实现：

①发现频繁项集。项的集合被称为项集，项集的出现频度包含项集的事务数，简称为项集的频度、支持度计数或者计数，分为绝对支持度和相对支持度。如果项集 I 的相对支持度满足预定义的最小支持度阈值，则 I 是频繁项集。发现频繁项集这一步骤需要找出所有的频繁项集，这些项集的每一个频繁出现的次数至少与预定义的最小支持度计数一样。

②生成关联规则。整合频繁项集间的相关关系，生成有意义的关联规则，这些关联规则必须满足最小支持度和最小置信度。除了支持度和置信度，还有一些其他的指标可以度量关联规则，也可以使用这些附加的度量来发现相关联的项之间的关联规则。目前主要使用的关联规则挖掘方法主要有 Apriori 算法和频繁模式树法。③ 需要注意的是，在这两个步骤中，第二步的投入远小于第一步，因此挖掘关联规则的总体性能主要由第一步决定，如何更好地解决第一步中出现的问题是近年来关联规则挖掘算法研究的重点。④

2. 学习分析中的数据挖掘实例

---

① 毛国君：《数据挖掘技术与关联规则挖掘算法研究》，博士学位论文，北京工业大学 2003 年。

② B. Daniel, *Big Data and Analytics in Higher Education: Opportunities and Challenges*, British Journal of Educational Technology, (May 2015), pp. 904 – 920.

③ T. Agrawal, A. Imieliński, Swami, "Mining Association Rules Between Sets of Items in Large Databases", *ACM SIGMOD International Conference on Management of Data*, Vol. 22 (1993), pp. 207 – 216.

④ J. Han , J. Pei , M. Kamber, *Data Mining: Concepts and Techniques, Elsevier*, 2011.

在在线学习中，用户和机构所构成的在线社区是重要的一环，其集结了教育机构、商业参与者和普通用户三方。在线社区的信息共享且有共同的学习目标，这使得教育机构、商业参与者和用户能够集结到一起，来共同探寻和创造更好的在线学习实践。马特洪系统（Opencast Matterhorn System）正是基于这样一种在线学习社区的系统，这个系统提供了一个课堂记录平台，平台上提供了许多录像课程，学生通过这个平台进行学习时，其学习行为会被记录下来，例如学习的动机、课堂参与度等，涵盖了其对学习内容的获取、理解及反馈的各个过程。这些数据被储存后可以为商业目的或者研究目的服务。更重要的是，由于这个系统是开放的，其中的用户、机构和商业参与者都能够自由地提取数据来分析学习者的学习状况。这一系统创设于 2009 年，由来自 13 所高等教育机构的设计人员和研究人员共同研发，最初是为了方便多媒体、教学法和教育学的相关研究人员进行研究，后来逐渐有商业组织申请使用该系统记录的数据进行分析并设计教育产品，这一申请获得了系统设计者和使用者的许可，设计者进一步对普通用户提供一些分析服务，马特洪系统的影响力逐渐扩大。目前，数以万计的学生每天使用着该系统进行自我测评和课程记录，而学生在课程中产生的各种行为也被系统记录保存，方便日后进行分析。①

通过马特洪系统便捷的课程记录系统可以轻松抓取学生在课程学习中产生的大量的数据，这些数据为数据挖掘提供了极好的原材料。基于这一系统，Brooks 等人对学生在观看录像课程的各项行为进行了数据挖掘，发现这些行为中是否可以被划分为不同模式，并进一步探讨这些模式与学生的学业成就的关系。要尝试将学生的各项行为划分为不同的模式，就需要使用本章之前提到的非监督式学习中的聚类分析。在此后进

① C. A. Brooks, M. Ketterl, A. Hochman, et al, *Open Cast Matterhorn 1. 1: Reaching New Heights, Proceedings of the 19th ACM International Conference on Multimedia,* 2011, pp. 703 – 706.

行的行为模式与学生学业成就之间的相关性分析则需要使用关联规则挖掘，进行相关性的探索。

在研究中，Brooks 等人首先将学生对录像课程的实际使用行为进行了聚类。他们使用 K 均值法进行聚类，以将数据划分到 K 个项集中。在 K 均值法中，需要首先使用算法选取 K 个随机数据点作为聚类中心点，其他的实体则以欧几里得距离最小化的方式排布在中心点周围。在聚类完成之后，各个项集的中心点会根据项集的平均距离重新计算出来。这一步骤会反复进行，直到项集的中心点不再改变。这个方法的难点有两个，即确定 K 的具体数量和对最终中心点的确定。在确定 K 的具体数值上，选取较大的 K 值可以增强聚类的具体性，但是却降低了整个聚类模型的普适性，许多项都会自成一个项集，达不到最终的聚类目的；选取较小的 K 值则会拉大整个项集的距离，降低了项集的准确性。Brooks 等人为确定合适的 K 值，首先对相关文献进行了梳理，先确定了 K 可能为 4 或者 5，然后在实际的聚类中确定 K 为 5，并根据学生在每个项集中的表现对每个项集进行命名。① 而在确定具体的最终的中心点这一问题上，由于 K 均值法对局部极小值的灵敏度较低，有时需要通过大量的重复该步骤才能够得到获得较好拟合的中心点。在这项研究中，Brooks 等人在选取聚类中心点——确定项集中心点这一步骤上重复了 1000 次，以取得最好的拟合中心点。

最终确定的 5 类学生分别是高投入型群体、即时型群体、顺从型群体、幻灭型群体和低投入型群体。高投入型群体的学生可能不会看每一个课程，但是他们会在每周都学习一定的内容，这个群体学生的最大特征是学习较有规律，呈现出一定的计划性。即时性群体的最大特征是使用工具的间歇性，他们学习录像课程知识为了跟上现实中自己的课程，

① C. Brooks, C. D. Epp, G. Logan, "The Who, What, When, and Why of Lecture Capture", *Proceedings of the 1st International Conference on Learning Analytics and Knowledge*, 2011, pp. 86 – 92.

因此只会在课程中的某些时间点进行课程学习。顺从型群体的特征是不会在课程的开始阶段进行课程的学习，但会在课程将要结束时使用课程。这可能是因为学生发现后续的学习需要这项课程作为基础，或者被周围人影响而来使用课程。幻灭型群体的最大特征是学生在课程刚开始时会认真地学习课程，但是如果后续的课程不能解决他们学习中的一些紧迫需求，他们就会对课程产生"幻灭"，进而不再学习课程。低投入群体的最大特征是不管课程有什么相关的规定，自己有什么相关的需求，学生都不会去使用这个课程。Brooks 在进行聚类后将最终的聚类模型运用于 2011 年春季的生物分子课中，结果显示模型仍然具有较好的拟合度。

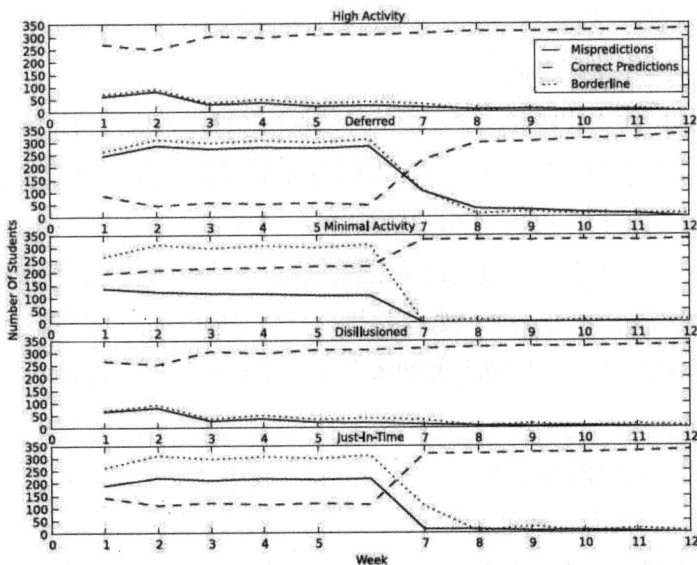

Fig. 1. Graphs plotting the prediction accuracy of learners versus week in the term. Generally, as more information is collected about learners, the correct predictions increase and the mispredictions decrease. Borderline learners are those who fit equally well in multiple clusters based on their activity.

图 1.13 各个类型的学习群体的后续学习行为和成绩走向的预测图

在对学生的行为模式进行聚类之后，研究者进一步对各个行为模式与学生学业成就的相关性进行分析，最终发现高投入型群体（即持续性每周观看课程）的行为模式与高学业成就具有较大的相关性，也就是说

学生的行为模式与其学业成就之间存在一定的关联规则。进而，**Brooks**
等人尝试将该模型及其后续的关联规则运用于预测学生的学业成就走向
上，结果显示这项关联规则可以用于预测学生后续的学习行为和成绩走
向，其正确率较高。如图 1. 13 所示是 Brooks 等人对各个群体的后续学
习行为和成绩走向的预测图，图中横坐标表示周数，*纵坐标表示人数，
由上往下依次是高投入型群体、顺从型群体、低投入型群体、幻灭型群
体和即时型群体，长虚线表示的是被正确预测的人数走势，实现表示的
是不能进行预测或者错误进行预测的人数走势（无法将对象分入既有类
标签中或划入了错误的类标签中），短虚线则表示被交叉预测的人数走
势（能将一个对象划入多个类标签中）。可以看到，随着时间（周数）
的推进，使用该模型对各个群体进行预测的准确度均有所上升，到期末
时呈现完全的准确预测。[1]

Brooks 等人的研究主要使用的是数据挖掘法中的非监督式学习（即
聚类）和关联规则挖掘法，因为他们的研究目的主要是找出学生在进行
课程学习时的行为模式类别，并寻找行为模式类别与学生学业成就之间
存在的关系，并尝试通过这种关系预测学生在后续的学习过程中学习行
为和学业成绩。在实际使用数据挖掘进行学习分析时，有时需要采取三
种方法中的一种，有时则需要如本书中一样综合使用多种数据挖掘法进
行分析。

（二）社交网络分析法

1. 社交网络分析法简介

社会网络分析指的是"通过图论研究人类关系的一门学问"。在学
习分析中，社会网络分析可以用来分析学习者、教师和教学材料之间的
关系，适用于相互之间有一定关联的学习参与者，社交网络分析通过解

---

[1] Brooks, G. Erickson , J. Greer, et al, *Modelling and Quantifying the Behaviours of Students in Lecture Capture Environments, Computers , Education,* (March 2014), pp. 282 – 292.

读这些相关联的学习者之间的关系的频率、质量、重要性、强弱等指标，进一步探寻学习参与者之间的关系模式，为提升学习者的学习质量提供建议。这一方法特别适用合作学习和网络学习的关系分析，[1] 因为这些学习形式中学习者是最为重要的因素，我们需要弄清楚参与学习的对象的特质，需要区分活跃的学习者和消极的学习者，并以此来改善学生的学习状况。[2]

在学习的过程中，学生之间的交流可以视为某种社会交流，使用社交网络分析则可以分析这种社会交流中产生的关系。这些关系定义了这些参与者是谁，以及如何行事。参与者的人格、教育、背景、种族、民族等个人特质会对关系模式发生互动，并在关系中起到非常重要的作用。

从以上的介绍中可以看出，在社交网络分析中，"关系"是最为核心的概念。在人际交往中，交往可以是友谊、影响、信任，也可以是相反的摩擦、冲突等。而"图论"则是社交网络分析的主要手段，研究者将社交网络抽象成图像，并使用图论的相关理论进行分析，以探寻信息是如何在人们之间传播。

2. 社交关系的特性

从参与者特性上，社交关系可以分为单模关系和多模关系两种。单模关系也称二元关系是指相同类型参与者之间的关系，比如"A 给 B 点赞"，而多模关系则是指存在于不同类型主体之间的关系，如"A 公司雇佣员工"。

社交关系可以分为赋值关系与未赋值关系两种。"A 转发了 B 的三

[1] M. Tsvetovat , A. Kouznetsov , *Social Network Analysis for Startups: Finding Connections on the Social Web*, New York: O'Reilly Media, Inc. , 2011.

[2] M. De Laat , V. Lally , L. Lipponen , et al, Investigating Patterns of Interaction in NetworkedLearning and Computer – supported CollaborativeLearning: A Role for Social Network Analysis, *International Journal of Computer – Supported Collaborative Learning,* (February 2007), pp. 87 – 103.

条说说"是赋值关系，"A 关注了 B"则是未赋值关系。在网络社交关系中，社会关系很容易量化。但在社会生活中，"关系"则更多是无形的，想对一段人际关系进行界定并量化是非常困难的。沟通频率作为一种可量化的标准，在表示人际关系程度时可以起到一定的作用。除了用作客观测量，科学家还发现它能够对感情内容以及人际影响做出准确的反映。虽然在很多情况下使用沟通频率来做出的预测并不准确，但由于没有更好的数据，人们会通常使用沟通频率来衡量人际关系。

从对称性上，社交关系可以分为对称关系和非对称关系。例如老板与员工之间的关系，这两者之间的角色由于设定了方向性，关系不是对称的。而微信上的关注尽管从定义上来看是有方向性的，但是由于还存在一种反关注的关系，因此形成了对称关系。

人际关系的对称性能够解释一些很有趣的社交网络关系，但是要获得关于社交关系对称性的数据是非常困难的，个体在汇报人际关系的对称性时也会隐瞒或者错误地汇报自己的人际关系对称性，导致分析社交关系的对称性存在相当的困难。①

3. 社交网络分析中的图论

简单地说，图论（Graph Theory）就是研究图模型的理论。图（Graph）是一个描述事物间两两关系的数学模型，包含三个必要元素：节点（Vertex）、边（Edge）以及边权重（Weight）。本节主要探讨的是其中的社交图，也称之为社会网络。社会网络是一个描述关系语句的集合，可以用以下方式表示：

A——关注了——B〈名词〉〈动词〉〈名词〉

这个简单语句被称为二元组，是社会网络分析中的一个基本单位。每一个二元组能够表示一个关系，此处的关系在传统图论中被称为边。

---

① L. Denner, "Employing Knowledge Networks as Tools for the Development of Caribbean Small Island Developing States", *Economic Commission for Latin America and the Caribbean*, (June 2012), pp. 5 – 33.

语句中的关系则表示关系中的人，在传统图论中被称为节点。

根据上文所述，社交关系根据参与者类型可分为二元关系和多模关系。这里的参与者类型即是节点的类型。一个节点可以表示一个人、一个组织、一个信息等。如果图中的节点都是同一类型，那么这个社交网络就是一个单模图。而如果图中的节点是由两类节点构成的，那么它就是双峰图或者二模图。如果图中的节点是由多类节点构成的，那么这个社交网络就是一个多模图。[1]

遵循图论的基本方法，社交网络分析主要按照以下几个步骤进行操作：

①观察组织表。通过该表可了解分析目标的大致信息和组成。

②执行社交网络调查。在这一步骤中通常使用问卷来调查各个参与者是如何相互联系的，编订的问卷要求能够准确测量本次社交网络分析研究的社交关系。这一步骤之中，编订调查问卷是最为重要的，研究者需要仔细考虑如何测量社交关系，因为人们通常不愿回答一些与私人关系有关的问题。在传统的问卷之外，社交网络分析的问卷还会包含一份管理者问卷。这份问卷以组织的管理者或者决策制定者为调查对象，询问他们认为组织的信息和知识是如何传递的。问卷更着眼于组织管理者所认为信息流通的方式，例如他们更信任组织中的哪些人，会采取哪些人的意见等。

③增补问卷数据，包括记录访谈的其他有用信息、查证已有信息的准确性等。比如 A 汇报说会在学习课程的过程中与 B 交流并听取 B 的意见，那么研究者还需要向 B 求证这一情况是否属实。这一步骤的目的是检查是否有未被发现的非正式的社交网络关系。已有研究表明，非正式网络的重要性有时更胜于正式网络，因此需要增补除去问卷数据之外的非正式数据，以探查非正式的社交网络。

---

[1] M. Tsvetovat, A. Kouznetsov, *Social Network Analysis for Startups: Finding Connections on the Social Web*, New York, O'Reilly Media, Inc., 2011.

④绘制社交网络图。这一步骤通常使用软件完成。社交网络可以通过最短路径图、加权图、成本最低路径图等方式进行呈现，以说明信息究竟是如何进行传播的。研究者需要根据目的选择合适的社交网络图进行呈现。①

需要注意的是，随着技术的发展，采集社交网络数据的方式变得更加便捷。广泛使用的社交媒体使得社交关系能够被即时记录，用户使用相关软件的行为也可以为社交网络分析提供数据。问卷调查不再是获取社交网络信息的唯一方式，数据采集的手段变得更加多样化。在用户使用过程中采集到的自然数据也比问卷所收集到的主观数据更加的准确。然而，伴随着海量信息所出现的问题是如何筛选自己想要的信息。研究者需要在整理社交网络之前先构想好自己需要哪些数据，这样才能排除无用信息，整合有用信息。②

4. 学习分析中的社交网络分析

2007 年，Latt 在研究基于计算机的合作学习的过程中产生的社会关系时引入了社交网络分析法进行研究，以考察合作学习过程中各参与者之间的关系。这是社交网络分析法首次使用于学习分析领域。在该研究中，研究者使用了社交网络分析法对已经收集到的合作学习数据进行了分析，以更好地理解合作学习之中的教学关系，探寻这之中存在的固有模式。研究者选取了一个学习任务，在其开始、中期和末期三个阶段对八位学习者的交流频次和强度进行分析，结果分别如图 1.14 所示：

在初始阶段，Br，A 和 C 这三位参与者发布了绝大部分信息，并且也是绝大多数信息的回复者，在这一社交网络图中占据了较为重要的节

---

① L. Denner, "Employing Knowledge Networks as Tools for the Development of Caribbe-an Small Island Developing States", *Economic Commission for Latin America and the Caribbean*, (June 2012), pp. 5 – 33.

② Ferguson, S. B. Shum, "Social Learning Analytics: Five Approaches", *International Conference on Learning Analytics and Knowledge*, 2012, pp. 23 – 33.

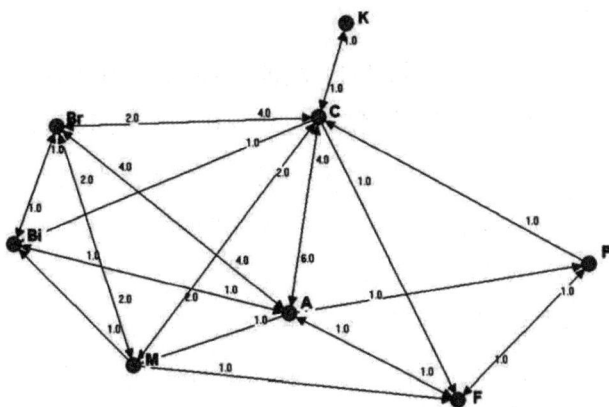

图1.14 八位学习者在学习任务开始时的交流模式

点位置。其中 Br 是课程的教师，但在本次学习任务中需要与其他几位学生共同完成学习任务，A 和 C 则是选修了这门课程的学生。其他的学习参与者虽然没有发布很多的信息，但都在学习过程中与其他人有一定的交流。可以看出，这是一个关系网络形成的初期，一个群体中的每位成员都有一定的发言，但其中只有少部分人较为活跃，发布了绝大部分的信息。

三、数据结果运用阶段：干预引擎

（一）干预引擎简介

在对所收集到的数据进行分析之后，相关人员需要对分析出来的结果进行进一步的运用，以使其能够对学生的学习提升发挥切实的作用。在结果运用这一环节，由于需要针对不同的使用对象和使用目的制定不同的行动方案和改进措施，研究者通常不会采取某些特定的技术，而是根据不同情况采取不同的方式进行结果的运用。在这些方式中，有些需要由教师来进行，有些则需要学生自己进行调整，有些甚至是非正式的（比如与学生进行闲谈等）。这些方式所需要达到的最终目的都是使学生改善自己的学习现状，能够达到这种目的的有效的具体措施都是合理的结果运用手段。[①]

虽然结果运用这一阶段采取的手段各有不同，但其都有共同的特点，即为最终学生的学习水平提升服务。在这之中，至关重要的一点便是要针对数据所服务的对象对分析结果提出切实的干预和改进措施，这些干预和改进措施必须要切合服务对象的实际，同时又要具有可操作性。在学习分析中，这一过程通常由干预引擎实现。干预引擎需要将分析结果整合，并对不同的结果进行不同的对策提出，最后将不同的对策结论发送给不同的服务对象，因此干预引擎通常和个性化自适应引擎相结合。

由于在结果运用阶段需要使用的技术手段十分多样，导致干预引擎的形态也较为多变，没有十分固定的建立步骤和操作步骤。鉴于此，本节将选取一个较为典型的干预引擎实例，通过实例分析来介绍干预引擎的构建原理和操作步骤。

（二）干预引擎实例分析

1. 电子教练（E^2 Coach）干预引擎的建立背景

在美国，高等教育中的 STEM（Science，Technology，Engineer，Mathematic）教育因其对经济的重要性而一直备受重视，然而与此相对的是，STEM 专业学生的学习水平却令人堪忧，超过半数的学生不能完成 STEM 的学位要求。这之中的主要原因是因为数学、物理、化学和生物这几门课程难度太大，学生不能很好地掌握课程内容。这些课程由于具有导论性质，通常是学生进入大学的前几门课程。学生进入大学后接触到的课程比原来难度大，学生也因此达不到自己预期的成绩，心理上产生强烈的挫败感，从而选择不继续修读 STEM 学位。这种预期上的落差不止存在于成绩较差的学生中，在成绩较好的学生中也存在，因此如果要提升 STEM 学生的学习水平，让更多的学生能够在专业学习中坚持下去，就必须要考虑到不同成绩的学生的不同情况，给他们提出有针对

---

① J. A. Larusson，B. White，*Learning Analytics*，Berlin: Springer，2014.

性的建议。①

与这种具有针对性的需求相对的是，目前的 STEM 教育方式大多是采取较为通行而一般的措施，学生们阅读相同的教材，听同样的课，完成同样的作业，最终又获得同样的建议。这显然不能满足不同学生的不同需求。虽然教材和课程本身的质量毋庸置疑，但是教师和其他教务人员并不会根据学生的实际情况来调整教学，使其符合学生的个人特质。

针对这种情况，密歇根大学的 McKay 等人建立了一个名为电子教练（E² Coach）的干预引擎，以此来对不同学生提出有针对性的学业建议。这个干预引擎的操作步骤可大致分为三个步骤：首先，引擎需要掌握一些可控的情报，即需要收取每个学生各个学习阶段的信息。接下来，教务人员需要对各个学习阶段的信息进行分析，并得出在每个学生身上应该采取什么样的措施，这时通常需要收集并整合专家的意见。最后，这些专家的意见需要被发送到每个学生手中。②

2. 电子教练干预引擎的建立过程

研究人员首先选取了某一届的学生作为样本，并将学生分为两组，一组是在上学年中的表现比预期好的学生，另一组是在上一学年中表现不如预期的学生。研究人员分别对他们进行结构式访谈，以此来探寻造成这种差异的原因是什么。最初的一次访谈结果显示，对第一次考试结果的态度是最重要的因素，因为对考试结果的积极态度会促成学生在课堂上行为方式的改变，这意味着教师和教务人员应当鼓励学生的这种积极态度的形成和行为方式的改变。此外，对自己退步情况的注意程度也是一个很重要的因素，因为对自己的退步情况更加注意的学生通常会在

① 张燕军、李震峰：《21 世纪美国高等教育科学，技术，工程和数学教育的问题及其应对》，《比较教育研究》2013 年第 3 期。

② T. McKay, K. Miller, J. Tritz, "What to Do with Actionable Intelligence: E2Coach as an Intervention Engine", *Proceedings of the 2nd International Conference on Learning Analytics and Knowledge*, 2012, pp. 88 – 91.

自己退步时多加努力，以及时赶上。这种类似的访谈会进行多次，以此来观察各个确定好的预测变量是否需要增删。在对学生进行访谈的同时，研究人员还对富有教学经验的老教师和已经顺利完成读完学位的优秀学生进行访谈，他们的建议会更加直接地告诉教师和教务人员对于每一种学生究竟应当采取什么样的措施才是最有效的。

对相关的建议进行搜集之后，研究人员需要了解每一个学生的情况，并且根据不同学生的学习情况给出不同的建议。这一过程在传统的面授课程中几乎是不可能达成的，需要借助一些技术手段来达成。为了达成这个过程，研究人员使用了一个强有力的工具——MTS 系统（Michigan Tailoring System）。这一系统主要使用人机对话来将专家的意见个性化，使其能够符合个体的特质。这种个性化的过程也被称之为剪裁（Tailoring）。[①] 与个人专家教练提建议的方式相比，这种基于计算机的剪裁方式具有显著优势。首先，这一系统能够同时处理大量的信息，能够量化专家的建议在多个问题中的实际作用效力。其次这一系统不会受时间和空间的限制，成本也低得多。最后，这一系统可以被不断地优化，它的性能会被不断地提升，同时还能够不间断地、持续地给予建议。

3. 电子教练干预引擎的实际操作

首先，干预引擎使用访谈的结果来了解每个学生的具体信息，这一初始调查结果会对学生的具体情况有大致的了解，比如学生的数学和物理的具体情况，他们选择这个专业的动机、目标分数、对专业学习的态度，以及对自己专业学习的自信程度。这一结果可能会与后来的调查结果相矛盾，因为随着课程的推进，个人的这些特征也会发生变化。系统会根据个人的特征变化进行调整，对比之前已有的学习者观测值，系统可以得出需要对哪些行为进行干预，如何干预。

---

① F. Wise, "Designing Pedagogical Interventions to Support Student Use of Learning Analytics", *Proceedings of the Fourth International Conference on Learning Analytics and Knowledge*, 2014, pp. 203 –211.

在报告方面呈现，电子教练为学生提供了海量的信息，包括对学生的学习方式、练习和作业的安排、课程反馈等的评判。除了目前相对于其他学习者的学习状况、最终成绩的预测等较为宽泛的结果之外，学生还获得自己目前的学习状况具体是什么样的。与其他系统相比，这一系统最大的优点是能够评判学生如果改善自己的学习方式接着学习，最终会获得什么样的结果。这一预测的结果正是基于大量的已有访谈调查。

在建议呈现方面，电子教练会给每个学生的个人网页发送建议。这些建议由专家提出，再经由计算机进行裁剪，使其符合学生的个人特质和目前的学习状况。同时，由于电子教练干预引擎吸收了大量过去的学生的信息，因此可以对学生目前的学习状况有更明确的判断，使其对建议的裁剪更为合理。

4. 电子教练干预系统的评价与分析

如上文所说，干预引擎因其必须具有实践性而更为复杂多变，是干预引擎中的一种，其建立过程和实施步骤具指导意义。首先，干预引擎需要对某个或者某几个实际问题进行确定，并以此来确定干预引擎的实施目的，因为干预引擎是需要提出具体的行动方案和优化措施的，这些方案和措施必须要足够的详细和具体才有实践意义。其次，干预引擎还必须做到个性化，即干预引擎需要对不同的对象提出不同的行动方案和优化措施，使不同对象都能够提升自己的学习水平。简言之，实践性是干预引擎最为重要的特质，而具体化和个性化都是为实践性而服务的。

第四节　学习分析的主流工具

在前一小节中，我们已经探讨了学习分析每一环节中的关键之处。其中数据捕获阶段是起点，结果运用阶段是最终手段，支撑起学习分析整个过程的则是处于中间位置的数据分析阶段。鉴于数据分析阶段的重要性，本节将学习分析使用的工具按照其在数据分析阶段使用的方法的不同，分为使用数据挖掘技术的学习分析工具和使用社交网络分析的学习分析工具，并通过实例详细介绍每一种工具的分析对象、分析内容和主要面向对象。

学习分析根据分析的对象不同可以主要分为学习网络分析、学习内容分析、学习行为分析和学习能力分析这几种类型。其中，使用数据挖掘法的特点在于可以分析学习内容、学习行为和学习能力，而使用社交网络分析法进行学习分析的工具主要侧重于分析学习网络和学习行为，有时也可以通过对社交文本的内容分析来分析社交内容。在实际应用中需要根据对象和目的的不同来选取合适的分析工具。

一、基于数据挖掘的学习分析工具

（一）分析工具的具体分析对象

数据挖掘技术可以分析学习者学习的内容、行为和能力。具体而言，在学习的内容中，社交网络分析中的语义分析主要侧重对教师与学生或学生和学生之间交流所产生的内容作为研究对象分析学习交流中话语的文本意义，进而梳理得出学生知识构建。而数据挖掘技术则可以对学生学习内容本身进行定性和定量的分析，如通过归类和聚类等方法发现特征相似的内容，从而根据学生的需求提供不同的学习内容。

在学习能力分析方面，数据挖掘技术主要对学习者的学习能力进行分析，并将分析结果以可视化的形式呈现给学习者及教师。除此之外，数据挖掘中的监督式学习、非监督式学习和关联规则挖掘三种方法均可对学生的学习能力进行多方面的解读，如通过挖掘学生数学学习能力与其语文学习能力之间的关联规则进而发现学生学习能力之间的关系。

对学习者的学习行为进行分析的工具则主要以学习者与系统之间的交互数据作为研究对象，如学习者登录系统的频率、时间长度、课程的完成情况等。这些数据在学习者进行学习时都会被系统自动捕获并记录，学习行为分析系统则可以利用这些数据对学生的学习过程进行进一步的了解，进而获知学习者在整个学习过程中的行为模式。在这个过程中，数据挖掘方法可以对学习者的行为模式进行分类、聚类或回归分析，进而得知学习者学习过程的行为模式，并能够借此预测学习者未来可能的行为。

（二）分析工具的数据来源、格式限制和输出处理

学习分析的工具的实际分析对象是各有不同的，因此学习分析工具实际进行数据捕获的数据来源和格式限制也是各有不同的。在以学习内容为分析对象的分析工具中，其主要的数据来源是学生学习的内容。使用数据挖掘法的学习分析工具不仅可以对文本进行简单的词频分析，还能够实现计算词与词之间的关联强度，对信息进行聚类等相对复杂的分析，并将分析的结果以可视化形式呈现给用户（如 Wmatrix、CATPAC）。这一类的工具其输入格式主要以文本文件为主，大部分工具都支持纯文本格式文件（ASCII 编码），一部分的工具支持其他格式的文本文件，如 WORD（IJWC），TXT（Wordle），还有部分工具能够支持大多数文本文件格式（Nvivo）。由于学习内容分析工具需要对大量的学习内容进行整理从而得出内容中的内在规律，其输出结果通常信息量较大，需要进行可视化处理以使得这些信息便于使用者理解，大部分学习内容分析工具都可对输出结果进行可视化处理，以使结果更加易于理解。

对以学习能力作为研究对象的学习分析工具而言，其主要的分析对象是学生的学习能力，这一类工具对学生学习能力的分析可以进一步分为通过学习过程进行的分析和通过学习结果进行的分析。在通过学习过程进行分析的学习能力分析工具中，工具会以问卷调查或者学习活动收集等方式收集学习者在学习过程中的进度、状态或后期反思的情况，并以雷达图、漩涡图等可视化形式将学习分析的结果呈现给学习者和教师。教师可以通过分析的结果获知学生在学习过程中展现的学习能力并进行及时的干预。该类工具的输入端口主要是浏览器或学习管理系统，浏览器或系统会直接向工具输入学生在学习过程中产生的某些数据。而

在通过学习结果进行分析的学习能力分析工具中，工具则主要以测验的成绩作为分析内容，有些工具会提供标准化考试模拟题并实时收集学生做题的各项数据（如 Socrato），有些工具则会借助学生具体学习的知识模块中的云题库来生成测验题并提供给学生。这些工具在学生进行完测试之后都会对测试结果进行数据挖掘，以发现学生存在问题的类别和问题发生的内在规律。借助这一类的工具，学生和教师能够清晰认识到自己的学习能力具体存在什么样的问题，并能借此更有针对性地查漏补缺。这类工具的输入端口也以浏览器为主，因为学生通常需要在线完成测试，而测试的结果会由浏览器直接发送到工具中。

以学习行为作为研究对象的学习分析工具目前较少，这是因为学习行为纷繁复杂，本身较难测量，工具只能统计学习者访问记录、平台内的移动轨迹等，而很难实际检测到学习者在学习中的实际注意力、学习的投入度等，也因此难以充分把握学生在学习过程中自身的学习行为，只能跟踪学生在线学习时登录网络等行为，导致学习行为分析工具较有局限性。已有的工具多以学习者在各个学习界面或学习网站上的访问情况、特征、评论数等为分析数据，了解其在线学习的行为特征，预测其在线学习行为的趋势等（如 Google Analytics，LAe – R 等）。

（三）经典工具介绍

上文对使用数据挖掘法进行分析的学习分析工具的基本特征进行了简要的梳理。可以看出，使用数据挖掘法的学习分析工具根据其分析对象不同可分为学习内容分析工具、学习能力分析工具和学习行为分析工具。由于学习行为分析工具发展时间较短，发展较为不健全且相关资料较少，本节将从学习内容分析工具、学习能力分析工具这两类工具中各挑选一种进行讲解，方便读者更好地了解这类学习工具的实际操作和使用效果。

1. CATPAC

CATPAC 是由伽利略公司开发的内容分析软件，它的开发者声称

"CATPAC 是一种智能软件,它能够阅读任何文本并且归纳出其主要内容,不需要预先编码和任何语言假设"。CATPAC 其实并不是一个专门为教育领域而开发的工具,作为一种 CACSD(Computer Aided Control System Design,计算机辅助控制系统设计)的工具包,这一工具其实最早是为一种利用计算机设计控制系统而设计的,目的是利用一些理论和技术来设计最优控制系统的设计程序。[①] 而在教育中,CATPAC 也可以通过分析相应的数据,从而得出在教育教学中最优控制系统的设计程序。[②]

在使用的方法上,CATPAC 主要采用的理论是神经网络理论,使用神经网络分析法进行数据的分析。神经网络分析法也是数据挖掘中常用的方法之一,由一个输入层、若干个中间隐含层和一个输出层组成,通过不断学习,能够从未知模式的大量复杂数据中发现其规律,属于非监督式学习的一种。[③] 在教育环境中,CATPAC 可以通过阅读大量的文本,并将文本进行聚类,并对聚类出的文本进行概念的解读,进而发现在文本中蕴含的某种模式,来建立属于自己的神经网络。由于它使用的方法属于非监督式学习,需要大量的文本文件进行神经网络的训练以让计算机能够识别文本中的某些模式,因此这一工具只适用于需要进行大量文本分析的场合,其对研究人员所具有的知识水平也有较高的要求。[④]

在实际的操作上 CATPAC 需要的操作较为简单,操作环境为 Windows,需要用户输入一个 ASCII 文件,软件就可对其进行聚类分析,但

---

① 韩璞、周黎辉、董泽:《面向对象的控制系统计算机辅助设计》,《华北电力大学学报》2000 年第 3 期。

② D. Bünz, K. Gütschow, "CATPAC—An Interactive Software Package for Control System Design", *Automatica*, Vol. 21, No. 2, (1985), pp. 209 – 213.

③ G. Stahl, *Computer Support for Collaborative Learning: Foundations for a Cscl Community*, Cscl 2002 Proceedings, 2002.

④ J. Mazur, "Conversation Analysis for Educational Technologists: Theoretical and Methodological Issues for Researching the Structures, Processes and Meaning of On – line Talk", *Handbook of Research on Educational Communications and Technology*, No. 2, 2004, pp. 1073 – 1098.

是这一软件用户界面较为薄弱，给软件的操作带来了一定的困难。此外，在最终结果输出上，CATPAC 最终的结果并不是可视化的，需要使用 Thought View 软件实现数据可视化。CATPAC 经过可视化分析后得出会得出聚类结果，这一结果排布在任意表中，表示了关键词和主题词之间的关系。①

2. Socrato

Socrato 是由 OmniSharp 公司开发的产品（www. socrato. com），开发者开发这一产品的目的在于设计一款能够实际帮助教师和教学指导者了解学生当前的学习情况（尤其是所取得的分数背后的意义），并帮助他们进一步制定提升分数的计划。在这一平台上，学生可以模拟各类标准化考试如 SAT、ACT、PSAT 等，并迅速获得实时的诊断性评价，评价中会详细指出学习者各部分知识点的掌握情况，并给出如何提高的建议；教师除了可以查看学生在线测试所获得结果之外，还能够输入学生的测试成绩和家庭作业，利用这一产品迅速得出每个学生的学习现状报告，并制定每个学生的个性化学习计划。

在具体操作上，Socrato 主要采用两种工作模式：

纸笔测试结果分析：在这种工作模式中，Socrato 并不会呈现特定的在线测试，生成特定的问题。学生使用纸笔进行往年测试（如往年的 SAT 测试等），这些测试题可以从书店等途径购入。做完实体后，学生可以将测试的结果录入 Socrato，Socrato 会使用专门的分析方法对学生的测试结果进行分析，生成细节性的诊断报告。这些测试也可以由教师举行，并由教师收取测试结果后统一录入。

无纸化测试结果分析：在这种工作模式中。Socrato 会为学生在线生

---

① M. De Laat, Network and Content Analysis in An Online Community Discourse, Proceedings of the Conference on Computer Support for Collaborative Learning: Foundations for A CSCL Community, *International Society of the Learning Sciences*, 2002, pp. 625–626.

成具体的题目，这些题目和实际考试中考的题目在难度等方面均较为相似，因此可以作为可信的测试。这种在线测试除了可以收取学生的标准化考试的测试结果并对结果分析之外，还能够从在线题库中根据学生的需要生成测试题，3—10 年级的数学和英语课程的测试题目都可以通过这一途径获取。

除了单纯使用数据挖掘法的学习分析工具和单纯使用社交网络分析法的学习分析工具，更多的学习分析工具会综合使用两种方法。在实际的操作中，用户需要根据自身需要和实际情况，选取合适的学习分析工具进行分析，以达到提升学生学习质量的实际目标。

二、基于社交网络法的学习分析工具

（一）分析工具的分析对象

社交网络分析法的主要研究对象是人类关系，而在学习分析中，使用社交网络分析法则主要研究的是学习参与者之间的关系，研究对象主要可以分为学习者本身、社交网络关系、交流中的内容三类。

以学习者作为主要研究对象的学习分析工具主要研究有关学习者本身特质的一些问题。这些特质会通过社交网络有所体现，也因此可以通过社交网络进而分析出来。分析学习者的有关特质，可以明确其在特定学习任务中的行为，并进一步找出这种行为的产生原因。例如在基于网络的合作学习中，使用社交网络法进行数据分析的学习分析工具就能够分析得出个体在学习平台中的活跃程度、与哪些学习同伴交互信息、从同伴处得到了哪些启示，从而综合得出个体实际的合作学习情况。

以社交网络作为主要研究对象的学习分析工具则主要研究用户之间的关系，以这种关系本身作为分析的主要对象。在在线学习尤其是在线合作学习中，学习者之间的关系会直接影响最终的学习质量，而使用社交网络分析法的学习分析工具则可以通过分析学习者的社交网络，进而分析出网络中各个体之间的关系、角色，网络中学习信息的分布等。除

了社交网络本身的特质，学习分析工具还能够分析社交网络形成的过程与特点，网络学习的进展以及学习者如何在网络学习中建立并维持这些关系，这些分析能够更好地帮助学习者理解社交关系，进而帮助他们在后续的学习中改善这种关系。[①]

以交流中产生的内容作为分析对象的学习分析工具主要研究的是学生与学生之间、学生与教师之间交流而产生的一些内容。在学习尤其是网络学习中，个体之间进行交流时产生的内容均会被记录并储存，而社交网络分析中的内容分析法就可以对这种个体交流中产生的内容进行进一步的分析，从而得出学习者是在交流中怎么构建整个知识结构、怎样学到新的知识的。

（二）分析工具所捕获到的数据的来源及格式限制

确定研究对象后，工具开始对相关数据进行搜集。在这个收集的过程当中，由于不同的工具最终的研究对象和分析目的有所不同，导致各种工具对于数据的搜集方式也各有不同。这些不同主要体现在工具所捕获的数据来源及相关格式限制上。

在实际的数据搜集和分析方面，由于数据搜集的过程中已经通过相关的数据转换接口对数据进行了切换，一些工具可以直接使用 LMS 中所收集到的数据（如 Social Networks Adapting Pedagogical Practice，SNAPP）。这些工具除了可以收集数据转换接口限定的数据外，还能够收集论坛中的文本信息，对文本信息进行词频统计等文本分析。除此之外，一些工具也支持其他一些文件的格式，包括社交网络文件格式（如 Pajek，NET，Negogy），纯文本文件格式（如 ASCII，TXT），矩阵格式的文件等等。这些工具更为常见，较为主流的包括 Gephi，Net – Miner，UCINET 等。另外的一些工具则更倾向于社交网络工具本身，这些工具支持的格式是从 Twitter 等社交网站上直接爬取的数据，这些数据与学习者的学习行为存

---

① 孟玲玲、顾小清、李泽:《分析工具比较研究》,《开放教育研究》2014 年第 4 期。

在一定的关系，因此可以用来进行学习分析（如 *NodeXL*）。[①]

（三）操作的主要特点与适用对象

对数据进行收集之后，研究人员根据实际问题对数据进行分析，这就涉及工具的实际操作问题。在工具的实际操作上，虽然各个工具都属于社交网络分析工具，但由于其设计时所准备解决的具体问题不同，其最终的目的和面向的对象都有一定的区别。从操作的难度上区分，可以将工具的操作难度分为三类。第一类工具的使用门槛较低，在使用时所需要的知识储备较少，可以为任何平台的相关用户提供最终的易于理解的分析报告。这类工具的主要面向对象就是学习者，因此其在设计时将最终的结果输出简化，大量使用可视化图表进行报告，使用户能够很容易地理解报告内容。这一类工具的典型范例包括 SNAPP 和 Cohere。第二类工具则要求使用者具备一定的社交网络分析基础，因为这部分工具的研究对象一般是社交网络本身，需要使用人员对此有一定的了解。此外，这部分工具的结果会直接通过社交网络图加以呈现，没有社交网络基础的人员很难看懂这些图。这一类工具的典型范例主要包括 Pajek，NodeXL，UCINET 和 Gephi。第三类工具在要求使用者具备一定的社交网络分析基础之外，还要求使用者具备一定的编程能力，因为这种工具的使用环境相对特殊，需要在 Java 或者 Python 的环境中进行实际使用，有时需要使用者自行编写一些语句实现相关功能，因此没有一定编程能力的研究人员很难掌握这种工具的实际操作。这类工具的典型范例包括 Net – Miner 和 GUESS。

以上三类工具对于研究人员能力的要求各不相同，但也并不是操作要求高、对使用者要求高的工具就是最好的。研究人员在实际使用中可以研究问题的具体要求和自身能力水平，综合考虑选择最适合自己的学

[①] M. Huisman, A. J. Van Duijn, "Software for Social Network Analysis", *Models and Methods in Social Network Analysis*, 2005, p. 316; S. Wasserman, K. Faust, *Social Network Analysis: Methods and Application*, Cambridge university press, 1994.

习分析工具。此外值得注意的是，使用社交网络分析方法的学习分析工具大多都能对结果进行可视化处理，这可能是因为社交网络分析法本身就是一种基于图论的方法，很多结果的呈现需要借助图表，这使得基于社交网络分析法的学习分析工具的使用变得相对简单，但某些结果的解读仍然需要使用者具备一定的相关知识。①

（四）经典工具介绍

使用社交网络分析法的工具较为多样，本节将选取其中影响较大、使用较为广泛的几种工具进行介绍。

1. SNAPP

SNAPP 的全称为社交网络适应教学实践工具（Social Networks Adapting Pedagogical Practice Tool，简称 SNAPP），最早由澳大利亚 Shane Dawson 团队开发，支持 Java 脚本运行的/IE/Firefox /Safari 浏览器。② 这一工具能够捕获学生在线的网络学习数据，并通过可视化处理最终生成一个易读的报告，最终发布在用户的界面上。而对教育者而言，系统对于学生社交网络的监控和解读可以更好地帮助教育者监控学生学习社交关系的实际情况，包括在线讨论情况和网络社区的建设情况，进而发现学生在学习过程中尤其是合作学习过程中发生的一些问题，如有没有与其他人进行合作学习，或者有没有被团体的其他成员孤立。这些常见问题使用以往的工具通常难以检测，而 SNAPP 因其可以捕捉在线数据而可以检测这些问题。除了学习者关系本身的情况，SNAPP 还能通过分析学生的社交网络得出其他的一些其他信息，如学习团体的创新性等。

与传统的社交网络分析工具相比，SNAPP 最大的特点是实时性和

---

① E. Duval, Attention Please!: Learning Analytics for Visualization and Recommendation, *Proceedings of The 1st International Conference on Learning Analytics and Knowledge*, ACM, 2011, pp. 9 – 17.

② S. Dawson, A. Bakharia, E. Heathcote, "SNAPP. Realising the Affordances of Real – time SNA Within Networked Learning Environments", *Networked Learning*, 2010.

结果的可视性，即可以提供学生在某个时段学习中与其他人产生的关系，并且以便于阅读的图表形式呈现。这一工具在研究对象上既可以分析学习用户本身的特质也可以分析用户之间产生的关系，但是其可视性使得它更加偏向于学习者关系的实际呈现。如图 1.15 所示，它的操作界面简单清晰，实际操作较为简单，对操作人员和研究人员的要求不高，普通用户即可读懂它所提供的图表。

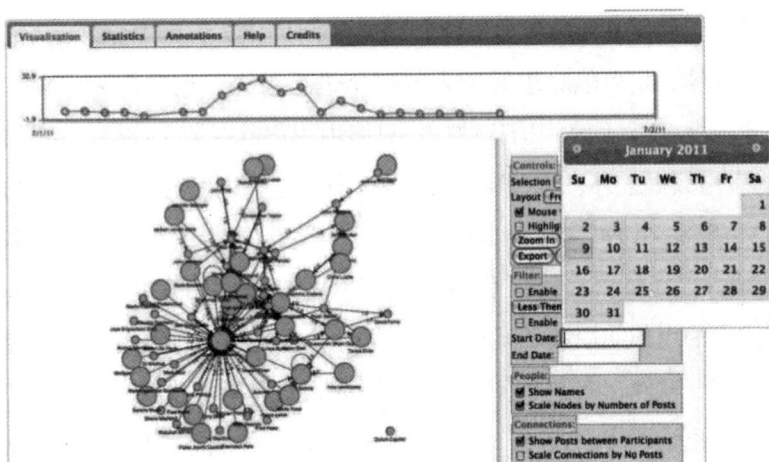

图 1.15 SNAPP 使用界面示意图①

SNAPP 工具所具有的面向用户提供报告、采集来自 LMS 的数据等特点使其在诸多学习环境尤其是高校中广为使用。在后续的章节中，我们还将对这一工具的构造、使用情况等进行更为详细的介绍，以进一步剖析这一工具在高校的适用性②。

2. NodeXL

---

① A. Bakharia A, E. Heathcote , S. Dawson, "Social Networks Adapting Pedagogical Practice: SNAPP", *University of Auckland, Auckland University of Technology, and Australasian Society for Computers in Learning in Tertiary Education (ascilite)*, 2009.

② 王丽红、戴心来、乔诗淇：《开源工具支持的社会网络分析研究——SNAPP 介绍与案例研究》，《中国教育信息化》2015 年第 1 期。

NodeXL（Network Overview, Discovery and Exploration add – in for Excel，社交网络概览及探索插件）的开发者来自微软研究院、马里兰大学、斯坦福大学等机构，主要是 Marc Smith 在微软工作时由其团队开发。由于其开发成员与微软颇有渊源，这一工具的实际使用与微软办公软件 Excel 深度整合，以 Excel2007/2010 模板的形式使用。用户在使用这一工具时需要先建立 Excel 工作表，然后再加载该插件中的模板。加载模板后，使用者可以在已经建立好的 Excel 工作表中对已经录入的数据进行编辑，也可以对想要录入的数据进行录入。也就是说，NodeXL 不能直接从 LMS 系统中捕获数据，只能由用户自主录入数据。除了 Excel 的表格数据之外，NodeXL 可以导入多种社会网络分析工具（如 Pajek、GUESS、JUNG 等）生成的文件，也可以从社会网络媒体导入数据（如 Twitter, Youtube 等），但这些社交网络媒体大部分没有进入国内，导致国内的用户使用该工具时不能借助这个功能便捷地获得数据。综合来看，这一软件在数据捕获方面需要研究人员自行对数据进行录入和清洗，但这也给了研究人员一定的自由来选择数据。而且 Excel 本身就是使用较为广泛的数据分析软件，相关的资源和信息较为丰富，方便了研究人员学习相关的软件操作。

在对数据进行录入之后，该工具会自行对相关的数据进行分析，而无需使用者进行编程等操作。使用者只需要点击一个按钮就可以完成分析的整个操作，最终获得的可视化图示也以便于阅读的方式呈现，使用者只需要具备基本的社交网络分析知识就能够看懂工具最终呈现的结果。在最终的结果中，NodeXL 可以使用常见的社会网络计算呈现出对节点和边的相关信息的分析，包括出度、入度、相邻性、中心性、聚类等等。输入相关信息后，NodeXL 可以通过 Analysis（分析）标签组中的 Graph Metrics（图形度量）功能计算出上述提到的这些值并将其填入新的数据表中。

在输入工作表中输入数据后，用户可点击 Refresh Graphics（刷新图形）以生成社会网络图形。NodeXL 所生成的社交网络图形也并不是固定的，工具中提供的 Sub－graph（子图）选项可以帮助用户将过大的社交网络图转化成小的部分图，并在部分图中对每一个阶段生成社交网络图形。而当边的数量过多而使得图形错综复杂时，用户也可以使用 Sub－graph 选项调整图形，使得最终生成简洁易读的社交网络图。如果用户只想呈现某些节点和边，用户也可以通过 Filter（筛选）选项来限定节点和边的相关数值（如中心性、聚类），最终只呈现用户所限定的某些节点和边。用户还可以根据自己的需要对图中的节点和边进行一些个性化调整，如修改节点的大小、颜色和边的粗细等。基于 Excel 这一工具，用户在使用 NodeXL 时还可以借助 Excel 既有的数据处理功能对数据进行排序、计算、筛选等分析，最终的输出格式也较为多样。[①]图 1.16 所示为使用 NodeXL 对某一学习社区进行社交网络分析的结果，在该图中，用户用点的大小表示点的中心性，并给节点添上标签，使结果更加易读。

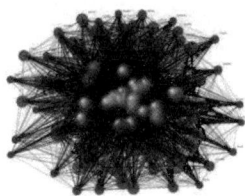

图 1.16　使用 NodeXL 生成的学习者社交网络图[②]

① 孙洪涛：《开源工具支持下的社会网络分析——NodeXL 介绍与案例研究》，《中国远程教育》2013 年第 2 期。
② M. A. Shneiderman, N. Milic－Frayling, "Analyzing (Social Media) Networks with NodeXL", *Proceedings of the Fourth International Conference on Communities and Technologies*, ACM, 2009, pp. 255－264.

第二章

学习分析在高校中的应用

第一节　章节导论

一、学习分析与高等教育结合的背景

教育与技术的结合日益紧密，利用相应的技术分析、评估和测量教育效果的应用也逐渐广泛，学习分析（Learning Analytics）技术的应运而生不仅是为教育研究者提供评估教育质量的原始素材，更是为直接参与教学的教师和学生提供个性化学习服务、促进有效教学的重要手段。乔汉·拉瑞森（Johann Ari Larusson）在其著作中提到的"利用技术支持教学已经成为一种常态，然而，简单的技术使用已经不足以满足学生的学习需求并且不能有效地促使其成功，教师的教与学生的学习或许都发生在课堂中，但是所有被'黑箱（Black Box）'所隐藏起来的部分更值得我们去探索，在这里，黑箱所指的即是并非被时间和空间所局限的内容，将教学行为以数据的方式收集起来加以分析，而如何收集数据、如何分析数据甚至如何解释其含义在此前都并未有明确的说明"，[①]近年来，学习分析技术的使用和发展对教育产生了极大的影响，有学者将学习分析技术总结为收集、分析、利用数据预估使用者的行为，最终目的是作用于学生、教师和相关职能部门行为的改变，并且能够为所涉及的

---

① A. L. Johann, W. Brandon, *Learning Analytic from Research to Practice*, Springer Science Business Media, New York: 2014, pp. 1 – 2.

利益相关者提供任意时间段内任意教与学行为的可视化材料，可以说学习分析作为一种通过对目标进行人口学因素分析和行为数据收集的技术已经为有效的提升教学做出了卓越的贡献。[1] 作为实现智慧教育的重要手段，学习分析涉及包括计算机科学、社会学、学习科学、大数据分析等在内的社会学科和科学学科的多个领域，因此不仅是推进教学改进的重要途径，也是全面展示教学效果的新兴手段。

学习分析得以最终实现依赖于一系列相关联并且尖端的理论模型、技术支持和实践范式等，作为一个了解学生学习轨迹的重要方法，高校应鼓励学习分析技术在高等教育中的应用和相关方法的教学，事实上很多高校也在此方面进行了探索性的尝试和实践。追溯其背景，学习分析得以大力推广得益于教育机构数量的不断增长，并且这些机构都倾向于用电子的形式评估学术成果，[2] 以数据挖掘和分析技术为技术基础。有学者认为学习分析是由社会网络分析、潜在语义分析、性格分析三者结合形成，其原因是以上三种分析技术为学习分析的研究者提供了丰富的理论和实践范式。[3] 也有学者认为商业智能（Business Intelligence）和网站分析（Web Analytics）在推动学习分析的形成中扮演了重要的作用，因为以上两者的最终目的是了解组织内部的数据以及外部的客户行

---

[1] T. Elias, *Learning Analytics: Definitions, Processes and Potential*, 2011, Unpublished Internal Whitepaper of Athabasca University, Canada, https://landing.athabascau.ca/mod/file/download. J. Fritz, Classroom Walls that Talk: Using Online Course Activity Aata of Successful Students to Raise Self – awareness of Underperforming Peers, The Internet and Higher Education, 2010, pp. 49, 89 – 97.

[2] L. Greer, P. L. Heaney, "Real – time Analysis of Student Comprehension: An Assessment of Electronic Student Response Technology in An Introductory Earth Science Course", *Journal of Geoscience Education*, 2004, pp. 52, 345 – 351.

[3] R. Ferguson, *The State of Learning Analytics in 2012: A Review and Future Challenges*, 2012, http://kmi.open.ac.uk/publications/pdf/kmi – 12 – 01. pdf.

为之间的关系,① 高德斯汀和凯兹（Goldstein , Katz）在 2005 年将这两者引入教育领域，为高等教育机构收集、分析教学过程中的数据提供工具支持。学习分析的专业学术会议"学习分析与知识国际会议（International Conference on Learning Analytics , Knowledge，LAK）"首次举行是在 2011 年，这也从一定程度上佐证了学习分析与教育发展的联系日益紧密是世界性的，在这次会议上，学习分析获得了较权威的定义，即指"以理解和优化学习机器发生的环境为目的，对学习者及其所处情景的数据进行的测量、收集、分析和报告",②美国新媒体联盟（The New Media Consortium，NMC）2011 年发布的《地平线报告》（Horizon Report）中也指出学习分析即是通过对学生学习大量数据进行分析、解释，最终达到评估学业成就、预测未来表现记忆发现潜在问题的目的，并且该报告连续三年都将学习分析视为未来教育评估和测量的主流技术,③ 这两种定义被广泛地使用于之后关于学习分析的研究中。在这个报告中，对高校应用学习分析的数据来源也进行了说明，包括显性行为和隐形表现，前者包含完成作业和考试的情况，后者包括网络社交行为、课外活动、论坛上的发帖，以及其他不作为学业表现直接评估的活动。④ 第二届学习分析和知识国际会议在比尔盖茨基金会、Desire2Learn 在线教育平台的共同发起下由美国高等教育信息化协会（EDUCAUSE Learning Initiative，ELI）等组织机构承办，于 2012 年 4 月在加拿大温哥华召开，对学习分析应用的规划、潜力做了深入的探讨，对学习分析

① B. S. Simon, F. Rebecca, *Social Learning Analytics*, 2011, http://kmi. open. ac. uk/publications/pdf/kmi – 11 – 01. pdf.

② G. Simense, *Learning and Knowledge Analytics: Knewton, the Future of Education*, 2011, http://www. learninganalytics. net/?p = 126.

③ 吴永和、陈丹、马晓玲、曹盼、冯翔、祝智庭：《学习分析：教育信息化的新浪潮》，《远程教育杂志》2013 年第 4 期。

④ EDUCAUSE, "The New Media Consortium: Learning Analytics", *The Horizon Report* 2011 *Edition*.

在教育中的使用产生了一定的影响。由于学习分析的迅速发展及其相关研究的不断深入，学习分析研究协会（Social for Learning Analytics Research）启动了区域会议项目（Solar Flares），[1] 在美国普渡大学（Purdue University）召开了第一届以"使用分析来创造实际问题的实际解决方案"为主题的区域会议，此后在英国的开放大学（The Open University）和澳大利亚的悉尼科技大学（University of Technology, Sydney）分别召开了两次会议，有效地促进了学习分析在高校认知度的提升，也为后续的研究提供了更多的文献素材。除此之外，美国高校教育信息化协会和高校内的教育技术研究所也为学习分析在高等教育中的应用起到了推动作用。在 2011 年，比尔盖茨基金会的"下一代学习计划"就将高等教育的学习分析应用作为重要资助项目之一，[2] 这不仅从资金上给予了实际的支持，也很大程度上影响了社会舆论对学习分析应用的态度向积极的方向前进。在《通过教育数据挖掘和学习分析促进教与学》报告中就明确指出了学习分析在教育领域应用时对学习者各方面的影响作用（见表 2.1）。诸多学习分析系统在高等教育中的应用都基于此的指导，也从不同角度丰富了这一理论模式。

---

① *SoLAR Flare*, 2013, http://www.solaresearch.org/flare.
② LAKE2012, *Learning Analytics and Knowledge*, 2012, http://lak12.sites.olt.ubc.ca.

表2.1　教育数据挖掘和学习分析在教育领域中的应用模式[①]

应用领域	解决问题	分析数据
学习者知识建模	掌握的概念、技能、过程性知识和高级思维技能等	应答数据（正确率、错误率、时长、提示次数） 技能练习数据（内容、持续时间） 测试结果数据（过程性、总结性）
学习者行为建模	不同学习行为范式与学习结果之间的关系	应答数据（正确率、错误率、时长、提示次数） 环境变动造成的学习行为变动数据
学习者体验建模	对学习体验的自我满意程度	满意度问卷调查数据 对后续学习单元采取的行为和表现数据
学习者建档	聚类分组	应答数据（正确率、错误率、时长、提示次数）
领域建模	对主题模块的划分和排序	应答数据（正确率、错误率、时长、提示次数） 领域模块分类数据 技能与问题、问题与问题之间的关联数据
学习组件分析和教学策略分析	促进有效学习的组件、在线教学策略、在线课程的整体效果	应答数据（正确率、错误率、时长、提示次数） 领域模块分类数据 技能与问题、问题与问题之间的关联数据
趋势分析	未来趋势的内容及原因	三个以上数据点的纵向趋势识别 数年内的基本信息数据
适应性和个性化	学习建议、体验改善建议等	个体历史数据 学业成绩数据

二、学习分析应用的基本原理

当分析技术应用于教育和学习领域时，除了借鉴其在其他应用领域已经成熟的通用技术和算法外，还要依据现实的情况和条件进行调整。

[①] U. S. Department of Education, *Enhancing Teaching and Learning through Educational Data Mining and Learning Analytics*, 2016, http://www.ed.gov/edblogs/technology/files/2012/03/edm – la – brief. pdf.

学习分析通过技术、算法和理论等的相互协作、相互支持共同实现数据的分析和呈现。[1] 乔治·西蒙斯（George Siemens）认为，学习分析的数据一方面来源于学习者利用的学习平台记录，例如课程管理系统产生的数据或者学习者使用移动设备、社交媒体进行交流出现的数据，另一方面来源于现实的学习场景，比如课程论文、考试成绩等，通过分析方法加以提炼和总结，形成分析报告，进而预测学习行为，最终达到教学的个性化，促使教学适应利益相关者的初衷。[2] 坎贝尔和欧布林格（Campbell，Oblinger）指出，学习分析是通过捕获（Capture）、报告（Report）、预测（Predict）、行动（Act）和改进（Refine）这五个步骤完成其任务的。[3] 这五个部分既是相互依存也是相互独立的关系，在最初阶段采取的行为在一定程度上会对接下来的阶段产生影响，例如在捕获阶段所获得的数据类型就会影响报告阶段对数据的分析和预测阶段的行为模式建构。在各个阶段对利益相关者的侧重有所不同，学习分析涉及诸多利益相关者，即有一个实体（人或组织）与学习分析存在一定的利益关系，[4] 其中最主要且具有直接利益关系的对象是教学者、学生和教学管理者。[5] Long 及 Siemens 指出三者从分析报告中获取的内容分别指向于学生学习进展和知识的掌握情况、学生自己的学业感受和反

---

[1] W. Greller, H. Drachsler, "Translating Learning into Numbers: A Generic Framework for Learning Analytics", *Educational Technology*, *Society*, Vol. 3, No. 2 (2012), pp. 42 – 57.

[2] G. Siemens, *What Are Learning Analytics*, http://www. elearnspace. org/blog.

[3] J. P. Campbell, D. G. Oblinger, *Academic Analytics: The Uses of Management Information and Technology in Higher Education*, 2007.

[4] 吴永和、陈丹、马晓玲、曹盼、冯翔、祝智庭：《学习分析：教育信息化的新浪潮》，《远程教育杂志》2013 年第 4 期。

[5] M. Brown, *Learning Analytics: the Coming Third Wave*, 2011, http://net. educause. edu/ir/library/pdf/ELIB1101. pdf.

馈、课程实施及调整对策；而间接利益者则是有家长、投资者和企业。① 在捕获阶段，利用一定的措施和技术，确保在目标环境和时间内发生的事件信息能够得到存储，这些信息可能是包含了时空背景、人口学素材、教学素材等一系列各类素材的复杂体，可能来自单一系统也可能是异质的数据源，因此不能直接进入下一步分析，需要按照分析需求进行分类存储，根据具体的研究目标处理为结构化或非结构化的数据；在报告阶段，所捕获的信息已经得到了分门别类的存贮和编码，非结构化的数据往往已经通过处理形成了某种结构，最终将分析的结果形成可视化的数据表格提供给利益相关者，报告的内容需要根据对象的不同而有所侧重，学生、教师和管理人员对数据信息的需求不同因此应该获得并非完全相同的分析报告；预测阶段为利益相关者的进一步行为提供了更有利且直接的支持，可以视为一个更复杂的报告。② 在预测中不仅参考了报告中获取的数据表格，也参考了捕获阶段的原始内容，可以帮助学生预测学习过程中可能遇到的困难和瓶颈，帮助教师了解学生是否按期执行学习计划，帮助管理者预测教学中可能出现的问题；行动阶段也许是最复杂的阶段之一，它依赖预测的结果，其最终目标是通过行为改变原有的学习活动，并且可能由利益相关者驱动。例如，如果预测认为，造成学生不按期执行学习计划的原因是课程内容与学生能力之间存在脱离的现象，那么在文件中则会出现更多的帮助性材料作为可能缓解局势的方法；最后的改善阶段需要对前一阶段的行为进行监督，确保行为得以不断地调整，最终适应利益相关者的活动，将作用最大化。③ 美国普渡大学的信号灯系统（Signals）、澳大利伍伦贡大学（University of

---

① P. Long, G. Siemens, "Penetrating the Fog: Analytics in Learning and Education", *EDUCAUSE Review*, No. 2(2010), pp. 31 – 40.

② J. A. Larusson, B. White, *Learning Analytics from Research to Practice*, New York: Springer Verlag, 2014.

③ W. Greller, H. Drachsler, Translating Learning into Numbers: A Generic Framework for Learning Analytics, *Educational Technology, Society*, No. 2(2012), pp. 42 – 57.

Wollongong）的学习网络可视化评估工具（Social Networks Adapting Ped-agogical Practice，SNAPP）系统和美国德雷萨尔大学（Drexel University）的视野之星报告（Vision Star Report）等学习分析应用于高等教育的实践均是基于以上五个步骤设计并使用。泰雅·伊莱斯（Tanya Elias）在五步骤的基础上进一步将其具体为筛选、捕捉、收集和报告、预测、应用、提炼、分享七个步骤，在数据收集、信息加工和知识应用三个阶段循环往复。① 他强调研究前的数据筛选对各利益相关者提供具有针对性的报告是非常重要的；另外，学习者的反思也应该作为促进行为改变、提高教学适应性的重要反馈依据。库伯（Cooper）对学习分析在时间线和反馈深度方面的研究使得后来的研究者们能够用全局性的视角看待学习分析系统呈现的报告。② 他指出在过去、现在、将来三个时间段中，信息性的问题反馈与洞悉型的问题反馈各有侧重，前者描述过去、提醒现在、推断未来，而后者解释过去、建议现在和预测未来，后者相较于前者更为深入，这与 Campbell 指出的五个基本步骤不谋而合。

表 2.2　学习分析的基本步骤及解决的主要问题③

步骤	解决的主要问题
捕获	数据类型的选择
	数据收集频率
	数据存储的安全性
	数据的编码与格式转换

---

① T. Elias, "Learning Analytics: Definitions, Processes and Potential", *Learning*, Vol. 23, No. 23 (2011), pp. 134 – 148.

② A. Cooper, *A Brief History of Analytics: A Briefing Paper*, 2012, http://publications. cetis. ac. uk/wpcontent/uploads/2012/12/Analytics – Brief – History – Vol – 1 – No9. pdf.

③ J. A. Larusson, B. White, *Learning Analytics from Research to Practice*, New York: Springer Verlag, 2014.

续表

步骤	解决的主要问题
报告	数据报告对象
	数据报告频率
	数据的选择
	报告的接收
预测	预测方向、内容、工具选择
	预测报告
行动	行动计划
	行动在教学环境中的实施方法
改善	素材收集、存储和选择的恰当性
	报告的适用性
	预测算法的准确性及有效性
	行为实施的有效性

三、学习分析在高等教育应用概述

学习分析是近年来信息技术在教育领域内应用的研究热点，Siemens 及 Long 在其研究中指出，在教育领域，学习分析的价值主要体现在为教育工作者改进教学提供帮助以及为教育机构的变革活动指明方向。[①] 并且在美国高等教育信息化协会 2012 年发布的"高等教育中的学习分析"研究报告中也提到："很多高等院校都已表明分析技术能在很多具有战略意义的方面给学校带来极大帮助，诸如对资源进行配置、帮助学生走向成功、优化自身的财务状况等。"[②]高校利用学习分析技术的具体实践集中体现在将学习分析与教学辅助系统、学业评价系统以及

[①] S. George, 1*st International Conference on Learning Analytics and Knowledge* 2011, https://tekri. athabascau. ca/analytics/about.

[②] L. Johnson, S. Adams, M. Cummins, *The NMC Horizon Report*2012 *Higher Education Edition*, 2012, https://www. nmc. org/publication/horizon – report – 2012 – higher – ed – edition.

校园管理系统相结合，教师、学生及教学管理者等利益相关者从中获取相应的分析结果进而采取行动促进教学的有效性。

（一）学习分析辅助教师教学

利用学习分析技术，教师可以获得有关学生学业进度及绩效的相关信息，包括学习者登录网络平台的时间、时长、痕迹、完成情况，监督学生的学习过程，判断学生的学习需求和风格，从而帮助自己改善教学。在此领域最具代表性的典型实践是美国普渡大学（Purdue University）2007 年开始的"信号灯"项目，该项目从教学管理系统（Learning Management System，LMS）、内容管理系统（Content Management System，CMS）和学生成绩单中收集信息来筛选"危险学生"，用绿黄红三种颜色来表示危险等级，提示教师对处于"危险"状态的学生加以关注，教师可以利用所得数据向学生呈现完整的可视化的报告，帮助学生了解自身情况，配合教师改进教学，截至目前为止共有超过一万名学生受益于该项目的实施。由澳大利亚卧龙岗大学领导，多个学校共同参与的"学习可视化与评估项目"以学习网络可视化评估工具为技术支持，收集学习管理系统中学生的学习行为信息，使教师在任何时间都能对学生任一阶段的学习情况进行评估，提示教师关注学习进度过慢、学习成绩不佳的学生，为教学调整提供依据，并在事后比较学习效果的进步程度。德国的亚琛工业大学（Rheinisch - Westfälische Technische Hochschule Aachen）借助学业分析探索系统（Exploratory Learning Analytics Tool，ElAT）帮助教师探索学习者的属性、行为和学习情况，将学习者的个人兴趣加以总结用可视化图表的形式呈现出来，促使教师改善教学方法。美国西部州际高等教育委员会教育技术合作部（Western Interstate Commission for Higher Education，Cooperative for Educational Technologies，WICHE，WCET）发布的预测分析报告利用学习分析技术发现了影响学生学习和退学的 32 个变量，可以帮助教师明确存在何种特点变量的学生容易发生退学、厌学的现象，这在很大程度上说明了学习分析在高校教育中的应用有助于实现更好的教学管理。当学习分析与教学辅助系统相结合时，教师可视为其中的主要利益相关者和受益者，学习分析帮助教师准确把握学生之间的知识差异和不同的学习需求，改进教学设计及调节教学过程，从学习分析中教师可以获得具有大量数据支撑的群体结构模型，利用这些模型可以更好地实现教学的改善和调整，使教学目的更为明确，教学措施更具针对性。

（二）学习分析改进学生学习

学习分析可以帮助学生进行自我评估和学习需求分析，亦可以结合学业评价系统作为引导学生自主学习的工具。美国北亚利桑那大学（Northern Arizona University，NAU）研发的学习行为检测工具（Grade Performance Status tools，GPS）主要用于评估全日制大学在校生的课堂学习情况，收集学生的出勤状况、课堂表现、学习成绩和课程问题等信息，并对其表现进行等级评价，将建议报告定期反馈给个人，帮助学生审查自我行为，学生在收到邮件后与指导教师联系，沟通改进策略，提高学习质量。美国马里兰大学巴尔的摩分校（University of Maryland Baltimore Country，UMBC）基于 Blackboard 课程管理系统构建了学生行为检查工具（Check My Activity，CMA）用于帮助学生评估自己的学习情况，收集数据来源于学生使用 Blackboard 课程管理系统的痕迹，学生可以从分析报告中对自己在某一时期内访问的次数、学习水平和班级内的横向比较结果有所了解，① 当出现红色的成绩提示时，则表示学生在某门课程上的参与程度低于平均水平，红色提示直到学生获得成绩提升才会消失。有教师将 CMA 系统称为"为学生订制的另一个自己"，该系统有效地促进了学生的自查并且提升了学生自主解决问题的积极性。加拿大英属哥伦比亚大学（University of British Columbia，UBC）的研究者运用学习分析技术收集的学生行为数据，并将其与教师给出的课程成绩

---

① UMBC, "Check My Activity", *Reports for Students Now Available Inside Blackboard,* 2013, http://www. umbc. edu/blogs/oit - news/reports/.

数据进行整合比对，在课程结束时，利用 SNAPP 对学习论坛中提取的数据进行对话分析，最后生成可视化的学业情况报告，显示学习者在课程中学习行为的相对位置，最终达到引导学生自主积极地参与学习的目的。[①] Siemens 及 Long 指出，收集分析包括学习者基本情况、学习目标、动机水平、认知风格、学习需要等在内的数据，可以有针对性地为其主动推送个性化的资源与针对性的服务。[②] 美国加州大学评估标准和学生测试研究中心开发的学校质量测评系统（Quality School Portfolio, QSP）是一款基于网络的决策支持工具，为每个学生建立成长记录和个性化学习报告，帮助学校或地区通过分析学习者行为满足学习者个体学习需求。另外，学习分析还促进了学生与同伴之间的交流，有研究者指出，自我监控在自我导向学习中有举足轻重的作用，学生可以同归可视化的学习情况报告回顾自己过去的学习经历，在同伴之间进行比较，了解自己的水平。[③] 比利时鲁汶大学（Catholic University of Louvain）的研究者在其开发的学习监控程序中为学生个体和学习团队提供相应的反馈报告，鼓励学生在小组中充分沟通和积极表现。[④] 因此，当学习分析技术与学业评价系统相结合时，学生即是关联性最大的利益相关者和获益者，学习分析促使学生在自我评估、自我导向、自我审查和同伴交流等方面采取积极的措施改善学习情况。

---

① L. P. Macfadyen, S. Dawson, "Mining LMS Data to Develop an "Early Warning System" for Educators: A Proof of Concept", *Computers and Education*, Vol. 54, No. 2 (2010), pp. 588 – 589.

② G. Siemens, *What Are Learning Analytics*, 2012 – 08 – 02, from: https://opus.lib. uts. edu. au/handle/10453/19517.

③ E. Chen, M. Heritage, J. Lee, "Identifying and Monitoring Students' Learning Needs with Technology", *Journal of Education for Students Placed at Risk*, No. 3(2010), pp. 309 – 332.

④ 顾小青、张进良、蔡慧英：《学习分析：正在浮现中的数据技术》，《远程教育杂志》2012 年第 1 期。

（三）学习分析调整资源配置

学习分析不仅在学生的学业成就提升、教师教学模式改善上产生作用，同时也帮助教学单位和教学管理者优化教学资源配置，为科学化的教学决策提供参考依据。在以往的实践探索中，仪表盘技术的应用最为广泛，该技术最初应用于商业、信息管理和情报学领域，向用户展现数据分析结果及帮助用户自助分析。该技术应用于高等教育领域时，将教学状态的当下情况与过去情况以仪表盘的方式进行对比分析与呈现。[①]美国亚利桑那州大学（Arizona State University）将仪表盘技术应用于行政管理，建立了对学校总体的教育事务进行整体分析的系统，使得管理者可以随时掌握教学资源的配置和应用状况。[②] 也有研究者将自主设计的学情分析系统与 Moodle 相结合，获取学生的学习模式，将具有共同特征的学习者归类并且探索其学习规律，教学管理者可以根据群体特征分配教育资源。[③]

第二节　学习分析在教学管理和学业评价中的应用

参与教学的师生双方及教育机构使用学习分析技术的初衷即是期望通过分析学习者大量的行为数据改进教学实践，增强学习效果，最终使教育的效益最大化。在此过程中，学习管理系统和课程管理系统为实现这一目标提供了帮助，教师和教育机构使用所收集到的数据跟踪学生的

---

① 张焕：《基于企业数据仓库的绩效仪表盘的研究与实现》，博士学位论文，北京工业大学 2010 年。

② A. Kamenetz, *Knewton's "Adaptive Learning" Technology Spreads to Tens of Thousands of Students at ASU*, Penn State, SUNY, http://robwdsa. pulsememe. com/knewtons – adaptive – learning – technology – spreads.

③ S. Retalis, A. Papasalouros, Y. Psaromiligkos, S. Siscos, T. Kargidis, "Towards Networked Learning Analytics – a Concept and a Tool", *Proceedings of the 5th International Conference on Networked Learning*, Lancaster, UK.

学习进程，在学生的学习活动与教学的完善之间构建了桥梁。在 2011 年的《地平线报告》中指出，高等教育中的学习分析主要集中在识别学习困难学生，让他们获得重视，避免其在某一特定课程上的失败，但是其最终的应用功能在于让教师更为精确地定位学生的学习需求并进行恰当的教学指导，这并非局限于对个别学生表现的影响，更多的是影响教育者对教学的评估，通过实时的信息反馈支持课程模式和教学方法的变化，① 实现学习预警基础上的教学指导是学习分析技术与教学管理系统结合存在的主要目的和功能。在本章中将学习分析与教学管理系统的实践主要指向的是基于大数据的在线学习预警模式。

随着互联网技术的发展，在线学习逐渐成为信息时代中最重要的学习方式之一，学习预警可以通过挖掘、分析在线学习过程中产生的大量数据，了解学习者在学习过程中产生的问题以此为依据对学习者发出警告，引导其解决问题。所谓学习预警主要涉及四个核心问题，即预警原因、预警对象、预警方法和预警结果，在实践中又分为数据收集、分析、信息呈现和干预四个步骤。预警系统得以广泛使用有赖于互联网通信技术（ICT）与教学的结合以及学习分析技术的支持，前者使学习管理系统获得了广泛的用户群并保证了大数据的收集和存储，后者利用统计技术为数据分析和预测模型建构提供了保障。② 据调查显示，在美国高等教育中有超过 390 万的学生在秋季学年期间参与了至少一门在线学习的课程，这一人数在美国高等教育总人数中的比例超过了 20%。有研究者指出，现有的学习预警系统可以根据其实现形式分为四类：一是为了实现在线学习预警的相关功能由学校自主或第三方企业开发的，例如普渡大学的信号灯系统和云端学习管理平台 Desire2Learn 中的学生成功系统（Student Success System，S3）；二是通过学习管理系统与可视化

---

① EDUCAUSE, *The New Media Consortium: Learning Analytics*.

② 王林丽、叶洋、杨现民：《基于大数据的在线学习预警模型设计——教育大数据研究与实践专栏之学习预警篇》，《现代教育技术》2016 年第 7 期。

工具相结合实现预警功能的系统，如澳大利亚卧龙岗学院的 SNAPP 系统；三是学习系统与个性化工具结合的预警系统，如美国亚利桑那州立大学开发的电子顾问（eAdvisor）；四是作为模块存在于在线学习平台中的预警系统，如海星企业成功平台（Starfish Enterprise Success Platform）开发的海星预警系统（Starfish Early Alert System）。① 这四种学习预警系统不仅在实现形式上存在差异，在预警内容、预警方式、基础算法上也存在差异。单纯实现学习预警功能的实践与开源工具支持的社会网络交互学习实践主要在数据收集、分析、信息呈现这三部分存在差异，前者的数据来源于学习者的人口学基本信息、学习行为信息和学习表现信息，用预测算法和数据挖掘技术判定学生属性，给予预警；后者的数据来源于虚拟学习社区中学生网络学习的交互信息，用社会网络分析法和可视化数据工具呈现预警信息。由此可以看到，学习预警系统不仅对能够实时反馈学生的学习情况，监控学习进度，更能够帮助教师有针对性地对学生的学习提供指导。

　　本章主要以单纯实现在线学习预警目的的实践模式和开源工具支持的社会网络交互学习实践模式为说明对象，用美国普渡大学的信号灯系统、马里兰大学巴蒂摩尔分校的自我检查系统及澳大利亚卧龙岗大学的可视化学习网络分析系统为例，说明学习预警系统在高校教学管理和学生学业评价中的作用。

一、信号灯系统

（一）项目概述

　　美国普渡大学的教职工秉持着"促进每一名学生成功"的理念实施教学，信号灯系统（Signals）的应用及发展是帮助这一目标实现的重要举措。该项目于 2007 年正式启动，背景是应对日益频繁的在线学习

① 王林丽、叶洋、杨现民：《基于大数据的在线学习预警模型设计——教育大数据研究与实践专栏之学习预警篇》，《现代教育技术》2016 年第 7 期。

中学生缺席，未充分参与课堂或学习进度滞后等现象，项目初衷在于保持其新生保有率，即大一新生在该学年课程结束后仍然留在该大学学习的比例，以及降低毕业周期延长对学校的风险，[①] 让学生尽快地跟上教学节奏。此前的一些研究表明，有大量的研究人员花费了很多时间来确保新生在新学年尽快地融入校园生活，但是反馈结果却不尽如人意。大一年级的学生在研究型大学中时常感到迷茫，不能够很好地把握学习进度或跟上课程，例如，在对一位学生进行采访时，当双方谈论到他在进入学校第八周的学习情况的时候，这位学生并不能够明确地说出目前的课程进度和自己存在的问题。虽然他的确做到了按时进入课堂、完成作业等基本的学习要求，但他并不知道自己这样做的目的何在。在课堂上他们能够获得一些成绩的反馈，例如期中考试的成绩，学科论文的成绩或者期末考试的成绩，但是单一的成绩并不足以告诉他们如何提升自己，在哪些方面需要做更多的努力，最后依然会获得不如意的成绩。[②]因此该项目人员开发了信号灯系统作为一个能够帮助学生更好理解学习行为和提升成绩的工具，尤其是对很多在课程成绩上拿了不太好的成绩的学生（通常指的是成绩为 D 或 F 的学生），他们可以在这个系统的个人成绩单中随时查看自己过往的成绩。教师通过对学生在该系统成绩单和行为记录中分析结果的说明，发送邮件通知学生近期的学习表现，有针对性地推荐学习资源，改进教学方法，最终帮助学生获得成功。

信号灯系统是课程管理系统（CMS）和早期预警系统（Most early warning systems，EWSs）结合的产物。学生的课程成绩单保存在课程管理系统的成绩册中，让教师和教育机构明确地掌握成绩的变化情况和学

---

① M. D. Pistilli, K. E. Arnold, "Purdue Signals: Mining Real – time Academic Data to Enhance Student Success", *About Campus: Enriching the Student Learning Experience*, No. 3 (2010), p. 22.

② M. D. Pistilli, K. E. Arnold, "Purdue Signals: Mining Real – time Academic Data to Enhance Student Success", *About Campus: Enriching the Student Learning Experience*, No. 3 (2010), p. 22.

习行为，支持了教师的反馈。早期预警系统更多的是与中期考察的成绩相结合，在学期课程进行到一半时提示学生的学习需要有所改进，早期预警系统早于信号灯系统在 2003 年就已经出现并应用，在投入运行的过程中，系统汇总信息的方式经历了由纸质表格到涂点问卷再到网络平台的转变，这一系统存在的主要局限在于预警功能的滞后性和指导手段的宽泛性。[1] 研究表明，学生需要在一周或者几周的时间内获得反馈并加以行动，才能更有效地提升学习效果，[2] 因此这两种系统相结合于 2007 年引入的信号灯项目则是综合了两者的优点。首先，它比早期预警系统更为完善的地方在于记录了学生活动各个阶段的所有信息，利用信息去驱动研究者行为，并且与传统的课程管理系统相比，在对学生的学习行为进行考察时，更多地注重于学生和系统的线上互动，例如线上阅读、资料收集等，使得平均智力水平的学生也能获得学业的成功，与超常智力水平的学生差别保持在一定程度。更进一步的，学生在课堂之外的行为，例如向教授或其他相关人士寻求提高成绩的方法，参与复习小组学习或找更多的辅助资料自我学习，也是信号灯系统在可视化报告中会提及的建议，[3] 但是值得说明的是，信号灯系统与传统预警系统相比最大的优势在于能够很快地鉴别处于危险状况中的学生并且直接提醒本人该如何预防成绩更为恶化。

该系统在应用的过程中也在不断地完善，在最初应用的两年，系统通过对照实验组和控制组的学习参与程度以及学业成绩数据获得两者之间的联系，建立算法框架，2009 年开始，实现了自动采集和分析实时

---

[1] L. Iten, K. Arnold, M. Pistilli, *Mining Real – time Sata to Improve Student Success in a Gateway Course*, 2011, http://www.bio.purdue.edu/bootcamp/.

[2] G. Siemens, "Penetrating the Analytics in Learning and Education", *EDUCAUSE Review*, 2011, Vol. 42, No. 2 (2011), pp. 866.

[3] E. Arnold, Z. Tanes, A. S. King, "Administrative Perceptions of Data – mining Software Signals: Promoting Student Success and Retention", *The Journal of Academic Administration in Higher Education*, Vol. 6, No. 2 (2010), pp. 29 – 39.

数据的功能，算法也更为科学，2012 年，Ellucian 公司接管了系统的运作并将其更名为 Ellucian Course Signals，① 目前，信号灯系统已经在普渡大学内达到了广泛的普及。截至目前为止，近 24000 名学生受益于该项目，超过 145 名教职人员在至少一门课程中使用该系统。在未来的 18 个月中，该项目组织者计划将参与学生的规模扩大至 20000 人。②

（二）工作流程及原理

该系统与 Blackboard 学习平台相结合，其具体工作流程为可分为三个步骤：第一步是数据收集。数据来源于两方面，一是包括学习者地区、种族、性别、奖惩情况、前期学习历史与系统交互次数等个人特征信息；二是其学分获得情况和学业成绩数据，前者构成了基本的信息档案，后者是成绩单生成的基本依据。第二步是数据分析和处理。利用学习者成功算法（Student Success Algorithm，SSA）对每一位学习者进行预测分析以确定其在学习中是否存在失败的可能性。第三步是干预和指导（流程图如图 2.1 所示）。教师通过可视化的结果对存在学习失败可能性的学生进行干预，推送有效的学习资

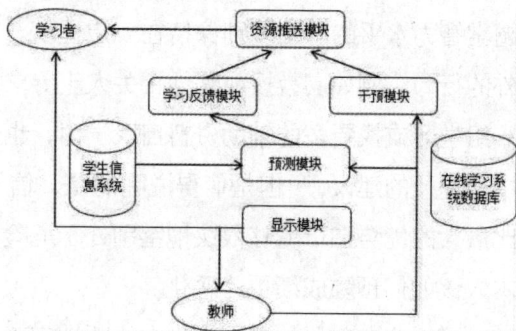

图 2.1　信号灯系统工作流程图③

① E. Arnold, M. D. Pistilli, "Course Signals at Purdue: Using Learning Analytics to Increase Student Success", *Learning Analytics and Knowledge ACM*, (2012), pp. 267 – 270.

② E. Arnold, Z. Tanes, A. S. King, "Administrative Perceptions of Data – mining Software Signals: Promoting Student Success and Retention", *The Journal of Academic Administration in Higher Education*, Vol. 6, No. 2 (2010), pp. 29 – 39.

③ 刘艳华、徐鹏:《大数据教育应用研究综述及其典型案例解析——以美国普渡大学课程信号项目为例》,《软件导刊（教育技术）》2014 年第 12 期。

源和指导建议，帮助学生提高成绩和优化行为表现。其中，数据分析和处理是最为重要的步骤，在学习者成功算法的基本框架内，对学生的课程表现（所获学分百分比）、课程努力程度（使用在线学习系统的次数）、前期学业历史（高中课程平均成绩和大学测验分数）以及学习者基本人口学特征四部分的信息加以整理分析，每部分的得分是原始分与权重相乘的结果，最终得分是四部分得分的相加。系统会根据最终得分判断学生处于何种状态，对存在极大失败可能性的学生用红色灯进行警示，对存在一般失败可能性的用黄色信号灯区分，将学习成功性很高的学生用绿色灯标示。管理者和教师会用登录首页提示（如图2.2所示）、邮件提醒、短信（如图2.3所示）、学术导师或资料建议、面谈

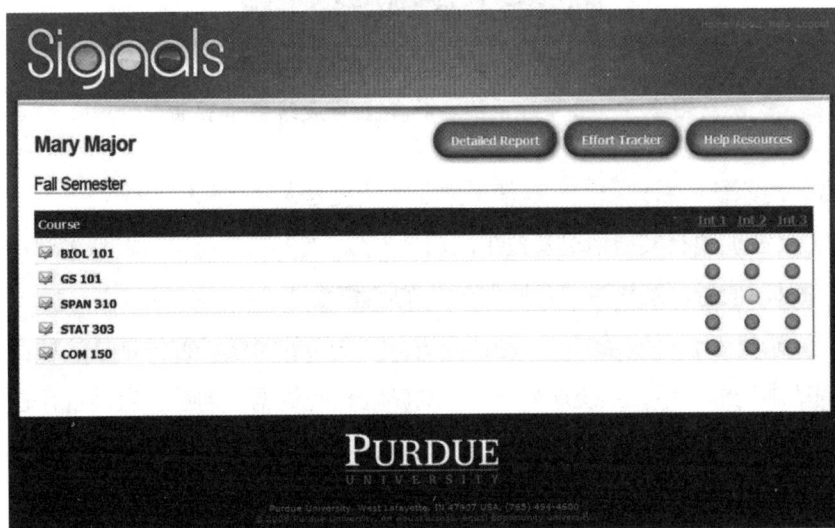

图2.2　信号灯系统在个人电脑上的成绩警示界面

等五种主要方式反馈和干预学生的学习，达到促进进步的目的。其中值得说明的是，该系统的警示并不仅仅局限于学生成绩的改变，更多的是提示学生要对自己的学习足够重视，积极行动改变现状，比如系统会查证学生是否阅读了指导教师提供的在线学习材料，是否参与了课后学习小组的学习或线上的课程讨论，这些表现都会与学生的测验成绩相结

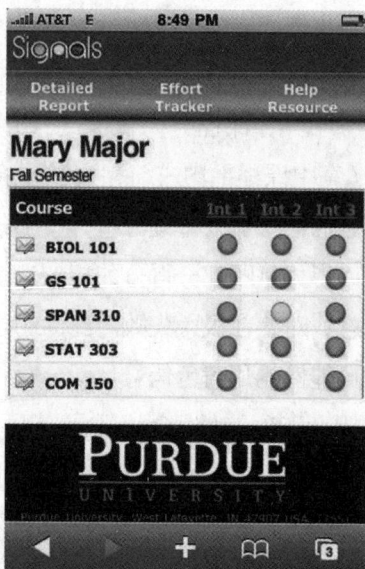

图 2.3 信号灯系统在收集上的成绩警示页面[①]

合，给系统判断的依据，这使得学业评估更为人性化和综合化。

（三）项目实施情况及效果反馈

1. 信号灯系统对"危险"学生的预测效果

研究者们对该系统的实施情况进行了全面的考察。首先是从该项目的基本功能入手，系统地分析学生的学业轨迹数据，判断学生是否存在学习危机的可能性。截至 2014 年，研究者们为探索学习分析模型的预测能力从 75 个学院和机构选取了 27276 名学生作为被试，他们总共参与了超过 3000 节，597 门的线上课程学习。系统预测到有 65.7% 的学生需要帮助，系统预测的准确性随着使用程度的增高而提升（如图 2.4 所示），且也随着学生存在的危险程度越大而提高，越能够正确地将学生进行归类（如图 2.5 所示）。研究者发现学科的期末成绩是最能反映真实预测能力的指标，个体的学业成绩有了明显的改善，在一项关于课

---

① https://news.uns.purdue.edu/images/+2009/signals-screen.jpg.

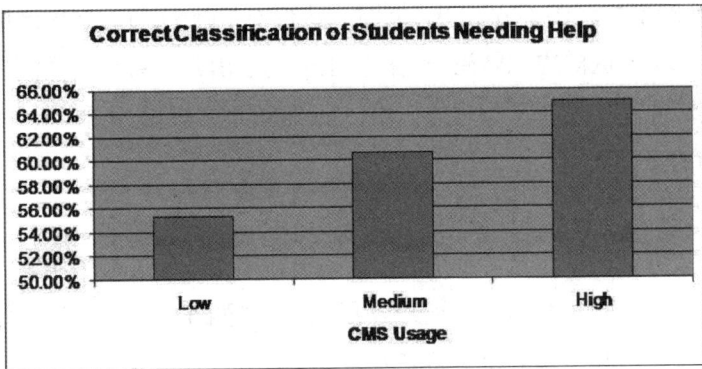

图 2.4　课程管理系统对不同使用频率者成绩预测正确率统计图

（注：横坐标表示使用 CMA 系统的频率；纵坐标表示成绩预测的正确率）

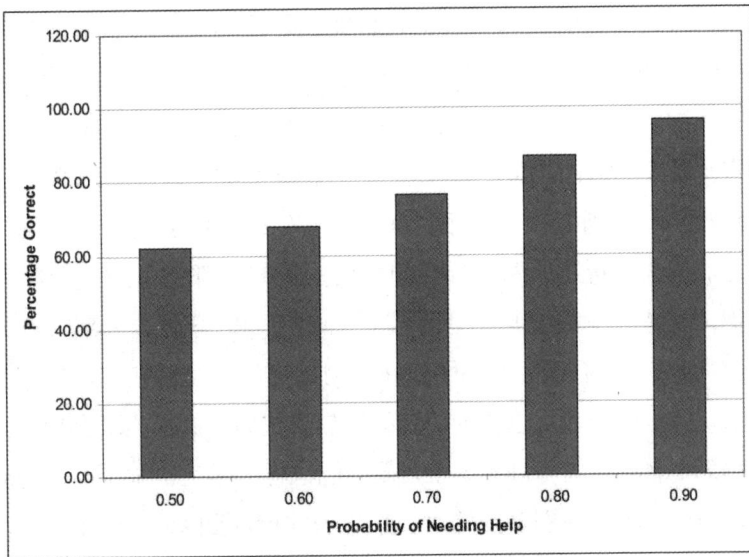

图 2.5　预测学习困难者正确率统计图

（注：横坐标表示需要帮助的可能性，纵坐标表示预测的正确率）

程期末成绩的调查中显示，在信号灯系统的作用下，获得 A 和 B 成绩的学生增长率由 2.23% 提升到了 13.84%，获得 C 成绩学生的递减水平由 1.84% 增加为 9.38%，获得 D 和 F 成绩的学生也大幅度地减少了。结合使用信号灯系统的课程在该学期给出的结果可以看到，有比之前多

10.37% 的学生获得了 A 和 B，同时，获得 D 和 F 成绩的学生比例降低了 6.41%。[①] 这样的结果在一定程度上说明了信号灯系统的预测功能确实在实际应用中发挥了预想的作用，正确的预测是让教师和学生实施改善行为的重要依据。

2. 对学习者学习行为的影响效果

研究者们还从信号灯系统的设计初衷对实施效果进行了考察，从学习者学习行为的角度出发，研究结果可以分为两部分，其一是个体学习行为的改变，其二是群体学习能力的差异分析。

第一，在个体学习行为改善的研究中，研究者通过对比调查和跟踪调查，选取了参与生物课程学习的 300 名学生作为被试，分为对照组和实验组，根据学生前三周的表现判断他们是否属于学习困难学生的行列，用信号灯指示其学业状况并且发送邮件提示他们与教师或指导者联系。研究结果主要有两个发现，其一是实验组的学生在接到邮件后进入课外资源系统学习的次数明显增多了（见图 2.6），说明系统发送的邮件的确对学生起到了警示作用；其二是学生的成绩变化，调查结果显示，之前系统判断处于高危行列的学生，大部分都还留在"危险"的领域中，但是之前系统判断处于较低危险行列的学生，大部分离开了"危险"领域，并且已经掌握了自我学习的方法，愿意使用课外资源帮助自己获得学业成功。这样的研究结果与以往另一例相关研究相似。研究者对 220 名利用信号灯系统学习同一门课程的学生也做了类似的对比实验，结果发现在课程最开始时，系统一共检测到 45 名存在高学习失败风险的学生，但是到课程结束时高风险小组内仅剩 5 人，并且有约 69% 原来属于中等风险小组的同学已经加入了低风险小组。另有研究者在 2009 年对参与信号灯项目课程学习的学生进行了实验和跟踪调查，结果显示在 2006—2007 学年和 2007—2008 学年这两个时间段，接受调

① Case Study: A Traffic Lights and Interventions, Signals at Purdue University, *Learning Analytics in Higher Education: A Review of UK and International Practice*.

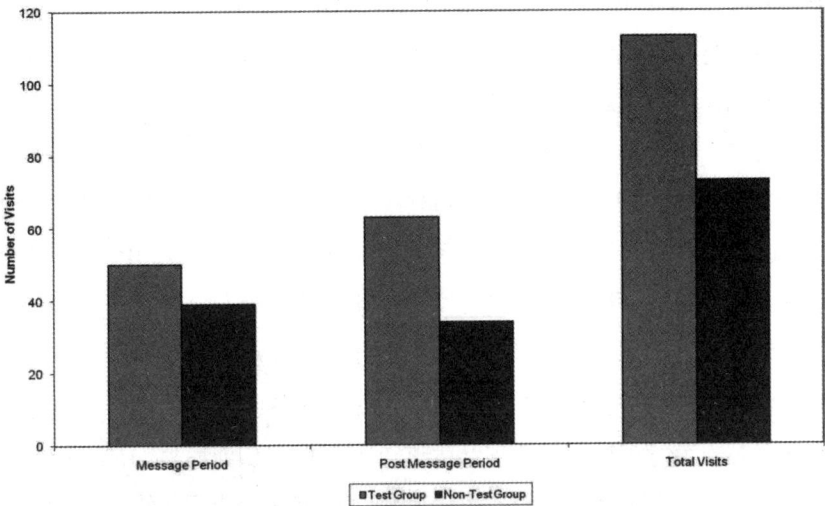

图 2.6　实验组及对照组在接受提示信息后使用系统次数对比统计图
（注：每组数据的左边来自实验组，右边来自对照组，
纵坐标表示访问数量）

查的 2000 名学生中，有 67% 的学生接收到了黄灯或者红灯的警示，提示他们要加强学习提高成绩，那些接收到红灯警示的学生中，78% 的学生都在半年内显著提高了自己的成绩。并且这样的改善并不只局限于数据的变化，在个体访谈中访谈对象也表达了自己在情绪和行为上的变化。例如生物化学专业大一的新生 Ashley Lambrosa，她在高中曾是佼佼者但是在大学课堂上她的表现并不如人意，她在访谈中提到"大学并不像高中，大学的学习节奏很快，稍微一不注意成绩就可能下滑，如果没有信号灯系统的帮助我可能无法提高我的成绩"，有很多学生也像她一样，都认为信号灯系统提供给他们的帮助的确有效地缓解了他们的焦虑并且在如何提高成绩上给出了合理的指导。另一位接受访谈的学生是大二文科专业的 Isaiah Johnson，他在新生数学课上的成绩非常不理想导致获得了系统的红灯警示，他自己也非常吃惊，但是在他收到的邮件中详细地指出了他存在的问题及改进的方法，在邮件的指导下，他期末将成

绩从 D 提高到了 B，并且也知道如何改进自己的学习行为。因此可以说明该系统能够有效地促进个体学习行为的改变，让学生更加适应自主学习的方式，积极主动地改变自己的情况。

第二，在对学生群体学习行为的考察中，本项目研究者以信号灯系统中收集到的数据为基础，对不同性别和族裔使用者的使用行为和学术水平进行了分析并建立了结构方程模型。研究中使用了 2010 年春季学期学生使用网络课程管理系统在文学、生物和化学三个课程上的学习数据，大多数学生都是 1990 年左右出生的大一新生或大二学生，平均年龄为 20 岁，这三门课程的授课教师会在网络平台上上传课件、阅读材料及相关的参考资料，并要求学生进行课前预习和课后复习总结，在网络平台上与同学和教师交流、讨论问题，检查学生使用网络材料学习的情况。在研究对象中男女所占比例相似，其中包含了 1.82% 的非洲裔、0.28% 的美裔土著后代、5.64% 的亚裔、3.36% 的拉美裔及 86.83% 的白种人，通过数据分析比较发现，男生使用网络学习系统的次数显著高于女生，但是学术水平要比女生低很多（如图 2.7 所示），亚裔被试使用网络学习系统的次数显著高于白种人被试且是所有被试中期末成绩最

Indicator/Outcome Variables	Mean		SD		Skewness		Kurtosis	
	Male	Female	Male	Female	Male	Female	Male	Female
Academic Aptitude								
GPA	2.84	3.01	0.86	0.74	−0.67	−0.89	−0.19	0.60
SAT_Verbal	567.52	547.77	74.17	77.34	0.02	0.23	−0.08	−0.29
SAT_Mathematic	636.97	564.63	77.79	83.91	−0.36	−0.02	0.07	−0.38
SAT_Writing	550.20	544.94	75.48	77.76	−0.04	−0.07	0.02	0.07
CMS Use								
Sessions	56.59	58.10	36.49	40.04	1.40	1.55	2.56	3.90
Discussions Read Messages	42.92	41.94	32.84	37.97	1.05	0.92	1.68	−0.02
Assessments Began	0.92	0.76	0.89	0.86	1.57	1.35	4.67	2.24
Web Links Viewed	7.34	8.44	12.25	14.91	3.82	3.47	17.93	14.44
Content Folders Viewed	188.24	153.80	135.47	154.12	1.15	1.33	1.40	1.65
Files Viewed	65.47	54.85	47.54	52.88	1.22	1.09	2.10	0.69
Outcome								
Final Grade	3.89	4.00	1.08	0.99	−0.67	−0.87	−0.42	0.30

图 2.7　学术水平和网络学习系统使用的性别差异[①]

① Y. Li, Q. Wang, J. Campbell, "Investigating Gender and Racial/Ethnic Invariance in Use of a Course Management System in Higher Education", *Education Science*, No. 5 (2015), pp. 179 – 198.

高的，白种人、非裔和西班牙裔学生的使用频率相当，白种人的学术研究能力相比于非裔和西班牙裔要高，虽然后两者会更多地使用网络平台与他人进行讨论，但是他们的成绩却比前者要低（如图2.8所示）。

Indicator/Outcome Variables	Mean			SD			Skewness			Kurtosis		
	CC	AA	AH	CC	AA	AH	CC	AA	AH	CC	AA	AH
Academic Aptitude												
GPA	2.92	2.95	2.62	0.80	0.74	0.74	−0.82	−0.28	−0.10	0.19	−1.05	−0.81
SAT_Verbal	561.85	564.36	502.43	74.78	73.41	69.50	0.17	−0.55	−0.33	−0.31	0.79	−0.64
SAT_Mathematic	591.35	659.74	544.59	85.41	76.79	90.60	−0.14	−0.70	−0.08	−0.28	−0.02	−0.71
SAT_Writing	549.09	562.05	499.72	75.36	73.78	83.96	−0.01	−0.55	0.01	0.15	0.17	−0.40
CMS Use												
Sessions	54.27	65.41	64.54	36.94	35.14	46.95	1.69	0.96	1.36	4.76	0.02	1.96
Discussions Read Messages	42.43	49.78	51.13	36.56	44.27	27.99	0.89	1.69	0.42	0.03	3.73	0.34
Assessments Began	0.77	1.29	0.81	0.78	1.07	0.74	1.21	1.05	0.94	2.40	0.82	1.70
Web Links Viewed	7.46	6.03	13.00	13.25	12.44	21.68	3.67	5.31	3.12	16.40	29.91	11.02
Content Folders Viewed	154.57	221.54	202.92	137.94	132.03	180.40	1.33	0.89	1.03	2.07	0.41	0.37
Files Viewed	54.38	78.41	74.54	48.48	39.49	61.64	1.25	0.42	0.81	1.83	0.11	−0.18
Outcome												
Final Grade	3.93	4.08	3.68	1.02	0.87	1.18	−0.70	−0.66	−0.39	−0.21	−0.20	−0.93

图2.8　学术水平和网络学习系统使用的族裔差异[①]

3. 系统对新生保有率的贡献作用

信号灯系统最主要的作用体现于学生保有率的保持上，随着越来越多的学生在学业成绩上取得了令人满意的效果，学生留在本校继续学习的意愿也就更为强烈。研究者对2007—2009这三年间在秋季学期进入学校学习的新手进行了比较并报告了在使用信号灯系统学习后他们的保有率。结果发现，在这三年间，这些参与调查的学生至少都参加了一门由信号灯系统组织的学习，他们的参与程度和保有率远远高于同一学期的其他没有参与信号灯系统组织学习的学生群体，选择两门或者更多使用信号灯系统课程的学生的保有率也要高于只选择一门课程的学生。并且，越早接触信号灯学习系统的学生，其延续学习的可能性相比于并未接触信号灯系统的学生也就越高。在2007—2009这三年间，参与信号灯项目学习的学生与未参与项目学习的学生相比，信号灯系统能够有效地促进学生学业水平提升，并且能够提高进入下一阶段学习的学生数

---

① Y. Li, Q. Wang, J. Campbell, "Investigating Gender and Racial/Ethnic Invariance in Use of a Course Management System in Higher Education", *Education Science*, No. 5 (2015), pp. 179 – 198.

量，参加至少一门使用信号灯系统课程的学生比完全没有使用的学生的
毕业率高4%。具体统计量如表2.3、2.4、2.5① 所示。

表2.3　普渡大学2007年学生保有率统计

使用信号灯系统的课程数量（门）	选修人数（人）	学生保有率（%）			
		大一	大二	大三	大四
0	5134	83.44	73.14	70.47	69.40
≤1	1518	96.71	94.73	90.65	87.42
1	1331	96.57	94.13	89.70	86.50
≥2	207	97.58	98.55	96.62	93.24

表2.4　普渡大学2008年学生保有率统计

使用信号灯系统的课程数量（门）	选修人数（人）	学生保有率（%）		
		大一	大二	大三
0	3164	81.69	75.08	73.21
≤1	2690	96.25	89.55	85.17
1	2125	95.62	88.00	83.58
≥2	565	98.58	95.40	91.15

表2.5　普渡大学2009年学生保有率统计

使用信号灯系统的课程数量（门）	选修人数（人）	学生保有率（%）	
		大一	大二
0	3164	87.67	81.89
≤1	2962	90.34	83.22
1	2296	87.72	80.87
≥2	666	99.40	91.44

---

① E. Arnold, M. D. Pistilli, "Course Signals at Purdue: Using Learning Analytics to Increase Student Success", *Learning Analytics and Knowledge ACM*, (2012), pp. 267 – 270.

4. 来自使用者体验及反馈

研究者们收集了来自学生、教职工及教育研究者对信号灯系统使用情况的反馈。首先是来自学生的反馈：信号灯系统最主要的作用是定义存在学习失败可能性的学生并为其提供改进学习行为的机会和建议，为此，信号灯系统的研究团队近距离地接触了使用该系统的学生，在每个学年结束时，收集使用者的使用体验反馈报告，根据在过去五个学年内收集到的1500份学生反馈报告中，系统的设计者和维护者得到了如下信息：第一，89%的学生认为他们在信号灯系统的学习中获得了积极的学习体验并且有58%的学生希望在今后的每门课程中都参与信号灯系统的组织学习；第二，大多数学生认为获得了尊重与隐私保护，当他们收到系统发来的提示邮件时，他们意识到这是自己与教师之间一对一的交流，个人信息得到了最大化的保护；第三，74%的学生从信号灯系统中获得了正向的学习鼓励，结合教师发来的邮件，他们能够明确自己的努力方向从而改进学习行为。在这1500个反馈中，仅有两例谈到了"负面反馈"这一问题，虽然数量不多，但是这一问题还是引起了研究者的注意，教师对学生的负反馈是很难让学生接受的，尤其是对那些还未做好准备进入高等学校学习生活的学生来说，这简直是灾难性的评价。以上第二点"对学习者学习行为的影响"中提到的生物化学专业大一的新生Ashley Lambrosa和大二文科专业的Isaiah Johnson均在访谈中提到了系统对自己在学习适应和改进方面所提供的较为全面的帮助。

另一方面的反馈来自教师和教学机构，他们的反馈主要集中于学生行为的监测和干预以及自身教学行为的改善。教师利用信号灯系统可以在学期开始的最初就为学生的学习保驾护航，帮助学生理解课程学习的目的，合理安排学习计划，在考试和测验中有更好的表现，信号灯系统对学生的风险评估帮助教师掌握学生的基本情况和发展趋向。蒂姆·德尔沃斯（Tim Delworth）作为一名数学课程的讲师，向研究者说明了他使用信号灯系统课程管理学生学习情况的感受，他给该系统极高的评价，因为他震惊于使用该系统前后学生的巨大变化。他指出，在使用该系统之前，几乎没有学生会主动给他写邮件说明自己的学习情况，或者询问他如果自己想要提高成绩应该怎么做，尤其是那些成绩并不太好的学生，但是在使用该系统后，那些得到红灯警示的学生几乎全都主动来联系他，询问应该如何提高成绩，来自系统的警示对学生来说是很直观的，需要学生立即做出回应解决问题；并且他认为，早期的干预有益于将损失降到最低，不至于让学生认为做出行动是为时晚矣，"或许他们之前在一天中仅仅使用了 15 分钟去写家庭作业，但是在使用这个系统后，他们需要花一个小时了，他们会发现自己之前的学习行为是不足以让自己获得成功的，如果他们努力一些的话，就会收到来自系统的鼓励邮件"。尤其是对成绩处于中下水平的学生来说，越来越多成绩在 D 和 C 水平的学生在系统的帮助下获得了 B 或 C 的成绩，这对他们而言是很大的进步和提升。在他看来，信号灯系统的确在学生管理上给了教师很多帮助和便利。总体来看，教师和教育机构的反馈都是正面积极的。

教育机构的专家、系统的研究者和设计者从更全面的角度对该系统的使用情况给予了反馈和评价。Kimberly Arnold 是利用信息技术评估普渡大学教育质量的专家，他认为信号灯系统在对科学、技术、工程和数学（Science，Technology，Engineering and Mathematics，STEM）这四类学科上的成绩监控和管理上做出了极大的贡献，原因之一在于该学校的早期学习预警系统就是针对这四个学科设计的，这四个学科的新生保留率相比其他学科来说要困难很多，并且这些学科课程的设置和结构让它们更容易预测，不论是标准化的课成绩还是先前的学习经验，亦或更多需要课外资源辅助的课程学习，都更利于为学生实现学习预警。该研究者还表示，该系统的作用力是具有持久性的，一般来说，早期学习预警系统是针对大一和大二的学生使用的，当学生进入高年级不再使用信号灯系统进行学习时。参与过该项目的学生相比于未参与过的学生具有更强的寻找学习资源、寻求外界帮助的能力，在寻求外援时，前者的速度要更快。系统的预测对学生的影响作用随着年级的增长影响逐渐减弱，关于这一点，研究者的解释是因为学生在学习过程中建立了自己的学习模式，外界的评价更多的是作为参考而不是指导。普渡大学罗森中心（Purdue's Rosen Center）高级计算机方面的专家、副校长 John Campbell 的研究是信号灯系统得以建立的基石，他在 2007 年的时候作为美国高校教育信息化协会的学者，探索了课堂教育技术时如何帮助学生这一问题，他发现有效地利用在线课程学习的数据能够帮助学生改变学习行为，提升成功的可能，最重要的是为学生提供了更多提升的机会，他指出"大学对于很多学生来说是实现独立的第一次机会，我们需要做的并不是让他们在攀登这座高峰时是孤立无援的，而是应该在他们前进的途中为他们提供'脚手架'一样的支撑，帮助他们获取更多知识和经验"，而信号灯系统，就是"脚手架"得以形成的骨干。Gerry Mc-Caryney，普渡大学信息技术中心的负责人，他指出信号灯系统作为早期预警系统与其他正在普渡大学内使用的课堂教育技术一样，能够为学校的发展提供直接且正面的帮助，并且也是学校教学战略计划实施的最直接成果。因此，研究者们通过对学生、教职人员及研究人员的跟踪调查都证实了该系统的确为教学管理、学业预警和评价都带来了一定的正面作用，有效地提升了教学效益。

（四）促进教师教学管理

教学管理包括对教学计划、教学过程、教学质量、教学对象等方面的管理，学习科学理论对教育实践的指导体现在传统的以教师为中心的知识灌输型教学模式正在向以学生自主学习、研究性学习、团队协作学习能力为中心的个性化学习指导模式转变，教师不再是课堂唯一的控制者和指挥者，而是转变为提供学习资源、指导学习进程、服务学习计划的角色。[①] 借助学习分析系统，教师通过直观的数据表格可以检查提供

---

① 李逢庆、钱万正：《学习分析：大学教学信息化研究与实践的新领域》，《现代教育技术》2012 年第 7 期。

的资源是否满足学生的学习需求，学生的实际学习进度是否与原计划相符，自己是否能够提供适切的帮助解决学生面临的问题，团队学习或者建立学习共同体是否能够提升学习的效果等。根据以上对信号灯系统实施情况及教职工对应用效果的反馈，可以认为该系统的确在一定程度上帮助教师提高了教学管理的有效性和针对性。

1. 优化教学计划，保持学习积极态度

信号灯系统与 Blackboard 学习平台相结合，学生的学习行为和路线轨迹会被系统记录。在开始使用系统时每名学生面对的是教师按照基本教学计划和目标预设好的课程内容和学习材料，但是当学生开始使用系统后，由于初始学习能力或对知识的接受度上存在差异，每个班级、每个学生的学习进度都不尽相同。教师可以根据学生在网络平台上的学习情况评估预定的教学计划是否存在超过学生学习能力的问题，有依据地对教学计划进行调整完善，使之更符合学生群体的阶段特点。教师可以利用系统给学生发送诸如"下一个学习任务在两周之内发布""如果你对于目前的学习有任何问题，可以在 X 点至 X 点之间到我的办公室和我讨论"此类有助于加深联系和了解的信息。正如以上提到的数学课程老师蒂姆·德尔沃斯（Tim Delworth）指出的那样，该系统为学生设立了循序渐进的学习计划，并且教师可以在条件允许的范围内灵活地安排具体的学习内容和材料。例如教师发现学生在连续几次的课后作业中对某些问题回答的正确率较低、参与相关问题的讨论较少、对相关资源的学习次数较少时，就可以在之后的教学中对该问题进行重点讲解，反之，若发现学生对某一知识点的掌握情况很好，课后作业正确率较高也在这方面表现出了强烈的深入学习的兴趣，就可以在网络平台上上传更多的相关材料，或者在课堂中适当的扩展讲解。这样做的意义在于保持学生学习的积极性，尤其是对新生来说，既能够让其尽快适应大学的学习节奏，也能够保证学习热情的可持续性。这样做的直接结果体现为新生（尤其是 STEM 学科）保有率的持续上升和期末成绩的提高，相比之下，使用信号灯系统的学生在新生学年结束后的保有率和学习参与度要远远高于没有使用该系统的学生。

2. 监控学习进度，关注中下水平学生

从研究者们对信号灯系统实施效果的数据统计来看，该系统对网络学习平台使用频率高的学生进行成功预测的概率要高于中等或低等使用频率的学生，对需要帮助者进行成功预测的概率随着学习困难的程度不断提升，因此，学生使用网络平台的次数和完成预设学习计划的程度是系统判断学生学习进度的标准。在以上提到的诸多关于学生学习成绩改善效果的研究数据中可以看到，获得 C、D 或 F 成绩的大多数学生在接到系统的提示后都采取了行动，使得自己的期末成绩获得了明显的提高，越来越多成绩在 D 或 F 水平的学生最终获得了 B 或 C 的成绩；处于"一般危险"和"较低危险"行列的学生在对比试验结束后大部分都离开了"危险"的领域。从中可知，并非所有学生都能够获得最好的成绩，但是中等水平学生的进步是明显且值得注意的，高等教育应该以培养大多数学生成才为目标，中等生在高校学生中所占比例最高，实现中等水平学生的进步和提高是促进教学质量和教育水平的重要途径，信号灯系统对中等生尤其是中下学生水平的提升作用对教育质量的管理具有重要意义。

3. 预警失败概率，缩短发现问题时间

确定的目的是学习预警系统的建立和运行基础，作为目前应用最广泛且成熟的学习预警系统，信号灯系统最初用于实践的目的即是降低学生的辍学率、促进学习能力的提升，最终获得学业成功。从其基本原理来看，最突出且最直接的作用在于结合学生的个人学习数据和学业成绩情况，利用学习者成功算法对其进行预测，确定是否存在失败的可能性。从其工作流程来看，系统的预测模块处于链接学习者和教授者之间的核心位置，既是数据分析的产物也是产生预警的基础。普渡大学的新生学习预警系统于其入校后两周开始使用，在每一学习阶段结束时给出阶段评价和预警结果，其突出的特点在于成绩追踪和系统分析结果推送的实时性，正如教师反馈时所说，早期的干预有利于将损失降到最低。高等教育在线学习中学生缺席、不充分参与课堂、学习情况与计划不同步的情况时有发生，因此该系统的使用对于教师的教学管理来说具有重要意义，不仅帮助教师实现了同时预警多个学生学习情况的可能，简化课堂管理程序，缩短了发现问题的时间，不需要等到期中考试或期末考试后教师才知道学生的学习情况，而且是在每一次的线上学习、同伴讨论、问题合作和课后作业中得到学生的学习轨迹，任何环节的缺漏都能够被记录，让教师及时地发现问题，更好地帮助学生克服困难。

4. 展示个体差异，辅助实现教育公平

信号灯系统在反馈学习情况时，教师可以发现学习者数据中表现出来的学习偏好和学习模式，查询报告中出现的异常情况，并利用其指导自己的教学干预行为。在美国教育发展中心，学生与技术中心发布的Grow Network 报告中指出，有89%的教师在学习分析的数据报告指导下进行了有区别的教学。在多元文化的社会背景中，教授者面对的是来自不同成长环境和社会中的学习者，他们的个性心理特征、生物性别特征及背景文化特征等因素都会对其学习能力产生影响，内化的过程导致外化的结果，学生的个体差异最终会显示在网络教学平台的接受度上，具体表现为使用的频率、参与讨论的次数、作业的正确率等方面。这些轨迹正好被系统收集，形成对学生评价的基础。西方学术界对教育公平的认定中指出，教育公平包含了公正和覆盖两层含义，要保证性别、社会经济地位、种族等个人和社会因素不妨碍人达到其能力所允许的教育高度，强调了教育的适当性，让学生在个体个性的框架中最大限度地获取知识，在高等教育中更应将此视为教育的原则。因此，从教育公平的层面来说，依托非结构化的学习数据分析，尊重学生的个体差异，指导教师为学生提供个性化的学习服务，让学生从客观的角度了解自己的学习情况及与同一学段其他学生相比的结果，可以减少"无用功"，获得更好的学习效益，真正地实现承认差异前提下的个体教育公平。

（五）促进学生学业发展

信号灯系统作为大数据时代下学习分析与在线学习平台实践的代表项目，在促进学生学业成功、改进学习行为、保持学习效果上有突出的贡献。它明确地向学生展示了客观的学习情况和评价结果，让"危险"状态中的学生受到关注避免学业失败。根据研究者对学习进行的项目实施及效果反馈的调查，可以认为该系统的确在一定程度上帮助学生认识学习的本质并积极自主地投入学习，获得学业上的成功。

1. 分析学习轨迹，提示潜在问题

网络学习平台为分析环节提供的数据来自学生的学习轨迹，因此数据具有很强的实时性、连贯性、全面性和自然性，因此能够真实地揭露学生利用在线平台学习中出现的潜在问题。在以上提到的研究者们对学生的访谈中，不乏有新生（例如生物化学专业的大一新生 Ashley Lambrosa）提到不能适应大学的学习节奏的问题，大学与高中相比，学习节奏更快，内容更多且复杂的事实让新生无从下手开展学习，信号灯系统给出的报告有效地缓解了他们的焦虑，并且详细地指出了问题是在哪一环节出现的，结合教师对学生的辅导，潜在问题的解决并不困难。

2. 结合过程结果，完整评价体系

在智慧学习环境下的评价体系是多样化的，要注重学习者自身的成长和思维方式。简单的利用期末考试成绩或论文成绩的方法很难反映学生的真实情况，违背了教育应该促进学生成功的初衷和根本目的。如果能够追踪学生从入学、课程学习到毕业就业整个学习生涯中的活动经历，就能获得一个生动全面的反映。该系统将不同来源的信息结合起来，创建了比之前更加可靠而详细的档案系统和评价系统，一般来说，过程性评价是一个对学习过程的价值进行建构的过程，是在学习过程中完成的，强调了学习者的主体参与，以及学习者与评价者的交互作用，具有渐进性；而终结性评价是在教学活动结束后为判断其效果进行的评价，一个单元的结束、一个模块的结束或一个学期、一个学年的教学活动结束后对最终结果进行的评价都可以成为终结性评价，在高等教育中，标准化期末测验和课程论文是两种常见的终结性评价方式。信号灯系统对学生的评价数据来源并不局限于日常学习行为，也参考了终结性考试或论文的成绩，构建了过程性评价和终结性评价相结合的评价体系。

3. 尊重个体差异，实现个性发展

性别是引起计算机使用差异的重要因素之一，过往的研究者们发现男女在使用计算机的时间、态度、目的上均存在差异，男性在计算机上花费的时间更多，并且更倾向于利用电脑玩游戏、看新闻和工作软件使用，女性更倾向于利用电脑来休闲和社交。[①] 本项目研究者在实际调查中发现，男性虽然使用次数多，但对自己的学业成绩提高帮助收效甚微，这与历史上其他的相关研究结果相似。而在文化背景方面，由于经济收入、母语、教育水平等方面的差异导致了不同种族之间对计算机和互联网的感知、使用能力、使用经验存在差距，其中白种人的使用能力和水平相比其他种族的学生来说要略胜一筹。本项目研究者在探索使用信号灯系统的种族差异时也发现了差异的存在，具体表现在接受调查的对象中亚裔学生的使用能力和学术水平上占有明显优势，其次是白人学生，最后非裔和拉丁裔学生，这也在一定程度上证实了个体差异存在的现实性。学生本身并不容易从日常的学习中将自己学业表现不佳的情况归因于诸如此类的个体差异，信号灯系统利用收集到的大量数据证实差异是存在的且是普遍现象，将存在类似问题的群体归类给出进一步学习的指导建议，教师对信息进行再加工后确保学生能够理解信息传递的内容，让学生更容易获得启发、了解不足、利用优势。

4. 反馈指导方案，帮助自主学习

信号灯系统给学生的反馈报告可以分为动机性的反馈和信息性的反

---

① L. M. Nicole, E. G. Rosanna, "Make New Friends or Keep the Old: Gender and Personality Differences in Social Networking Use", *Computer, Human, Behavior*, Vol. 28 (2012), pp. 107 - 112.

馈，动机性的反馈就是当学生在网络平台上表现良好时会收到"很棒，继续加油"这样的信息，鼓励学生继续好的行为；信息性的反馈就是学习者会从系统得到一个能让自己的学习变得更好的指导意见，同时展示了他近段时间内的学习与之前或是与同班同学相比较的结果，让学生了解自己离固定的教学要求有多少距离。积极正面的信息反馈会强化好的行为，负面的指导意见会鼓励学生探索新的学习方法，当然前提是反馈的数量和频率合适，过度的鼓励或打压都会影响学生的学习热情。所以学生可以结合报告回顾自己在学习过程中的行为表现，反思自己利用在线教材、参与合作讨论学习中遇到的问题，这是学生实现自我评估、诊断和引导的重要依据。正如研究者收到的来自学生的反馈中提到的，学生并不会觉得自己只是简单的被视为一个待处理的数据，而是感觉受到了尊重和鼓励，反馈报告提示他们可以从自己、指导教师和课外辅导材料等不同的方面入手解决当前面临的问题，有助于自主学习能力的发展。

（六）优势与不足

信号灯项目是利用大数据和学习分析技术实现教学干预的典型案例，作为一个独立的在线学习预警系统，对学生的课程成绩、学习努力程度做了量化的评估和预测，有效地降低了学生的辍学率，提高了学生的学业成绩，简化了教师和教育机构的管理程序等，可以将其优势总结为以下几点。

1. 扩大教学规模，呈现学习规律

通过以上对信号灯系统的原理介绍及应用情况说明可以看到，该系统与 Blackboard 系统相结合，面向全校各专业各年级均有开放，涉及的教学对象数量广阔，在短时间内能够吸引大量学生注册学习，并且其涉及的科目广泛，学生可选的在线课程数量和类型相比于传统的课堂教学来说限制较小。教师可以从平台后台一次性获取大量的学习数据，有研究者指出，对学习者行为的大规模量化，是洞察学习规律，确定解决教学难题手段的前提和基础，学习分析技术是支持教师和教学机构获得相对全面的数据和量化学习行为的重要手段，尤其是在高等大众化的社会趋势下，教学对象的个体特征日益复杂，教师面对的学生群体具有各不相同的特点，因此对学生学习轨迹的追踪具有重要意义。该系统的优势在于涉及的学生群体广泛，教学规模大，开放程度大，教学内容多样，并且是可持续扩展的，大量教学数据会呈现出一定的学习规律，因此教师可以通过对学习轨迹的追踪总结存在共性的问题或需要个别辅导的问题，并以此为依据实施干预指导活动。

2. 集合动态数据，实现多元评价

多元评价即是对学生在素质、知识、能力等多方面展开综合评价的体系，有研究者指出，建立多元化学习评价体系是层次教育发展、学生个性发展、培养高素质人才的必然要求，在评价时要给与教师和学生弹性的发展空间。信号灯系统收集的数据来源于两方面，一方面是学习者的个人特征信息，包括人口学特征、前期学习历史、网络交互情况等，另一方面是在使用系统时涉及学分获得情况和学科成绩。前者构成了基本的信息档案，后者是系统成绩单生成的基本依据，系统利用学习者成功算法将学生所获学分、课程努力程度、前期学业历史和基本特征四部分进行计算得出使用者产生学习失败的概率，避免了过分客观化和简单化的量化评价。教学者逐渐意识到教学主体之间的互动关系是复杂的，在评价学生的学习和课堂教学质量时应该更注重评价的动态性和多元性。信号灯系统很好地做到了这一点，它对学生的评价并不局限于现有成绩与教学目标之间是否契合，更多的是利用预测关注了学生今后的潜在发展能力，记录使用者在学习期间的微小进步和成就，为教师及教学管理者评价教学质量和学生能力提供了客观的依据。多元评价的重要结果体现在学生能够获得真实的、有针对性的帮助，促进个性化学习的发展。

3. 改善学习环境，鼓励自主学习

信号灯系统对学习环境的改善主要体现在两方面，一方面是扩展了学习环境的限制，增强互动性，由于该系统的开放程度大，相较于传统的课堂教育来说，时间、地域、语言等不再是限制学参与学习的因素。只要学生具备上网的条件，就能够参与在线平台的学习，并且在课程计划的指导下按照自己的节奏学习，与他人交流互动，网络教学的互动性和开放性得以体现。另一方面是通过可视化的学习反馈，帮助学习者实现"自适应学习"。学习者在利用网络平台进行学习时，更多的是独立自主的学习，但是传统的网络教学是线性的学习模式，教师在平台上规定了学习内容和进度，所有学生需要按照计划、步调一致的学习相同的内容，但是在科学教学模式理论的指导下，"学"是教学活动的中心，学习者可以根据自己的需要在课后与导师讨论自己的优势和弱点，制定自己的学习计划，在系统分析反馈的辅助下主动监控自己的学习，尤其是对于新生来说，尽快地适应新环境的学习节奏，找到最佳的学习方法是帮助她们获得学业成功的重要基础。

但是也有研究者指出该系统依然存在着个性化指导不足、指导信息偏少的缺点，并且有关于道德伦理方面的问题也值得进一步探讨。因此，该系统存在的待解决的问题可以总结为以下几点。

1. 干预工作频繁，教师负荷过大

当学习分析应用于教学管理系统和学业评价系统时，对教师的能力也提出了一定的要求，对授课教师来说，他们不仅需要看懂系统反馈的意见，更需要结合实际情况与学生共同讨论问题产生的原因和改进方法，为此，管理研发部门专门制作了解释算法的视频，帮助学生和教师理解系统的分析报告。信号灯系统对学生的反馈是具有实时性和动态性的，在每个课程、每个学期、每个学年的半期和期末都会给予反馈，尤其是对于被系统预测划分为"危险"等级的学生，系统的追踪更是密集，此时教师会面临相对巨大的信息处理量，频繁的干预工作和指导使得教师在正常工作时间外还需要投入时间和精力在对学生的个别指导上。并且当教师通过系统分析获得学习问题产生的原因后，需要适时地调整学习方案和计划，这对教师来说并不是一件轻松的事情。已有的解决方案还需要更多的完善才能更好地帮助教师应对可能出现的问题。

2. 预测效果有限，个性指导不足

在信号灯系统的预测过程中，虽然结合了多类数据进行了综合预测，但是并未考虑到学生在学习过程中的内部心理变化。正如在研究者的事后反馈调查中发现，有使用者提出了教师建议过于直接、影响学习情绪的问题，这一现象的出现从技术层面上说可能是因为系统的预测只获取了外部显现的学习行为而忽略了内隐数据的收集。教师过于依赖系统做出的分析结果，有研究者指出这就是犯了"重返行为主义学习理论的错误"，需要尽可能全面地收集数据并解释其含义，因此系统的预测并非完美，模型只能预测结果，而不能指出直接的原因和效果;① 在反馈调查中，还出现了一种情况就是对于不同人口学背景和语言背景的学生来说，系统的使用情况存在差异，教师基于大量学习数据分析获得的学习规律还较为笼统。

3. 涉及个人隐私，造成学生顾虑

系统对个人隐私的存贮必然会带来复杂的伦理问题，在信号灯系统作用的过程中，学生的个人信息和学习轨迹被记录并保存，过往的学习表现会被拿出来与系统中存在相似情况的学生比较，获得最终的预测结果，学生在知情的情况下会有意识地隐瞒或改变自然行为，这在一定程度上会影响数据的真实性。对于一些学生来说，或许有些与自己相关的信息不希望被看到或公布，但是信息一旦给出就面临可能泄露的危险，在如此的顾虑心理中，学生参与学习的积极性也会受到影响。

二、可视化学习网络数据分析项目

（一）项目概述

可视化学习网络数据分析项目（SNAPP）项目是由澳大利亚教育协

---

① J. P. Campbell, P. B. DeBlois, D. G. Oblinger, "Academic Analytics: A New Tool for A New Era", *EDUCAUSE Review*, Vol. 42, No. 4(2007), pp. 40 – 42.

会资助的"解决采集和可视化学生网络学习交互数据的巨大开支问题的计划"下以发展信息及通信技术在高等教育中应用的实践项目，由澳大利亚卧龙岗大学肖恩·多森（Shane Dawson）教授及洛克尔（Lockyer）教授基于 Java 技术开发的可视化教学实践工具，在卧龙岗大学的带领下，哥伦比亚大学、墨尔本皇家理工大学、昆士兰大学和莫道科大学也加入了 SNAPP 的应用实践组织，其初衷在于为测试版软件的性能提升提供实践依据，为教学人员快速准确地定位学习者的情况以及了解学习者在网络学习中的互动与结果之间的关系。① 该系统帮助教师和教育机构识别学生的学习行为模式，将 Blackboard 或其他学习管理系统中论坛的发帖数、学习者之间的关系以可视化的图表形式展现出来，引导教师做出有效的干预行为。

（二）基本流程及原理

在《地平线报告》中对 SNAPP 的基本原理做了详细的说明，作为一种软件工具，SNAPP 可以帮助用户直观地了解论坛上的帖子和回复信息，教师通过跟踪学生在论坛上的交流内容，快速判断学生在课程进度中的行为模式，它所依据的数据既包括传统学习管理系统中生成的登录次数、停留时间及下载量等原始数据，也包括学生在论坛中的讨论行为、回复对象、讨论话题及范围信息，以社会网络图的形式呈现分析结果。在分析结果中包括了发帖总数、平均发帖量、发帖频率表等内容，结合网络图，直观地展现教师和学生之间所有的交流信息，在线学习活动的参与程度和网络密度（如图2.9、2.10所示），最终达到识别风险学生并加以干预、帮助学生自主评估学业表现的目的。② SNAPP 安装后以书签的形式加入到浏览器的菜单栏中，教师选择任一课程讨论论坛，选择想要分析的时段，SNAPP 即会自动抽取所选择论坛中实时的收发

---

① 王璐：《学习分析在网络学习中的应用及效果研究》，硕士学位论文，河南师范大学 2015 年。
② *SNAPP*, 2013, http://www. snappvis. org/.

信息数据，以可视化的关系网络图显示出来（如图 2.11）。SNAPP 是依据社会网络分析理论建立的社会网络分析工具，该理论的产生是基于是人们对"学习"这一行为的更深刻认识，学习不是单纯的知识获取，而是人们在与社会、与他人交往中的智慧流动和知识建构，通过探索一系列数据之间的关系发现社会群体内行为者之间的社会关系和结构，研究这种结

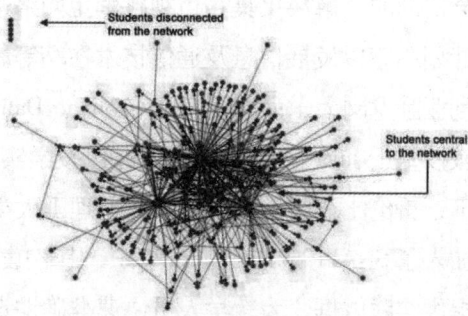

图 2.9　整体社群图

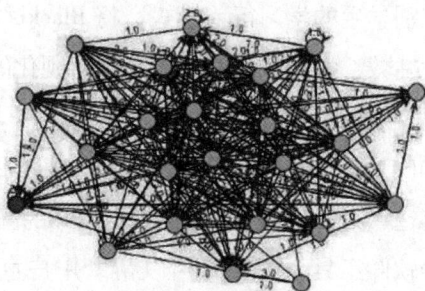

图 2.10　SNAPP 有向交互图

构对群体或个体的影响，运用社会网络分析法，不仅可以探究网络学习过程中的联系、关系、角色以及网络形成的过程和特点，还可以了解人们如何在网络学习中建立并维持关系从而为自己的学习提供支持。

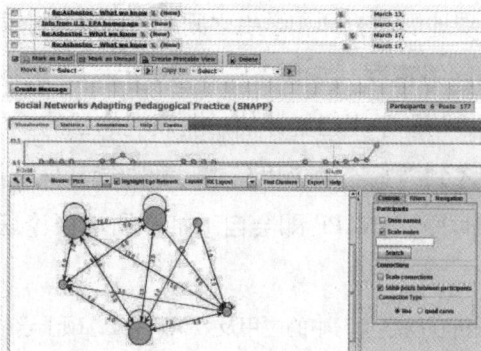

图 2.11　SNAPP 可视化分析结果界面显示图

（三）促进教师教学管理

1. 诊断学习情况，关注不活跃群体

SNAPP 作为社会网络分析的代表性工具系统，它与学习管理系统的无缝整合能够帮助教师自动地提取和可视化学生在线学习的数据，教师可以实时查看学生在网络学习平台中的交互情况和社会关系，当学习者的行为发生变化时，只要执行 SNAPP 程序，其个人的网络结构图就会发生变化。有研究者依据学习者在网络学习平台中活动的活跃程度将使用者分为核心参与者、积极参与者、一般参与者、消极参与者和孤独者。[1] 对于教师来说，既能够同时查看多名学生的学习情况，还能够通过对比观察发现小群体或不活跃学生的学习行为，将系统报告的 VNA 格式数据导入 UCINET 中得出的整体社群图直观地表达了所有参与学习的社区成员之间的关系。一般来说，群体密度的取值趋向于 1 时，表明整个群体的网络结构较为紧密，当趋向于 0 时，则表明比较疏离，[2] 再进行派系分析之后可以发现大量小群体的存在。由此为依据，对游离在核心讨论圈之外的学生发出提示，并且有研究者通过对比跟踪研究发现，SNAPP 成功解释了至少 30% 的学习成绩差异；在预警成绩不合格的学生的准确率上达到 70.3%，且其最终确认学生不合格的准确率达到 80.9%，这从一定程度上说明了该程序对学生判断的准确性，教师可以信赖其分析结果，并可以依据这样的分析结果对不同程度参与网络学习的学生进行有差异的辅导，对不同风格和性格的学生进行个性化评价，提升边缘群体在心理上的存在感，从而增加学习行为。

2. 分析社会关系，支持共同体学习

群体动力理论指出，如果想要改变一个个体，那么最好从改变他所

---

[1]　李远航、王子平：《社会学视角下的虚拟学习社区中社会性交互研究》，《现代教育技术》2009 年第 9 期。

[2]　戴心来、王丽红、崔春阳、李玉斌：《基于学习分析的虚拟学习社区社会性交互研究》，《电化教育研究》2015 年第 12 期。

在的群体入手，每一个个体都会有群体归属感，积极的群体行为会对个体产生积极影响，反之则会带来负面作用，当该理论与教育实践相结合时，研究者认为，以群体为主体开展的学习活动效率要比个体学习的效率高。社会学习理论的提出者，美国心理学家班杜拉也指出，学习是一种社会过程，个体通过对比进行自我调节，因此需要关注群体之间的社会交互行为，实施相应的调节策略，干预交互过程中产生的问题，促进有效交互行为的发生。网络学习共同体是指在网络学习中，学习者与助学者组成的学习型组织，为完成共同的学习任务而进行讨论，解决问题，共享资源。当使用 SNAPP 程序监控学生学习情况时，教师可以掌握虚拟环境下的实时交互网络，判断学生的社会交互状况，帮助存在交互困难的学生尽快融入集体，组织交互能力较强的学习团体帮助较弱的个体，鼓励成员在共同学习中相互扶持。

3. 完善互动内容，引起持续积极性

学习管理系统包括课程、作业、论坛、资源、上传等模块，研究者在后续跟踪调查中发现，当学生在使用网络学习平台与他人进行交流和互动时，更倾向于使用论坛模块。与其他模块相比，该模块的访问量最大且涉及人数最多，并且学生们更有兴趣参与开放式问题的讨论，这在一定程度上提示教师在设置讨论学习任务时，需要增加符合教学要求且具有新颖性的内容，吸引学生的讨论兴趣。教师对论坛进行监控，观察学习者的交流内容是否与主题契合，如果是，则教师有义务参与到讨论中而不是围观，活跃气氛且鼓励更多学生参与讨论，如果不是，则需要进行及时的干预，保证学习的有效性。

4. 判断社会角色，设立教学小助手

在 SNAPP 的分析分析程序中，教师可以看到学习者是否处于群体的中心位置，如果一个学习者在群体中的点出度（Out－Degree，即与他人接触的频繁程度）和点入度（In－Degree，即被其他学习者选择的频繁程度）较高且是很多学习者选择的对话对象，就说明该学习者在群体中处于中心位置且具有很好的声誉。教师可以借助这类学习者的声望，让其成为辅助教学的助手，帮助教师一起进行管理虚拟教学社区，一般来说，当学生获得教师分配的角色后，能够尽力去完成，积极帮助教师完成工作，这一方面减轻了教师的管理负担，另一方面也使学生感受到获得尊重，更容易接受来自同伴的建议，也使得这类学习者的组织能力和沟通能力获得提升。

（四）促进学生学业发展

1. 归纳认知模式，促进自我反思

布鲁姆将认知的层次分为记忆、领会、应用、分析、评鉴和创造六个类别，其中记忆、领会和应用是较低级别的，而分析、评鉴和创造级别较高。基于 SNAPP 收据的数据，研究发现在网络学习中，核心参与者与积极参与者处于较高的思维水平，而游离在社会网络边缘的一般参与者、消极参与者和边缘者的思维水平较低，[①] 学生可以参考系统给出的反馈建议，横向比较自己在团体中的位置和参与程度，反思自己在网络学习中的行为是否符合教学要求，结合自我评价及相互评价找到自己的不足之处加以改进。卧龙岗大学医学院使用 SNAPP 软件对医学专业的学生进行了学习分析，其中涉及的课程包括临床手术技巧应用、生理结构基础及案例分析，在使用该软件的前六周，学生是在医院参与学习和临床观察的，因此该系统可以有效地收集到学生在医院临床学习的情况，Olmos 和 Corrin 的跟踪研究发现系统记录了他们的行为轨迹和反思日记，虽然是课外的学习，但是也能够让他们像在学校上课一样及时的、有目的地改进自己的行为。[②]

---

① 戴心来、王丽红、崔春阳、李玉斌：《基于学习分析的虚拟学习社区社会性交互研究》，《电化教育研究》2015 年第 12 期。

② M. Olmos, L. Corrin, "Academic Analytics in a Medical Curriculum: Enabling Educational Excellence", In Changing Demands, *Changing Directions*, *Proceedings AS-CILITE*, G. Williams, P. Statham, N. Brown & B. Cleland (eds.), Hobart, 2011, pp. 930 – 941.

2. 预警学习危机，鼓励小组合作

学生的课后学习往往是独立的，但网络平台为他们搭建了互相交流的平台，团队合作可以培养学习者的协作能力与沟通能力。SNAPP 实现预测的数据来自学习管理系统中学生的登录次数、材料下载和讨论行为、话题信息等，对学生参与学习的程度和深度进行分析，当学生的参与程度和深度未达到预设的要求时系统会将其识别为存在风险的学生。学生如果需要摆脱风险，就要积极地参与网络学习的互动，有效的社会性交互是在师生共同努力下进行的，例如学生可以自由组成小组讨论感兴趣的学习主题，在讨论组内进行头脑风暴，从不同视角提出看法和建议，或者提出自己的疑惑，在其他成员的帮助下更加高效地完成任务。

（五）优势与不足

该系统作为社会网络分析方法理论指导下的具体实践模式，通过以上分析我们可以发现，它固然有优势之处，但是也存在一些不足，有待改进。其优势可以总结为以下两点：

1. 获取数据方便，简化管理程序

SNAPP 兼容性较强，支持多种管理系统，如 Blackboard、WebCT 和 Moodle，以及多种浏览器和操作系统，使用者只要将链接添加到 IE、Firefox 或 Safari 浏览器收藏夹中，再登陆学习平台，点击链接就可以获得可视化的网络交互分析图，该软件会自动提取学习者在在线学习中产生的数据，无需教师进行额外的操作，简化了管理程序，帮助教师同时监控多名学生的学习行为。

2. 集成核心功能，数据用途广泛

SNAPP 集中了 NetDraw 软件的核心功能并提供多种布局算法，其中包括：能分析基于帖子数据的节点数；统计每个节点的总帖子数、度、入度、出度、中介中心性等；提供可见、非可见参与者的姓名；放大或缩小图像；根据交互帖子的数量过滤一些节点等。提取的原始数据格式为 VNA 和 GraphML，导入到其他分析软件中可以成为进一步分析的原始材料，研究结果表明，使用这些数据可以有效归纳出网络学习者的一般交互模式，指导教师更好地了解学生的学习动机和轨迹。[①]

但是，探索深度不足、缺乏情感分析是这个系统存在的缺点。一般来说，评价网络学习的效果可以从学习环境、学习过程、学习结果与情感体验四个方面入手。对面向过程的网络学习的有效性评估应该遵循认识、情感和行为三个维度，认知主要考察的是学习者认知情况以及高级认知活动思维，是内在的认知过程；情感则主要关注学习者的情感体验、内化与升华；交互活动主要研究与媒介、学习资源的交互，是外显的学习行为。[②] 从 SNAPP 的运行机制和效果反馈来看，它能够分析学习者的认知是处于记忆、领会、应用、分析、评鉴和创造的某个层次，也可以探究学习者在网络平台中与他人的交互情况，利用网络资源支持学习的情况，其在这两方面的优势是显而易见的，对于分析学习过程中社会场、文化场、知识场的形成与变化非常重要，但是缺乏对学习者情感的分析。作为应用最为广泛且兼容性最强的教育学习分析软件之一，学生在学习活动中的情感体验，通过学习获得的情感变化也应该是作为系统关注的内容，有利于辅助教师了解学生的情感动态，尤其是对处于边缘状态的学习者的了解，从心理上获得学生的信任从而更好地实施教学干预；也让学生自己从系统分析结果中获得对自己更为全面的了解，反思自己过去一段时间内在认知、情感和行为上的变化。

三、自我检查项目

（一）项目概述

自我检查（Check My Activity）最早产生于 2007 年并在实践中得以

① 王丽红、戴心来、乔诗淇：《开源工具支持的社会网络分析研究——SNAPP 介绍与案例研究》，《中国教育信息化》2015 年第 1 期。
② 吕啸、余胜泉、谭霓：《基于发展性评价理念的网络教学平台学习评价系统设计》，《电化教育研究》2011 年第 2 期。

不断完善。其目标在于实现学生的自我诊断和评估，用直观的数据帮助学生对自己的学习进程有全方位的了解，并且在匿名的情况下让学生看到自己与他人比较的结果。

　　马里兰大学巴蒂摩尔分校将收集和管理学生信息作为提升教学水平的重要举措之一，Trinkle 在其著作中全方位地展示了利用科技提高教育水平的重要性及模型，该模型得以成立的最关键因素是教育机构的组织文化和精准的技术应用，[①] 在 Goldstein 和 Katz 的研究中，他们指出及时的信息反馈对构建成功的学习分析系统有着举足轻重的影响力，其中也提到了实时数据收集、广泛收集信息和易接受技术的使用是确保效果最优化的三个保障。[②] 最初，UMBC 采用 Blackboard 学习管理系统作为实现目标的主要方式，该系统收集的信息包括学生的学习产出、基础设备的支持和在线的学习策略等，研究者依据这些信息定义学生的学业水平并为课程建设的优化提供支持，早期的使用报告中展示了教职人员和学生使用课程材料（如 Check My Activity，Grade Distribution 和 Tool Usage）的频率，这些数据可以进行互相的比较来说明问题。有研究者比较了 Blackboard 系统使用者的基本情况，发现在课程期末考试中获得高分的学生比低分的学生更经常地使用 Blackboard 系统，但是该系统存在的问题是数据的查询是建立在一个独立副本中的，需要手动更新，并且由于系统负载过大时常会导致崩溃，所以，当校方意识到这个问题的时候，他们就采取了一个补救计划保障数据存贮的安全性。[③] 在 2010 年，UM-

---

① A. Trinkle, "The 361 Model for Transforming Teaching and Learning with Technology", *EDUCAUSE Quarterly*, Vol. 28, No. 4 (2005), pp. 18 – 25.

② J. Goldstein, R. N. Katz, "Academic Analytics: The Uses of Management Information and Technology in Higher Education", *EDUCAUSE Center for Applied Research*, 2005.

③ M. Karen, C. R. Margaret, L. B. Zane, "Learning Analytics as A Tool for Closing the Assessment Loop in Higher Education ", *Knowledge Management & E – Learning: An International Journal*, No. 3, (2012), pp. 236 – 248.

BC 使用了 Istrategy 数据仓库将 Blackboard 中的活动数据和学生管理系统中的人口学数据与谷歌数据分析相连，实时追踪学生在所有课程上的成绩和平均分，探究学生在学校内的活动轨迹和等级排名，最终形成可视化的分析报告。至此，自我检查系统的性能也获得了极大的提升，该系统可视为一个学习预警系统，当学生的成绩低于某一等级或平均分时，会提示教师对该学生进行关注，也提醒学生加强自我管理，从而干预学生的学习行为以达到提升成绩的最终目的。

（二）基本流程及原理

在这个成绩预警系统中，页面会向教师展示目前参与学生数量最多、最受欢迎的学科课程、学生在课程中的学习情况和活动轨迹，教师可以控制几个特定的课程因素，例如具体课程内容的发布时间、个人用户或群体用户的使用限制，进入学习中心的成绩条件，或者任意课程的审阅状态等。CMA 工具利用数据仓库集合从学生管理系统中获取的人口学资料、学业基本情况的数据，以及从 Blackboard 平台中收集的课程访问次数、时间、点击次数等学习者与系统的交互数据等信息，利用 Google Analytics 进行信息的整理和提取，最后形成可视化的分析报告，帮助学生进行个体自查和比较，教师对教学材料进行干预。该项目的特点在于，着重提升学生学习的主观能动性，更多地要求学生自我关注和审查，增强自己的学习责任感。

（三）促进教师教学管理

结合研究者们对该项目实施过程和结果的研究我们可以将其在辅助教师教学管理上的作用总结为以下几点：

1. 细化工作任务，分类管理条目

CMA 系统中明确地将学习者、教师、管理员的模块分开，教师模块中包含了公告发布、课程管理、作业布置、在线答疑、成绩管理、学习行为统计几个部分，将教师的工作任务进行了细化：在公告发布模块，教师可以发布课程信息和作业任务；在课程管理模块，教师需要依据已有的教学计划和指导纲要设计教学进度，上传课程材料和考试资料供学生自主学习或检测学习进度；在作业布置模块中，教师要设置提交时间、格式要求、评分标准等内容；教师要利用在线答疑平台指导学生完成学习任务，有必要的时候需要上传补充材料；在成绩管理子模块中，系统会统计全体学习者的学习进度、作业分数和考试分数，教师可以随时查看。明确的工作任务帮助教师更好地理解自己在网络教学平台中的角色，更高效地完成管理工作。

2. 实现学习监控，优化现行策略

该系统能够帮助教师在短时间内识别存在学习问题的学生并且提示教师尽早实施干预。实践证明该系统的确在提升学生学业水平上获得了很大程度上的成功，John Fritz 的报告中提到，通过两个学年（2007—2009）的应用，对 72 门使用该系统进行评估的课程进行了调查，使用 CMA 系统的学生，在 C 及以上等级成绩的获得率中要比不使用的学生高很多，并且在后续调查中发现，截至 2011 年，统计 2007—2010 年八个学期的成绩来看，使用嵌入 CMA 功能的 Blackboard 教学平台的学生中，取得 D 或 F 等级的学生比取得 C 等级的学生数量少 39%，① 说明该系统有效地发挥了其学习监控的功能。有研究者在对该系统进行了较为全面的研究后指出，该系统能够帮助教师获得几个重要问题的答案：学生活动是否与预期计划相符？现有的成绩是否能表明课程知识获得的程度？哪种类型的学生更容易获得 D、E、F 的成绩？哪些课程是学生们最感兴趣的？学生学习过程的变化轨迹？怎样的教学实践会促使学生表现提升？学生应用最多的工具是哪些？这些工具是否获得了最大程度的

---

① J. Fritz, "Using Course Activity Data to Raise Awareness of Underperforming College Students", In *Proceedings of E - Learn: World Conference on E - Learning in Corporate, Government, Healthcare, and Higher Education*, 2009, pp. 2586 - 2589. J. Fritz, "Classroom Walls That Talk: Using Learning Analytics to Raise Awareness of Underperforming Students", *Presentation at Symposium on Learning Analytics at Michigan*, 2012.

参与并影响了学生的学业成功等。① 教师可以从该系统的分析报告中找到以上问题的回答并且很好地利用起来，优化已有的教学策略。

（四）促进学生学业发展

不可否认的是，该系统在帮助学生了解自己学业水平、改进学业成绩上也做出了贡献，主要体现在帮助自省自查、发挥主观能动性上。自我调控学习理论认为，学习者有目的的、系统的引导自己的思维、情感和行为，能够有效地帮助自己检测和评价学习效果，② 网络学习是自我调控学习的一种形式，网络学习者可以在学习管理平台的帮助下确定学习目标，选择学习内容，运用一定的学习策略解决问题，并且结合系统的反馈调整自己的学习行为，直到达到目标。在网络学习中，学习者的外在行为表现是其内在心理过程的体现，可视化的学习反馈有意识地鼓励学生发挥主观能动性改变现状。CMA 系统的学生模块包含个人设置、课程中心、测试中心、在线论坛、学习统计几个部分，学生可以按照教学计划自主选择课程开始学习，系统会自动记录学生进入课堂的次数、时间、时长，进入在线论坛的交流情况、提问情况、学习进度完成情况、作业提交情况和测验成绩，最终呈现一定时期内的终结性报告，学生可以从报告中较为全面地掌握自己的学习情况，积极投入到行为改善中。

四、借鉴与启示

通过以上美国普渡大学信号灯系统、澳大利亚卧龙岗大学 SNAPP 系统和美国马里兰大学巴蒂摩尔分校 CMA 系统的项目简述、应用原理、实施情况、效果反馈中，可以发现以上三个系统在对教师实施教学管理、学生学业评价方面都起到了重要的辅助作用。这是学习分析技术与

---

① *Blackboard Intelligence Analytics for Learn*, http://www.blackboard.com/education-analytics/index.aspx.

② 黄希庭：《心理学导论》，人民教育出版社 2007 年版，第 16 页。

高等教育实践相结合的产物，并且随着实践范围的扩大，涉及人数和课程的扩大，反馈效果不断深化的现状下，各类教学辅助系统和学业评价系统也在不断地获得技术上的改进。这类系统的应用对我国高等教育融合学习分析技术具有重要的指导和借鉴意义。其作用和意义可以从以下两个方面加以说明。

（一）学习分析能够有效辅助教师教学改善

学习分析对教师教学管理的辅助主要体现在两个方面：一方面是通过尽早的学习预警提示教师有针对性地改善教学策略；另一方面是监控教学进度，依据客观事实适当的调节课程计划。前者在信号灯系统的实践中表现得最为明显，信号灯系统以其应用的广泛性和独立性成为目前最成功且被广泛接受的学习预警系统，该系统主要以学习预警作为核心目标，在预测学生学习危险程度和保持新生的保有率上获得了显著的积极效果，以此为代表的学习预警系统在学习分析技术的指导下帮助教师提升了在教学质量、教学对象的管理上的有效性。学生在自主学习的情况下，自我监控力度不足，一般来说需要第三方力量的辅助和指导，教师可以通过网络学习监控对学生的学习时间、学习内容及进度、学习交互行为、学习效果进行监控，根据监控结果有目的地改变教学计划和教学设计。

（二）学习分析为学生构建客观的评价环境

在学习科学的指导下，教育实践正在由传统的"教师中心"转向"学生中心"，并且也非常强调团队协作、自主学习的重要性。对于学生来说，学习分析首先为期构建了良好的评价体系，传统的评价方式更倾向于"一刀切"，即以最终测验成绩或课程论文得分评判学生在此课程上半学年或全学年的表现，这种之后评价忽略学生的学习过程，并且结果对学生的指导意义很弱。学习分析则不然，它充分地与学习过程相结合，实现过程与结果并重，在课程开始前做了明确的规划，在课程开始后，依据现实的情况平衡教师与学生之间的关系，完整地将学生的学习轨迹记录下来，既避免了仅有过程评价的主观随意性，也避免了仅有结果评价的绝对性，尤其是在面对实践、实习课程评价时，这样的评价方法对学生来说是公平的，具有"无法替代的优越性"。其次，学习分析还给学生提供了自查自省的机会，不管是在 Signals 系统，还是在 SNAPP 系统、CMA 系统亦或其他学习预警系统中，学生都可以随时查看自己的学习情况分析表或者从教师处获得自己这段时间内学习表现的分析报告，管理研发人员只要指导教师帮助学生理解报告的内容，即能让其发挥作用，指导学生进行自我评价，增强其自我责任感和改善学习的行动能力，清楚自己的前进方向。

以上提到的系统在辅助教师教学管理、实现学业评价方面各有侧重，但是也都存在着一定的问题和不足之处。对于教师来说，频繁的干预一方面会加重工作量，另一方面可能会造成学生的畏难和厌学情绪，因此对学生心理状态和情感状态的考量也应纳入教师分析干预的目标内容中，如何更好地平衡计划与实践的关系，也需要管理研发者和教学研究者更多的思考。对于学生来说，学习分析系统对个人的分析在一定程度上会涉及隐私问题，随着社会的开放和意识的成熟，高等院校中的学生似乎不太愿意暴露自己的个人信息，这有可能导致的虚假行为表现甚至抵触情绪都不利于学习分析充分地发挥作用，也有待于更进一步研究。

第三节　学习分析在校园管理系统中的应用

一、校园管理系统概述

一般来说，高等教育的教育管理就是管理者通过组织协调教育队伍、充分发挥教育人力、财力、物力等信息的作用，利用教育内部各种有利条件，高效率的实现教育管理目标的活动过程。以下将结合科罗拉多大学的应用实例说明学习分析在高校管理中的作用。

科罗拉多大学（University Of Colorado）的大学信息系统（University Information System，UIS）即是为实现高效教学管理而设计应用的，该系统为全校范围内的管理事务和学术事务提供了技术工具支持，该系统由校长 Kathy Nesbitt、副校长 Scott Munson 直接管理，下设 8 个主要部门，每个部门由行政管理人员、技术工程师及分析师组成。

该系统包含的主要服务和管理工具有电子科研管理系统（Electronic Research and Administration，ERA），管理应用软件（Enterprise Application），财物系统（Finance），人力资源管理系统（Human Capital Management，HCM）、学生管理系统（Student Systems）、数据中心（Business Intelligence and Data Warehousing）和行政门户中心（Administrative Web Portal Services）组成，并且支持电脑、收集、网络和软件多个客户端。在每个管理系统中又设置了子系统辅助人工管理，共有 21 个子系统和辅助程序（如图 2.12 所示）。批量处理系统安排大学中各个学院的日常工作处理，授权固定人员定期上传数据，确保数据的合理分配和安全；业务支持工具协助教职人员的日常行政工作，为所有师生提供服务，学生管理系统涉及校园问题解决、学位审

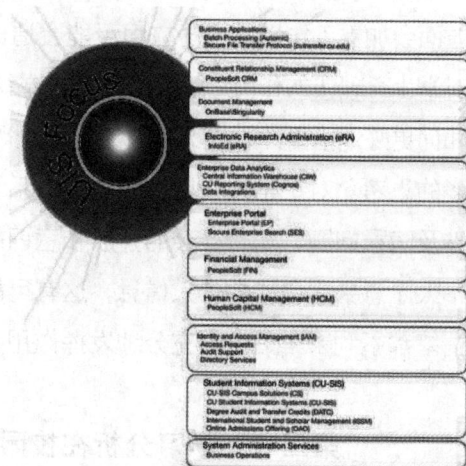

图 2.12　科罗拉多大学校园
管理系统分类示意图[①]

核、学分转换、网络招生、国际学生管理等与学生基本信息和学习有关的内容；数据管理中心系统涉及分析数据的使用和报告，数据类型包括

① *About UIS*, 2016, http://www.cu.edu/university – information – systems/about – uis.

人力资源管理、财政、学生信息，从信息中心获得的数据可以用于各类分析报告使用，目的是为改善系统的智能性和实用性提供数据支持，为使用者提供清晰的数据自查报告；人力管理系统汇集校园内与人力资源相关的数据，包括职位聘用、教职人员个人信息、工资处理、休假信息、培训通知、经费管理等；电子科研系统帮助教职人员和学生自动申请科研基金，并辅助财物部门管理基金流向，简化科研项目申报流程；财物管理系统管理大学校园内所有财物事务，公布账目情况和资产清单、采购报告，为个人用户提供差旅资金清单等；行政门户系统确保数据安全，实现跨系统和跨校园的信息共享；数据服务系统用于维护软硬件设施及智能设备的运作。各个子系统各司其职，有效地避免了行政事务上的交叉。在使用时，使用者首先可以通过简洁的目录系统寻找所需的子工具或系统，登录使用若发现问题可以反馈给服务部门，登录需要个人的账户密码，专门的信息安全管理会确保个人信息得到保密。

该系统每月都会上传各个子系统最新的使用数据和使用成果，各个业务环节内产生的教育数据为多个利益相关者提供了便利。各个子系统都在不断地获得来自国家教育行政管理部门、社会教育支持机构、企业、学校基金会的大力支持，并且以各个子系统，尤其是学生管理系统、教师管理系统和财政管理系统中获得的数据进行的研究都获得了一定的成效并且指导了系统的完善。学习分析技术在应用中为该校的教学管理带来了多方面的好处。通过大量的文献分析和实证考察，在该案例中，学习分析与高等教育管理的融合主要体现在三个方面：细化管理条目，完善管理体系；集合教育数据，优化资源配置；依靠数据监控，保障信息安全。

二、校园管理系统的功能与作用

（一）细化管理条目，完善管理体系

学校管理涉及行政管理系统、教师管理系统和学生管理系统，各类

管理系统又下分多个系统，关系复杂且任务繁多，理论上来说，有效的学校管理应该与整体发展目标契合，有助于各群体之间组织协调。但是在实践中往往会由于信息共享程度不足、数据管理方式差异、部门分工不明确等原因引发不利于学校发展的诸多问题。学习分析介入教育管理后，能够有条理地将管理任务分门别类，避免任务交叉，从整体上记录学校教育及行政事务的流程和结果，推动学校良性发展。因此在大数据理论和学习分析技术的指导下，系统化的集成信息管理系统（Internet Management Information System，IMIS）被引入教育管理中，该系统在企业中的应用经验较多且时间较长，企业是基于提升管理效率和服务品质的目的应用此类系统，这一体系被科罗拉多大学借鉴后直接指导了 UIS 系

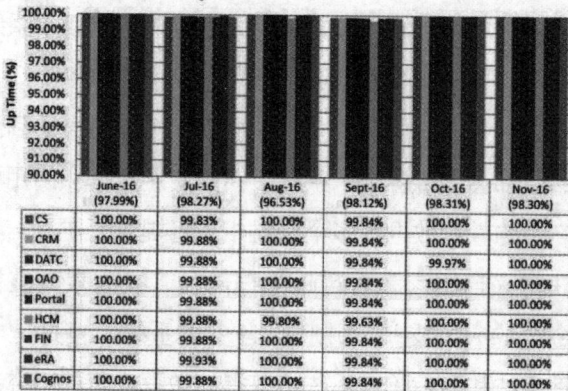

	June-16 (97.99%)	Jul-16 (98.27%)	Aug-16 (96.53%)	Sept-16 (98.12%)	Oct-16 (98.31%)	Nov-16 (98.30%)
CS	100.00%	99.83%	100.00%	99.84%	100.00%	100.00%
CRM	100.00%	99.88%	100.00%	99.84%	100.00%	100.00%
DATC	100.00%	99.88%	100.00%	99.84%	99.97%	100.00%
OAO	100.00%	99.88%	100.00%	99.84%	100.00%	100.00%
Portal	100.00%	99.88%	100.00%	99.84%	100.00%	100.00%
HCM	100.00%	99.88%	99.80%	99.63%	100.00%	100.00%
FIN	100.00%	99.88%	100.00%	99.84%	100.00%	100.00%
eRA	100.00%	99.93%	100.00%	99.84%	100.00%	100.00%
Cognos	100.00%	99.88%	100.00%	99.84%	100.00%	100.00%

图 2.13　UIS 各子系统使用及完成预定服务计划情况
（2016 年 12 月最新更新数据）[①]

统的形成和完善，在以前管理系统的基础上加以改进，并结合现有管理系统通过对以往数据的研究，细化管理条目，区分工作任务，规范管理体系。有研究者通过研究发现，该系统获得了包括教职员工和学生等多个利益群体的高度信赖，并且确实在相关领域发挥了很大的管理作用

①　*UIS Service Reliability and Project Updates*, 2016, https://www. cu. edu/doc/uisupdatedecember2016. pdf.

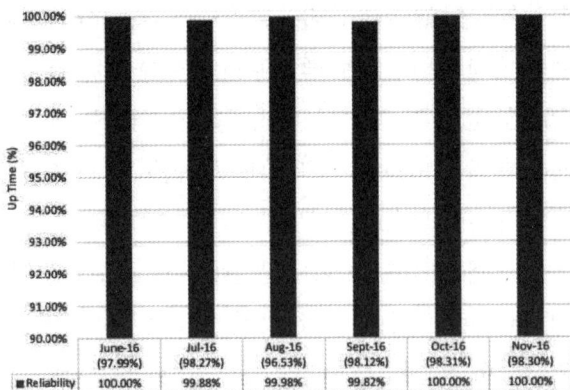

图 2.14　使用者视角下管理服务的可靠性况
(2016 年 12 月最新更新数据)[①]

(见图 2.13、2.14 所示)。

(二) 集合教育数据，优化资源配置

有研究者指出，教育活动过程中产生的教育数据包括招生、课程计划制定、课程实施、教学活动管理、教学质量评估、就业等在内的来源广阔复杂的数据，学校掌握这些数据能够有计划地调整已有的教学目标，配置学校的教学资源和人力资源，最大限度地发挥人力、物理和财力的效益，保障学校以教学和科研为中心的各项任务按照计划顺利完成。该系统为教育决策的实现提供了数据支撑，在教职人员聘用和学生课程管理方面获得了显著的效果。沙龙·格兰特（Sharon S. Ggrant）及同伴的研究发现，通过智能教学平台，已经有更多的女性学生愿意参与到 STEM（Science, Technology, Engineering or Math）的课程学习中并且倾向于在毕业后选择与之相关的工作。该校人力资源及信息部门在2016 年 7 月底完成了该项目的考察，项目负责人指出在作为被试的学生中，6 名大二的学生在网络学习中获得了一定的成就和乐趣感，这得

---

① *UIS Service Reliability and Project Updates*, 2016, https://www.cu.edu/doc/uisupdatedecember2016.pdf.

益于她们在大一的时候就参与了基础课程的学习，当面临较为复杂的学术问题时，他们倾向于利用网络学习系统寻求帮助和最佳的解决方案，并且逐渐地形成了适合自己的学习方式，研究者预测，这些学生很快能够成为优秀的指导者，帮助教师指导他人进步，[①] 在系统数据的反馈下，教师和管理者会有意识地注意女性学生的学习特点，为她们提供便利条件。另一个研究是学校对财物管理系统的优化，"校园问题申报及处理系统"自 2009 年使用以来，为大量的教职人员和学生提供了方便快捷的自助金融服务，尤其是在贷款方面，已经形成了较为完善的自动化管理模式，但是在近期内系统管理处投入了一部分运行资金和利用专业人员对原有的系统进行了优化并加入了新的管理模块——交易自动清算中心（Automated Clearing House），在新模块的作用下，只要学生输入他们卡上的序列号，无论多小金额的交易都能够完成，减轻了财物系统人员的工作压力，提高了交易效率，将更多的交易从人工改为自动，减少了财物系统在人员聘用上的支出和人工交易出差错的概率。[②] 资源配置的优化为学校带来了更好的教育效益和经济效益。并且开放的数据也有利于鼓励教职员工和学生共同参与到校园管理中，主动提出建议或意见，帮助实现更好的教学管理目标。

（三）依靠数据监控，保障信息安全

在大数据的背景下，高校教学管理和服务有赖于大量数据的集成，这些数据的存在既为学校的发展带来了好处但是也存在着一定的问题。高校的数据管理中心面对高速增长的数据收集量和交换量，其工作量与

---

① S. G. Sharon, *CU's Girls Who Code* 2016 – *Encouraging Girls to Consider a Future in STEM Careers While Having Fun*, Oct. 2016, https://www.cu.edu/blog/uis – news/cu – girls – who – code – 2016 – encouraging – girls – consider – future – stem – careers – while – having.

② S. G. Sharon, *Student Banking Information Always Current with New ACH Process*, Oct. 2016, https://www.cu.edu/blog/uis – news/student – banking – information – always – current – new – ach – process.

之前相比变得更加复杂，并且对于系统的使用者来说，网络系统的安全性是影响其是否信赖该系统的重要因素。有研究者指出，在网络环境下容易出现的安全问题主要包括信息内容安全、信息传播安全和信息管理安全三个方面，具体表现为用户信息的泄露、破坏、网络管理系统的安全保护机制被攻击、瘫痪、预警和实时监控能力弱等。在 UIS 系统中的网络安全管理系统结合学习分析技术对各类子系统的安全漏洞和威胁进行全面的分析和监控，在各个层面上防范可能出现的问题，保障使用者的数据安全。UIS 系统覆盖了本校四个分校约五万名教职人员和学生的日常工作及学习行为，数据风险评估是计算机安全中心（Office of Information Security）的主要职责，该校建立了风险评估系统（University Risk Management，URM），该系统遵循多个评估指标系统的指导，评估程序如图 2. 15 所示。系统会根据检测到的危险事件与过去三年内发生此类事件的概率进行对比，自动将可能发生的威胁定义成高危险级别、适度危险级别和低危险级别三类，采取有针对性的措施。

三、实践案例分析

从目前的应用情况来看，除了科罗拉多大学之外，美国还有诸多大学应用学习分析系统辅助了教学管理，在提升办学效益、实现数据共享、改变传统科研模式、指导学生择校和就业等方面为学校的管理者提供了积极的指导作用。以下将结合实例进行简要分析。

（一）全面提升高等教育办学效益

高等教育院校利用学习分析技术，在减少资源浪费、提高办学效益上做了尝试性实践。美国肯塔基大学（University of Kentucky）在面临行政管理问题频出、政府拨款降低、教学需求增长等多种因素混杂出现的背景下于 2012 年引进了 System, Applications, and Products in Data Pro-

---

① *Risk Management*, 2016, https://www.cu.edu/ois/risk-management.

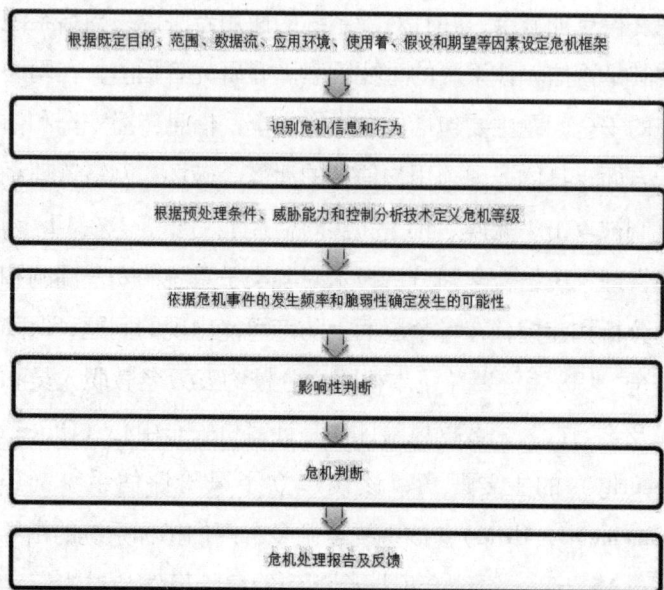

图 2.15　UIS 系统信息风险评估流程

cessing 公司生产的 HANA 系统，为管理人员提供多方面的事实信息和预测分析结果，帮助决策的落实和实践。有研究者对使用该系统后的教学效益改变做了系统的研究，主要得出了以下几个结论：第一，由于新系统替换了传统系统的评估工作，因此学校系统的效率获得了极大的提升，预计在未来五年中，每年能为学校降低超过 201000 美元的基础设施成本投入；第二，在提高聘用人员能力和工作效率的基础上，该系统组件的高级分析团队成员数量少于过去的管理研究办公室人员数量，预计每年能为学校节约 179800 美元的人力聘用成本，并且研究人员每年的劳动产出能为学校带来更多的财务收益；第三，系统的使用能够提前识别存在学习失败可能性的学生，早期的预警能够有效降低退学的概率，减少流失，并且毕业率的提升能够吸引更多的学生申请进入该校学习，为学校稳定学费收益；第四，系统为教师提供教师、实验室、讨论室等功能场所的使用信息，减少轮空时间，增加利用率，从而减少基础设施建设的投入。① 从以上几个方面来看，学习分析系统的使用的确能够有效地帮助高等院校全面提升办学效益，从长远的发展上来说促进整个社会知识水平的提升。

（二）改变资源的获取和共享模式

在高等教育中，教职人员和学生的任务并不止于单纯的知识学习，更多是按照自己的学习兴趣、需求开展学术研究，这要求他们尽快地掌握已有的研究进展并且对最新、最前沿的研究工作有所了解。学习分析技术的作用集中于帮助学者提取关键词，挖掘已有研究，分析研究的趋势。谷歌数字图书馆和学术分析在高校中的使用有效地帮助了这些目标的实现，只要是在数字图书馆中存储的文字材料都可以被系统处理，并且可以结合关键词分析和研究趋向图，尽快把握学术的走向。

大规模开放在线课程（Massive Open Online Course, MOOC）的兴起改变了传统的资源共享模式。三大 MOOC 平台：Coursera，Udacity 和 edX 与美国学术能力最强的院校合作，实现了高等教育课程的网络共享，截至目前，参与网络课程学习的用户已经突破 1500 万，涉及的课程来自全世界多个顶级学府，MOOC 记录学生寻找和选择课程的偏好，追踪学习情况，分析学习者特征与学习之间的关系，为其在完成初级阶段的学习后推荐更高级的课程。研究者们也从大规模的在线学习数据中总结学习者的学习规律，用于指导线下课程的完善。

（三）提升招生质量和指导就业

对于高等教育院校来说，充分考查学生在入学前的学习情况能够有助于判断其今后的发展潜力。大量的数据和系统的分析为高校招生提供了便利条件，首先能够在短时间内为招生工作负责人提供多人的前期学习信息和成绩，并且能够依据设定条件比较申请者的差异，帮助学校选出最适合的学生。美国伊萨卡学院（Ithaca College）从 2007 年以来使

---

① *University of Kentucky Leveraging SAP HANA to Read the Way in Use of Analytics in Higher Education*, 2014, https://www.sap.com/bin/sapcom/en-us/downloadasset.

用的"IC 同伴（IC Peers）"网络平台，连接申请者与教师，系统会自动记录学生在改平台上的活动数据，并且跟踪分析最有可能进入该校学生的行为特征，教师依据自己的研究领域和兴趣，从系统中选出在这方面有突出表现的学生；[①] 又如宾夕法尼亚大学（University of Pennsylvania）毕业生设计的 AdmitSee 申请平台，收集大量美国高校的入学申请资料，包括 SAT 成绩、研究说明、个人陈述、申请书等，为想要申请大学入学的学生提供资料的参考，并且将优秀经验者的个人资料也保存在系统中，自动对比待申请人与成功者之间的差异或共同点，有针对性地帮助学生做好申。还有研究发现，使用该系统寻找匹配自己情况的学生会写出与参考模板类似的申请材料，在一定程度上增加了被录取的几率。[②]

大部分学生离开学校后面临的首要问题是就业，成功就业的比例在一定程度上可视为是衡量高等教育质量的重要指标之一。通过学习分析技术，高校可以利用相关系统收集招聘单位和就业政策的基本信息，再与学生的个人需求和特征相匹配，为学生推荐符合要求且个性化的就业单位列表。在美国圣地亚哥州立大学，就业指导部门引入了本校教授开发的"接近职业（Proximity Careers）"系统。学生可以在智能手机或个人电脑上使用，在这个系统中，学生可以在众多就业信息中选择"适合我"的选项，系统会根据学生的个人基本信息、专业学习信息、技能信息和就业需求、兴趣为学生匹配最合适的 10 家招聘单位，节省学生选择的时间，也帮助学生尽快地 适应就业的节奏。

---

① S. Lynn, *How Admission Offices Use Big Data to Track Student*, 2014, https://www.thecollegesolution.com/how – college – use – big – data – to – track – your – child.

② G. Lea, *Using These Words in Your Admission Essay May Secure You a Spot at Harvard*. 2015, https://college. usatoday. com/2015/08/11/admitsee – essay – words – harvard – stanford.

第三章

问题与对策

第三章

中国与以色列

第一节　章节导论

学习分析在国外高校得到了广泛的发展和使用，美国普渡大学的信号灯系统、澳大利亚卧龙岗大学的 SNAPP 等均是国外成功应用学习分析技术的经典案例。但目前国内学习分析技术的发展情况还在起步阶段，尚无类似的典型案例。本章主要从宏观和微观层面探讨国内学习分析技术发展面临的问题并提出有针对性的建议。从宏观层面上看，学习分析技术在建设和应用过程中均存在一定的局限性。在建设过程中的局限性包括理论基础、物质基础和人才基础的局限性；应用过程中的局限性包括学习分析预测功能的准确性。从微观层面上看，学习分析技术本身的技术、管理和隐私等问题也是国内学习分析技术发展需要克服的重要难关。

本章第二节主要从宏观层面探讨国内学习分析技术面临的理论基础、物质基础和人才基础以及预测功能的局限性问题。学习分析技术理论基础的局限性主要表现在国内相关研究数量较少且研究范围较为局限。2012 年顾小清教授发表了学习分析的第一篇文章，自此，国内学习分析的相关研究数量不断攀升。但从 2012 年到 2016 年论文发表数量不难看出，与其他研究相比，学习分析的研究数量仍旧太少，不足以为学习分析的发展奠定牢固的理论基础。

学习分析物质基础的局限性主要表现在学习分析系统的普及度过低

以及主流学习分析系统单一。学习分析系统的普及度较低的主要原因在于学习分析系统主要从国外引进，需要在国内进行长时间的尝试、调试和推广，需要消耗大量的人力物力和财力，例如语言系统的调试以及国内教师原有教学理念与学习分析系统的冲突就是此过程中极大的障碍。此外，学习分析系统的单一性主要表现为国内学习分析系统主要是学习管理系统。学习分析系统包括基于 Web1.0 的学习系统、学习管理系统、基于 Web2.0 或社会网络的学习系统和实时学习系统，各学习系统各具优势和劣势。虽国内已有小范围的实验对各类学习分析系统进行尝试与运用，但并未得到重视和推广。学习分析系统的单一性最终导致学习分析数据类型的单一性，不利于学习分析技术的发展。

学习分析的人才基础的局限性主要表现为人才数量的匮乏和人才学科背景的单一化。学习分析需要大量具有教育学、统计学、计算机等多学科的专业知识的人才，高校的跨学科人才培养机制是此类人才的重要来源。学习分析技术预测功能的局限性主要表现为预测的准确性有待商榷以及预测功能可能造成的不良后果。

在预测准确性上，一方面是因为学习行为本身的复杂性导致了学生心理活动等内隐数据的缺失，这是不可避免的；另一方面是目前国内学习分析工具和方法的单一性导致了半结构化和结构化数据的缺失，而此种因素是可以避免的。在预测功能最终可能造成结果上，"马太效应"受到了广泛关注，即学习分析对学生的未来学习结果做出预测，可能导致成绩好的学生更好，成绩差的更差。如何在利用学习分析技术的同时避免不良后果是学习分析面对的主要问题之一。第三节主要从微观层面探讨学习分析的利益相关者所面临的问题，即学习分析技术人员面临的各步骤的技术问题、管理人员面临的管理问题以及学生信息的隐私安全问题。

学习分析技术的步骤主要分为数据捕获、形成报告、预测、干预和优化。技术人员在各阶段的技术操作均存在难题，如数据捕获阶段的数据兼容性问题、形成报告阶段的可视化问题、预测和干预阶段的方法的选取问题。学习分析的管理问题主要涉及学习分析管理机构不明、管理人员意识落后、学习分析项目管理人员缺失等方面。学习分析的隐私安全问题主要来源于数据隐私保护技术不成熟和数据隐私保护相关法律不健全两个方面。在数据隐私保护技术方面，虽然传统的数据库系统已经形成了一套由用户认证、存储控制和数据加密等手段组成的完善的保护系统，但由于学习分析需要对海量的学习行为数据进行分析，对传统的数据库保护系统带来了新的挑战。在法律制度方面，我国尚未制定专门的数据隐私保护法律对数据的使用行为、权责问题等做出明确规定，不利于学习分析工作的开展。

第四节主要针对学习分析的问题提出了相应的对策，主要从学习分析的理论支持、基础建设支持、人才支持和隐私保护支持四个方面进行探讨。学习分析的理论支持主要针对学习分析理论基础的局限性提出。学习分析作为一种新的技术，其理论基础体系目前正处于知识的线性累积阶段，还没有形成以学习分析为核心的理论基础体系。因此，构建和完善学习分析自身独有的理论基础体系对学习分析理论基础框架的形成十分重要。此外，学习分析的理论基础应包含概念型的理论研究和应用型的理论研究，但目前应用型研究数量过少，不利于学习分析理论基础的完整性。因此，应重视应用型学习分析的理论研究。

学习的基础建设支持主要针对学习分析系统建设的局限性提出。学习分析的基础建设支持即学习分析系统的建设支持是学习分析技术实现的主要物质基础，但目前国内的学习分析系统建设存在普及度较低且主流学习分析系统单一的情况。建立合理的学习分析基础建设组织管理体系以及建立多方参与的学习分析基础建设资金保障机制能够全面推进学习分析的基础建设的实施。

学习分析的人才培养支持主要针对学习分析人才数量和学科背景的局限性提出。高校的跨学科人才培养机制是学习分析人才的重要来源。

在高校的跨学科人才培养过程中应明确学习分析人才培养的目标，并据此建立并完善有效的学习分析人才培养体制，为学习分析人才的输出提供保障。学习分析的隐私保护支持主要针对学习分析的隐私安全问题提出。

学生数据隐私的保护主要来自数据隐私保护技术以及法律制度的保护。因此，在学习分析过程中应落实数据隐私保护的研究和使用，例如数据扰动技术、基于多方安全计算的方法和限制查询等方法。此外，应加强法律制度在数据隐私保护上的作用，例如制定专门的数据保护法、鼓励多方机构及个体在法律下共同参与学习分析的监督等。

第二节　我国学习分析技术面临的问题

实现学习分析从理论到实践的过渡至少需要进行以下步骤：第一，理论研究。学习分析起源于国外，大量关于学习分析内涵、发展、工具等方面的研究可为后续学习分析在我国的推广和普及奠定坚实的理论基础。第二，学习分析系统建设。学习分析需要收集大量学生学习行为的数据，因此，建设收集和处理海量学生学习行为数据的系统是学习分析实现的重要物质基础。第三，学习分析技术的实现。学习分析技术的实现对人才基础有较高的要求，需要大量的、具有计算机、教育学、统计学等多学科背景的人才。第四，学习分析结果的预测与应用。模型建构是精确预测的难点之一，需要在实践中反复推敲与验证。综上，学习分析的应用至少需要进行理论基础、物质基础和人才基础的准备。从引进学习分析至今，我国决策者、研究者、管理者以及学校师生等相关人员对学习分析进行了积极的探索与实践，但上述四个基本步骤仍存在不同程度的局限性。本章将依次针对四个步骤的发展现状和存在问题作具体的阐释。

一、学习分析理论研究的局限性

学习分析自引入我国，便迅速成为教育领域的研究热点，但根据文献统计的结果可以看出，2012 年至今，学习分析的文献数量虽逐年攀升，但总体数量较少，研究范围具有一定的局限性。2012 年共发表学习分析相关论文 8 篇，其中包括 1 篇硕士学位论文以及 7 篇期刊论文。顾小清等人发表了关于学习分析的第一篇学术论文《学习分析：正在浮现中的数据技术》，对学习分析的内涵发展、应用前景以及带来的机遇与挑战做了较为全面的阐述。① 除此之外，同年发表的另外 6 篇文章同属于介绍性的文章。李青等通过案例分析法，收集整理了学习分析在国外高校的一般应用和典型案例，分析其优势与不足，为我国学习分析的理论研究和实践应用提供参考。② 耿学华、李逢庆、孙洪涛等学者围绕学习分析的内涵、功能，针对国内已有的教育教学现象提出了学习分析技术在高校的应用前景。③

2013 年共发表学习分析相关论文 18 篇，其中包括两篇地平线报告会议论文和 16 篇期刊论文。2013 年地平线报告（高等教育版）提出学习分析技术是未来五年的教育新兴技术和主流技术之一。④ 期刊论文除

---

① 顾小清、张进良、蔡慧英：《学习分析：正在浮现中的数据技术》，《远程教育杂志》2012 年第 1 期。

② 李青、王涛：《学习分析技术研究与应用现状述评》，《中国电化教育》2012 年第 8 期。

③ 耿学华：《大道与小路：教育机智穿梭行走的智慧——教育现象学研究及启示》，《高等理科教育》2012 年第 1 期；李逢庆、钱万正：《学习分析：大学教学信息化研究与实践的新领域》，《现代教育技术》2012 年第 7 期；孙洪涛：《学习分析视角下的远程教学交互分析案例研究》，《中国电化教育》2012 年第 11 期。

④ NMC 地平线项目、龚志武、吴迪等：《2013 地平线报告高等教育版》（上），《广州广播电视大学学报》2013 年第 2 期；龚志武、吴迪、陈阳键等：《2013 地平线报告高等教育版》（下），《广州广播电视大学学报》2013 年第 3 期。

与 2012 年相似的关于学习分析的内涵和应用价值的介绍性文章外，还有部分文章对学习分析的模型、工具、和平台开发做了相应的研究，但研究数量极少，且上述方面的研究成果仅各一篇。在学习分析模型研究方面，郁晓华和顾小清借鉴活动流的描述机制，通过学生学习的情景化元数据对其进行改进，构建了"学习活动流"这个学习分析的行为模型。① 在学习分析工具研究方面，孙洪涛首次对具体的学习分析技术——NodeXL 从数据分析、网络技术和图形定制三方面进行了具体详尽的介绍和案例剖析，② 在之前仅对学习分析工具的概念性研究上做出了重要突破。在平台开发方面，朱珂和刘清堂通过对 Sakai 学习平台的二次开发，提出了学习分析自适应学习系统框架，③ 实现了国内学习分析教学平台的首批开发与建设。在此值得一提的是，2013 年已有学者敏锐地发现了大规模在线课程（MOOC）与学习分析技术的内在联系，并对基于慕课平台的学习分析提出了一定的构想，④ 但相关文献仍旧较少，仅有两篇。

2014 年到 2016 年，学习分析的研究明显进入了快速发展时期，三年论文数量分别为 59、67 和 91 篇。相比前两年，论文数量呈稳定的上升趋势。与此同时，学习分析的研究重心逐渐发生了转移——由"是什么"的内涵式研究转向"怎么做"的应用式研究。通过文献梳理发现，2014 年之后，单纯讨论学习分析的内涵与发展的研究比例大幅减少，而学习分析的工具介绍以及基于国内已有的学习分析平台进行学习分析

① 郁晓华、顾小清：《学习活动流：一个学习分析的行为模型》，《远程教育杂志》2013 年第 4 期。
② 孙洪涛：《开源工具支持下的社会网络分析——NodeXL 介绍与案例研究》，《中国远程教育》2013 年第 2 期。
③ 朱珂、刘清堂：《基于"学习分析"技术的学习平台开发与应用研究》，《中国电化教育》2013 年第 9 期。
④ 顾小清、胡艺龄、蔡慧英：《MOOC 的本土化诉求及其应对》，《远程教育杂志》2013 年第 5 期；张羽、李越：《基于 MOOC 大数据的学习分析和教育测量介绍》，《清华大学教育研究》2013 年第 4 期。

建模的研究数量比例较大。孟玲玲、顾小清等对 SNAPP、Gephi、Net-miner 等 24 种学习分析的工具从使用环境、数据支持格式、是否可视化等多个维度进行了比较，为国内研究者使用学习分析技术提供了一定的技术支持。[①] 在学习分析建模方面，国内外相关研究主要包括学习者知识建模、学习情绪建模、学习行为特征抽取、学习活动跟踪、学习者建模、学位获取分析、教学资源和教学策略优化、自适应系统和个性化学习以及在线学习影响因素分析九个方面。[②] 但由于国内数据来源和数据处理技术有限，相关研究在学习情绪建模、学习活动跟踪、学位获取分析三个方面的研究十分欠缺。

二、学习分析系统建设的局限性

学习分析的研究成果涉及不同的教育系统，包括基于 Web1.0 的学习系统、学习管理系统（Learning Management System，LMS）、基于 Web2.0 或社会网络的学习系统和实时学习系统。[③] 目前国内主要使用的学习系统是学习管理系统。

（一）学习分析系统概述

首先对上述的四种学习系统进行基本的了解。

第一，基于 Web1.0 的学习系统。Web1.0 是 2003 年之前的互联网模式，主要表现在技术创新主导模式，其信息由网站单向发布。因此基于 Web1.0 的学习系统仅能实现网络对学习者的单向信息发布。我国在 Web1.0 时代并未引入学习分析技术，在此不作讨论。

第二，学习管理系统。学习管理系统拥有支持教学的资料和工具，

---

① 孟玲玲、顾小清、李泽：《学习分析工具比较研究》，《开放教育研究》2014 年第 4 期。
② 吴青、罗儒国：《学习分析：从源起到实践与研究》，《开放教育研究》2015 年第 1 期。
③ 马晓玲、邢万里、冯翔等：《学习分析系统构建研究》，2013 教育信息化暨电子课本与电子书包标准及应用国际论坛，2013 年 11 月。

它集课程设计、学生管理、学习管理、主题讨论、问卷投票、在线考试、教学评价等于一体，还包括会议系统、学生社区以及其他工具，还能用于对学习效果和学习进度进行评估。[①]

第三，基于 Web2.0 或社会网络的学习系统。Web2.0 是 2003 年之后的互联网模式，强调人与网络的双向互动，此时，学习者既是信息的接受者，也是信息的发布者。基于社会网络的学习系统和基于 Web2.0 的学习系统类似。

第四，实时学习系统。传统教学环境中，教师通过分析学生表现如出勤率、考试、教室内的行为等传统数据来帮助学生，现在利用信息和通信技术，可以将教室中的交互情境数字化，从而使数据更加多源。[②]

（二）学习分析系统普及程度不高

我国目前主要应用的学习分析系统是学习管理系统。学习管理系统集多种优势于一身，目前部分高校通过购买商业软件、使用开源系统或自主开放学习系统的方法，使学习管理系统得到了普遍的推广和使用。商业软件学习系统的典型代表 Blackboard、开源系统的典型代表 Sakai、Moodle 等在我国某些高校，如北京邮电大学、华东师范大学、华中师范大学等学校进行了相应的引进和开发。Blackboard、Sakai 和 Moodle 系统可以对学生的结构化和非结构化数据进行记录和存储，如学生的个人基本信息、在线时长、学习进度与在线教师或同学的互动等。[③]

虽然部分高校或通过购买商业软件、使用开源系统或自主研发学习系统等方式可以快速地引进先进的学习管理系统，但如何对其进行有效的开发与利用仍是目前高校面临的一大难题，这也是国内 Blackboard、

---

① 肖明、陈嘉勇、栗文超：《数据挖掘在学习管理系统中应用的研究进展综述》，《现代教育技术》2010 年第 9 期。
② 马晓玲、邢万里、冯翔等：《学习分析系统构建研究》，2013 教育信息化暨电子课本与电子书包标准及应用国际论坛，2013 年 11 月。
③ 曹盼：《学习分析过程分析与应用的研究》，硕士学位论文，华东师范大学 2015 年。

Sakai、Moodle 等系统并未得到普及的重要原因。

接下来以 Moodle 系统为例，说明上述系统在普及过程中的主要问题所在。Moodle 由澳大利亚的博士 Martin 负责主持开发，作为一个优秀的学习管理系统，同时也是一个课程管理系统，Moodle 的功能非常强大，涵盖教学管理的各个方面，具有较强的兼容性和易用性。但 Moodle 作为由国外引进的产品，在我国的现阶段的普及推广过程中也遇到了很多阻碍，主要面临以下两方面的问题：

第一，Moodle 界面复杂、操作繁琐。教师作为 Moodle 平台的使用者，虽然不必对其功能板块的代码进行了解，但其复杂的界面和繁琐的操作常常使大多数教师浅尝辄止，对 Moodle 平台的操作和应用仅仅停留在上传文件上，使得其强大的交互、测试、评价等功能模块未被充分利用。[1]

第二，Moodle 系统理念与传统教学理念的冲突。美国锡拉丘兹大学的雷静博士在《学校中技术扩散的生态学分析》中论述，技术是教育生态系统中的新物种。[2] Moodle 系统是传统教育系统中的外来物，必然会受到现有系统的排斥。Moodle 系统功能的确强大，教师们几乎可以使用 Moodle 系统实现所有的教育功能，但是以教室、教师和教材构成的传统教学系统使教师的教学观念具有较大的局限性，教师对系统功能与使用方法的了解需要一个相对漫长的时间，导致传统高校教师对 Moodle 系统持消极接受的状态，即使使用 Moodle 系统，也仅仅是将传统课程照搬到网上，并未遵循 Moodle 教学原则。

Blackboard、Sakai 系统与 Moodle 系统类似，作为国外的本土产品，在本国进行普及和推广，除产品本身对中国教育系统的改良和适应外，

---

① 杨桂云、马世强：《Moodle 平台在计算机实践教学中的应用思考》，《中国教育信息化》2016 年第 8 期。

② 何蕾、罗刚：《对 Moodle 本土化的理性思考》，《中小学信息技术教育》2008 年第 5 期。

还面临本国教育者与受教育者对外来产品的排斥性，使其在我国的普及过程中受到了不小的阻碍。

（三）学习分析主流系统单一化

在前文已经提到，学习管理系统是目前国内应用的主要学习分析系统。而基于 Web2.0 或社会网络和实时学习系统的学习分析系统极少。与学习管理系统相比，社交网络具有开放性、数字认同、合作和协作的特点可将社交网络理解为个人学习环境。约翰逊、莱文和史密斯提出"个人学习环境"是指"组成学习者用于指导自己学习和追求教育目标的个人教育平台的工具、社区和服务。"[①] 由此可知，学生平时使用的 QQ、微信、微博、Facebook 等均属于社交网络工具。互联网的普及使各个国家的社交网络用户急剧增加。根据中国互联网络信息中心（CNNIC）发布的《第 38 次中国互联网络发展状况统计报告》可知，截至 2016 年 6 月，中国网民规模达 7.10 亿，互联网普及率达到 51.7%，其中在过去半年中使用过微信朋友圈的网民比例为 78.7%，使用微博的网民用户规模高达 2.42 亿。[②] 在美国，微博社交网站 Twitter 自 2006 年创建以来，用户数量在近几年中突飞猛进，其中 2009 年的用户增长率达到 2565%，是社交网站与增长率总和的 10 倍。[③] 但这由于这些系统存在泄漏隐私的风险以及无法控制的变化，此类社交网络工具产生的数据极少应用于学习分析的相关研究，在学习分析的数据来源中其不属于主要的数据来源。正因为如此，教育研究者损失了大量的有关学生学习行为、社会交往行为、网络行为等方面的数据，虽然学校的学习管理系统可为研究者提供学生学习行为的相关数据，虽然在准确性和

---

① L. Johnson, A. Levine, A. R. Smith, et al, "The Horizon Report: 2009 Australia – New Zealand Edition", *New Media Consortium*, 2009.

② 朱基钗、高亢、刘硕：《中国互联网络发展状况统计》，《党政论坛：干部文摘》2016 年第 9 期。

③ A. R. Teutle, "Twitter: Network Properties Analysis", International Conference on E-lectronics, *Communications and Computer*, Vol. 41, (2010), pp. 180 – 186.

针对性上远远优于社会网络系统，但其丰富性和多元性却远不及社会网络系统。

与基于社会网络的学习分析系统相比，基于实时学习的学习分析系统在国内的应用相对较多但远远不及基于学习管理系统的学习分析系统。早在 1966 年 Stanford 大学提出了课堂实时反馈系统（Interactive Response System，简称 IRS 系统）的概念并加以应用；1992 年到 1999 年之间是 IRS 系统的完善和推广期；从 2003 年开始得到大规模的普及。IRS 系统可以为教师提供大量的第一手教学数据信息。但我国关于实时学习反馈的研究较少，在高校中该反馈系统并未进行推广和应用。随着教育信息化时代的到来，我国学者于 2016 年从学习分析的视角出发，提出以手机为媒介，实现高数课堂上的实时反馈，不仅能实时收集学生的学习情况并给予及时反馈，还能根据数据分析结果进行教学大纲、教学进度、教学方式等方面的调整。① 但目前基于实时学习反馈系统的学习分析系统尚处于探索阶段，仅有少数研究者进行了小范围的实验，并未大规模推行。

总的来说，我国学习分析系统的建设尚处于探索和学习阶段，主流学习分析系统主要从国外引进，如何对其进行改良以适应国内的教育系统并得到相关教育人员的认可是其在推广普及过程中所面临的最为紧迫的问题。此外，虽然各种类型的学习分析系统进行小范围的尝试运用，但并未得到重视和推广，主流学习分析系统的单一化直接导致了学习分析数据来源的单一性。

三、学习分析技术实现的局限性

技术是实现学习分析的手段。教育数据挖掘是学习分析的核心技术。数据挖掘（Data Mining，DM），与数据库中的知识发现（Knowl-

---

① 毛海舟：《基于教学实时反馈系统的学习分析技术研究——以高职〈高等数学〉课堂教学为例》，《中国报业》2016 年第 12 期。

edge Discovery Database，KDD）同义，指从数据库中提取出有意义的、隐含的、先前未知并有潜在价值的信息或模式的非平凡过程。[①] 而教育数据挖掘是数据挖掘在教育领域的典型应用。教育数据挖掘（Educational Data Mining，EDM）指应用数据挖掘方法从来自于教育系统的数据中提取出有意义的信息的过程，这些信息可以为教育者、学习者、管理者、教育软件开发者和教育研究者等提供服务。[②] 很显然，学习分析的应用能为其利益相关者带来极大的益处，但目前学习分析技术实现仍旧存在极大的问题，在面对海量的结构化数据、半结构化数据和非结构化数据时，学习分析管理者和研究者缺乏相应的精力和能力对其进行有效的处理和应用。其原因在于我国高等教育跨学科人才培养的缺乏导致研究人员和管理人员数量的匮乏和学科背景单一。

（一）研究人员和管理人员匮乏现状

学习分析涉及计算机、教育学、心理学、统计学等多个学科领域，其研究者和管理者具有交叉学科背景是十分必要的。已有研究通过数据统计表明，国外学习分析的主要研究力量集中在北美、西欧、澳大利亚和新西兰等地区，研究人员大多具有交叉学科背景。而国内教育数据挖掘研究者基本上都是来自于高校，研究者的学科背景比较单一，具有计算机和其相关专业背景的研究者所占比例极大，而具有教育学、心理学、管理学的等专业背景的研究者仅占极小的比例，尚未形成整体的学习分析研究人员的队伍。李婷等于 2010 年通过数据统计发现，从事学习分析相关研究和管理工作的人计算机或相关专业人员所占比例为78%，教育技术学专业人员所占比例为 10%，教育科学、管理学、心理学或其他专业总共仅占 12%。[③] 计算机专业学者熟练掌握数据的获

① 张云涛：《数据挖掘原理与技术》，电子工业出版社 2004 年版。
② *Educational Date Mining*, http://www.educationaldatamining.org.
③ 李婷、傅钢善：《国内外教育数据挖掘研究现状及趋势分析》，《现代教育技术》2010 年第 10 期。

取、存储、处理控制等的理论、原则、方法和技术，但是缺乏教育和心理学理论以及教育数据的来源；而教育学、心理学和管理学领域的学者几乎没有计算机和统计学背景，仅能对已有的学习数据进行表面的挖掘，无法对其进行进一步的应用。上述人才比例不均以及研究和管理人员学科背景单一导致国内学习分析的发展受到了较大的阻碍。

（二）跨学科人才培养的缺乏是学习分析人才匮乏的重要的原因

学习分析的研究人员和管理人员需要具备教育学和计算机的专业背景，但具备这样学科跨度极大的交叉学科背景的高等教育人才却很少。在我国，跨学科人才培养特别是学习分析人才的培养存在较大的问题，实施现状并不理想。

第一，我国单一学科专业化的培养模式根深蒂固。[①] 我国单一学科专业化的教育模式由来已久，古代人才选拔以科举制度为主，科举制度的考核以儒家经典作为统一的测试项目，特别是由多科并举过渡到单科独大的局限后，考试内容和考试形式逐渐僵化，功利主义和人才培养的片面化表露无遗。[②] 虽然古代的人才培养和人才选拔模式已退出了历史舞台，但其专门化的人才培养思想仍旧深刻在国人的思想中。时至今日，社会上"专业对口"的观念仍深入人心。无论是教师、家长还是学生都认为，专业化十分重要，单一学科专业培养人才的观念异常牢固地盘桓在人们的观念中，无法更改。

第二，跨学科培养的实施情况不佳。随着时代的发展，社会对人才提出了新的需求——多元化人才的需求，因此部分高校对教育制度进行了改革。例如武汉大学通过实行主辅修制、双学位制、导师制、弹性学制、插班生制、转专业制、创新学分制等制度、与国内高校互派学生

---

① 刘亚敏、胡甲刚：《跨学科人才培养的制约因素探讨》，《中国高教研究》2004年第3期。

② 胡甲刚：《跨学科人才培养的制约因素分析》，《高等理科教育》2005年第1期。

制、与国内外高校学分互认制，① 北京大学通过注重通识教育、通过国家重点实验室搭建跨学科人才培养平台等方式推动跨学科人才的培养，② 相关措施在全国进行推广，在实施过程中虽取得了一定的成果，但也面临实施效果不佳的问题。

下面以"辅修制"为例具体阐述跨学科人才培养的实际困境。为实现跨学科人才的培养，许多高校开始实行辅修制，即学生在学习本专业的同时，可以选择另外一门专业作为辅修专业，主辅并行，共同学习。但辅修制的实施过程中，在学校、家庭和家庭方面均存在不同程度的问题。在学校层面：辅修制的提出是基于高校现有的教育体制提出的，无论是课程结构还是课程安排皆以主修专业为主，已有研究表明，目前高校的辅修专业的教学质量并未受到应有的关注，很少有相关院校为学生建立了系统的管理机制和评价机制，③ 可想而知，在这样的环境下，学生很难在辅修专业上难以获得较好的教育成果。在家庭层面：辅修第二专业需要付出一定的费用，对普通家庭来说，同时负担学生主修专业和辅修专业的费用无疑是不小的压力。在学生层面：学生对辅修专业的投入在很大程度上决定了他们最终取得的学业成就，但主修专业和辅修专业的双向压力使得很多学生力不从心、两不兼顾。

辅修制虽然在形式上实现了跨学科人才培养，先不论辅修制是否促进了教育学专业的学生同时辅修计算机专业抑或是计算机专业的学生同时辅修教育学，但究其教学结果来说，这样的跨学科人才培养是不合格的。学习分析技术的实现需要的是真正具有教育学和计算机专业背景的人才，而非紧握文凭却无实际能力的庸人。

---

① 李文鑫、胡甲刚：《跨学科人才培养的思考与探索》，《国家教育行政学院学报》2004 年第 3 期。
② 卢晓东、宋鑫、王卫等：《大学本科培养跨学科知识复合型人才的作法与相关问题探讨——北京大学的个案》，《当代教育论坛》2003 年第 10 期。
③ 彭惠芳：《高校辅修管理存在的问题与对策》，《大学：学术版》2010 年第 8 期。

第三，学习分析人才的学科背景跨度过大。学习分析人才要求需要学生同时具备教育学和统计学、计算机等专业知识，但是这些学科无论是学生的文理科背景、教师的专业背景还是学科本身的课程体系均存在极大的不同，在教学体系中是几乎相互独立。首先，毫无疑问，教育学专业学生文理科背景以文科为主，而计算机等专业学生则以理科为主。学生文理科背景的极大差异导致了他们在学习兴趣、学习思维等方面具有极大的不同，[①] 这样的差异性使得他们同时进行教育学和计算机等专业的学习具有极大的困难。其次，与学生的情况类似，教师的学科背景同样以本专业为主，在教育教学的过程中教师很难同时具备这些学科的专业知识，更遑论将其融会贯通，教予学生。此外，在学生选择辅修专业或第二专业时，一般会选择与主修或第一专业密切相关的学科，极少会有学生会选择另一门看似与本专业毫无关联的学科进行深入的学习。

高校在跨学科人才培养上虽然已经取得了一定的成效，但实施过程中传统培养模式的束缚以及管理、跨学科培养相关体制尚待完善等问题整体上导致了跨学科人才培养的滞后性。而学习分析人才的特殊性在跨学科人才培养发展滞后的情况下更是困难重重——教育学和计算机等差异极大的学科背景的交叉和融合无论是对高校人才培养还是学生自身的都是一个极大的挑战。

四、学习分析预测功能的局限性

大数据时代的学习分析对教育变革产生的价值是巨大的。通过搜集学生的学习行为数据，使用学习分析技术对学生现在的学习情况进行分析，不仅可以使学习者认识到自身的优缺点，还可以为教育者提供个性化教学的依据，甚至可以通过技术对学生未来的学习情况进行预测。但由于学习行为的复杂性、数据解释工具和方法的单一性以及学习分析预

---

① 　陈霞、施俊琦：《北京文理科高中生职业兴趣差异研究》，《职业》2008 年第 5 期。

测结果可能造成的不良后果等主客观原因的限制，导致目前学习分析的预测功能存在较大的局限性。

学习分析能够通过大数据分析对学生的学习行为进行分析和预测，这一点在学界已获得了普遍认可。已有学者通过对"学习"概念的整理和梳理提出，学习具有以下三个特点：第一，后天经验引起学习，这种经验不只包括外部刺激，还包括有机体的训练和练习。对学生来说，学校学习、网络学习等是接受后天经验进行学习的重要途径。第二，学习行为可能是外显行为的变化，也可能是内隐的变化。即在学生学习的过程中，学习的结果有可能被直接观察，如动作技能的获得、对某种刺激的直接反应等，有些学习行为不能被直接观察，如记忆内容的增加、表象的形成等。第三，学习导致的行为变化相对稳定。由学习引起的行为变化可能及时表现出来，也可能延迟表现出来，但这些变化都是相对稳定的。① 结合"学习"和"学习分析"的相关概念分析可得，学生的学习行为引起的变化是相对稳定、有规律可循的，可通过相关学习行为数据进行分析，得出其内在规律并对未来进行预测，但学习行为的复杂性使得学习分析的预测功能具有较大的局限性。

（一）学习分析预测的准确性问题

学生学习过程中内隐变化的数据缺失和数据解释工具和方法的单一对学习分析结果的预测功能的准确性具有较大的影响。

首先，学习行为的复杂性导致内隐数据的缺失。目前学习分析技术主要基于计算机和网络工具获取数据，利用机器对学生的学习行为进行分析和研究。学生的学习行为包括外显行为和内隐变化，前者的观察和数据搜集相对容易，但后者几乎无法进行直接的观测和数据搜集，尽管部分内隐变化可能通过外显行为表现出来，但总的来说，学生学习过程的内隐变化的数据仍有很大部分的缺失，导致所搜集的行为数据并不能

① 冯维：《现代教育心理学（高等院校应用型专业心理学系列教材）》，西南师范大学出版社 2013 年版。

反映学生学习的全貌。若忽视内隐变化数据的缺失，仅仅基于学生的外显行为数据进行分析，则研究者就有重返行为主义学习理论的危险。[1]

其次，学习分析工具和方法的单一性导致半结构化和非结构化数据的流失。现在学习分析研究者接触的学习分析数据十分多样化，例如按网络存储分类就可将数据类型分为结构化数据、半结构化数据和非结构化数据。其中结构化数据是用二维逻辑表呈现的，其数据长度和结构是提前设定好的（如个人信息）；非结构化数据是没有固定结构和长度的，包括所有格式，如文本、音频、图像、视频、超媒体等等；半结构化数据介于两者之间，结构变化大并与内容共同存储，呈现一种自描述现象，其中具有代表性的数据是 HTML 文档（如电子邮件）。结构化数据可以直接被机器读取，但半结构化数据和非结构化数据需要进行清洗，即对不完整、错误、重复的无用数据进行处理，其处理的技术难度远远高于结构化数据。目前已有研究多基于结构化数据使用机器直接读取的数据进行相关的解释和分析，在很大程度上忽视了半结构化数据和非结构化数据的信息。此种做法使学习分析的结果的准确性受到了很大的影响，其对未来行为或结果的预测的准确性也受到了较大的影响。

（二）学习分析预测的"马太效应"

马太效应说源于《圣经·新约·马太福音》，美国著名科学史学者罗伯特·默顿在 20 世纪 70 年代中期将"马太效应"归纳为：任何个体、群体或地区，一旦在某一个方面（如金钱、名誉、地位等）获得成功和进步，就会产生一种优势积累，就会有更多的机会取得更大的进步和成功。[2] 在学习分析的过程中，使用学生学习行为的数据对其将来的学习结果进行预测，不仅可以推测一个学生在一门课程中的表现如何，也可以提前探知有哪些学生正处于学业挣扎当中，在危机爆发之前

---

[1] J. P. Campbell, P. B. DeBlois, D. G. Oblinger, "Academic Analytics: A New Tool for a New Era", *EDUCAUSE Review*, Vol. 42, No. 4 (2007), pp. 40 – 42.

[2] 李文耀：《谈科学中的"马太效应"》，《求实》1992 年第 9 期。

学校就予以帮助。从一方面来看，这种数据的预测在很大程度上实现了对学生的个性化教学，并能及时对处于危机边缘的学生实施及时的帮助；但从另一方面来看，通过数据"预测"未来，对于学习者来说却很可能出现马太效应，即未来预测的结果越好的学生在学习上越容易产生优势积累，最终该部分学生的学习成绩越好；反之，未来预测的结果越差的学生很可能造成最终成绩不佳的结果。由此可能变相导致了教育不公平现象的产生。所以如何利用预测优化学习而又不否定未来将是学习分析技术的一大挑战。

第三节　我国学习分析技术利益相关者面临的实际问题

学习分析的利益相关者主要分为研究人员、管理人员和数据源群体三类。在学习分析的实际应用过程中，每一类利益相关者均面临不同的实际问题。第一，学习分析的研究人员面临学习分析的技术操作问题。学习分析的主要步骤包括数据捕获、形成报告、预测、干预和优化五个步骤，每一个步骤的操作均存在不同程度的技术难度，例如数据捕获阶段的数据兼容性问题、形成报告阶段的可视化问题、预测和干预阶段的方法的选取问题等。第二，学习分析的管理人员面临管理理论基础不牢、理论与实践脱轨以及缺乏专门的学习分析项目管理者等问题。第三，学习分析的数据源群体主要包含学生和教师，在数据挖掘过程中，数据源群体面临数据隐私安全问题。

一、技术与操作的问题

学习分析技术的五个步骤为数据捕获、形成报告、预测、干预和优化。在进行学习分析的过程中，每个步骤存在不同的技术难度。下文将对每一阶段存在的问题一一做具体的分析，其中优化阶段相对特殊，优化作为学习分析的最后一个步骤，是对前四个步骤进行回顾和监督，还包括调整步骤使学习分析的各个步骤更适合学生的学习情境。优化的对象是对数据捕获、形成报告、预测和采取措施这四个步骤，而优化存在的问题则是对这四个步骤回顾、监督和调整上的问题，具体而言，解决这四个步骤中存在的问题的过程中所存在的问题，就是优化这一步的问题。因此，下文不单独对优化阶段的问题做单独的讨论。

（一）数据捕获阶段

数据捕获是学习分析的第一阶段。此阶段主要是捕获在学习环境中产生的各种交互数据。学习分析过程中所涉及的数据具有多主体、范围广泛和格式各异的特点，为数据捕获的实现造成了不小的障碍。第一，数据捕获的内容具有对象上、范围上和类型上的局限性。在数据对象方面，被捕获的数据大多为学生与学习材料之间的互动数据，忽略了学生与教师，教师与学习材料间的互动数据；在数据范围方面，学习分析平台以外的数据难以捕获，如学生个人的电子设备上的学习数据等；在数据类型方面，学生学习的认知、情感等内隐数据难以捕获。第二，数据平台之内和数据平台之间的数据不兼容问题。学习分析平台之内存在不同的数据系统，难以互相操作，不同的学习分析平台所采取的数据储存格式各异，无法进行大范围的数据捕获与数据共享。

1. 数据捕获内容具有局限性

在学习分析的数据捕获过程中，由于数据主体的多样性、数据范围的广泛性以及数据类型的复杂性，数据捕获的内容在数据对象、数据范围和数据类型方面均存在捕获的局限性。

第一，在数据捕获对象方面。学习环境中存在学生、教师与学习材料三类学习主体间的互动，三大主体之间的互动是学习分析数据的重要来源。包括学生和教师、学生和学习材料以及教师和学习材料的互动。在此过程中，教师进行学习材料的编纂和筛选，以学习材料为媒介向学生传授知识，此外，学生除了通过教师外，还可通过自学直接从学习材料获取知识。有学者通过研究得出：当任意一对学习主体间产生了高水平的互动，就会产生深入且有意义的学习，若当一对以上的学习主体间产生高水平互动，学习质量会得到很大提升。[①] 由此可见，对主体间学习数据的全面捕获能够对学生的学习结果或教师的教学结果等进行有效的预测并为学生和教师提供个性化的服务，进而提高学生的学习质量和教师的教学质量。但就目前学习分析的数据捕获主要以学生和学习材料之间的互动数据为主，例如学生访问网络学习的时长、时间段、学习成绩、讨论次数和内容等。学生与学习材料之间的互动相对公开和固定，相对教师与学生的互动以及教师与学习材料之间更加隐秘和动态的互动数据更容易进行捕获。由于被捕获的数据主要来源于学生与学习材料之间的互动，忽视了学生与教师、教师与学习材料之间的互动，导致了数据捕获对象互动数据捕获的局限性，可能会使学习分析数据结果产生偏差。

第二，在数据捕获范围方面，学习平台之外的学习数据难以被捕获。学习分析的数据源主要来自高校建设的学习系统，而产生于此系统之外的学生学习数据却难以被捕获。随着经济与科学技术的发展，学生个人的电子设备逐渐普及，个人电脑、手机、平板等个人电子设备逐渐成为学生学习数据的主要来源之一，其中包含学生进行个人学习过程中产生的大量的学习行为数据。虽然此类数据具有十分丰富的信息量，但由于涉及学生的个人隐私，所以学习分析过程中基本不会涉及，基本呈流失状态。此外，虽然网络教学呈现蓬勃发展之势，但当今实体课堂教学仍是主流。学生在实体课堂中的学习行为数据同样包含巨大的信息，但若要捕获现实生活中学生的学习数据，则需要大量的仪器设备记录读取学生的学习活动并利用复杂的算法将之转化为可被分析的数据，难度

---

① Anderson, "Getting the Mix Right Again: An Updated and Theoretical Rationale for Interaction", *International Review of Research in Open & Distance Learning*, Vol. 4, No. 2 (2003), pp. 153 – 161; T. Miyazoe, "The Interaction Equivalency Theorem", *Distance Education in China*, 2014.

很大。①

　　第三，在数据捕获类型方面，学生学习的内隐数据难以被捕获。学生对学习的投入包含行为、认知与情感三个方面，② 在学习分析中被捕获到的数据大多为外显的学生操作电脑的数据，即行为数据，而学生对课程的认知与情感方面的数据因其内隐性难以被捕获。当学生在学习平台上进行学习时，其外在行为表现为访问课程网页、浏览课程视频、回答课后习题等；而真正的学习是内部思维与心理过程，包括学生对学习材料认知的深入、情感的变化。由于内隐的学习数据难以被捕获，学习分析仅靠学生学习的外显数据也许无法反映出学生学习的全貌，若只进行行为数据的分析，又有重返行为主义学习理论的危险。③

　　2. 数据不兼容问题

　　不同数据库系统和不同网络平台间的数据格式不一致，给数据分析乃至数据共享造成障碍。数据的不兼容主要表现有两点：一是同一网络平台内针对不同对象的数据库系统之间的数据难以进行互操作，即难以进行相关信息的数字交换；二是在不同网络平台之间，数据的编码格式各不相同。接下来，将从同一网络平台内和多个网络平台间的数据兼容性问题进行论述。

　　第一，同一网络平台之内不同数据系统不能进行相互操作。当前的数据系统针对不同的对象对数据进行捕获和存储，有关教与学的数据信息储存于不同的数据系统中，分别面向教师、学生、管理人员等不同的

① 顾小清、张进良、蔡慧英：《学习分析：正在浮现中的数据技术》，《远程教育杂志》2012 年第 1 期。
② T. D. Anderson, D. R. Garrison, "Learning in a Networked World: New Roles and Responsibilities. In C. Gibson (Ed.)", *Distance Learners in Higher Education*, Madison, WI: Atwood Publishing, 1998, Chap. 6, pp. 97 – 112.
③ 顾小清、张进良、蔡慧英：《学习分析：正在浮现中的数据技术》，《远程教育杂志》2012 年第 1 期。

群体。① 虽然数据进行分类存储更加便于数据的管理，但不同的数据软件系统的组成方式与数据存储格式各不相同，不利于不同数据对象间的互相操作，即学生、教师、管理人员等的数据库系统之间的信息不能进行整合和研究等操作，不利于促进教学、管理的进步。在数据系统各自独立的前提下对其进行数据分析，必须先将数据进行统一的转码，使各自独立的数据系统中的数据能够进行整合和分析，进而探索其中的教育现象和教育规律。该过程不仅需要耗费大量的人力、物力和财力，还对研究的有效性产生了较大的不良影响。因为在此过程中，数据并非一成不变的，与之相反，数据系统产生的数据是动态变化的。因此，数据处理和分析的及时性在很大程度上影响研究的有效性。

第二，在多个网络平台之间的数据兼容问题。除了高校内部的学习分析的实现，实现高校间的数据共享对发现教育大数据背后的教育问题和规律具有十分重要的意义。但是，现在学习分析仍处于探索阶段，各高校之间多进行自主引进和研发学习分析系统，尚未形成统一的数据存储格式，造成各高校之间数据互不兼容，难以达到直接共享的目的。②

（二）形成报告阶段

形成报告是学习分析技术的第二阶段，对数据捕获阶段获得的数据进行可视化分析，使海量数据中不可见的、抽象的现象或规律转化为图像等形象可见的形式表现出来，其核心为利用计算机创建可视图像，为理解大量的数据提供帮助。但是，在形成报告阶段的可视化报告过程中，涉及数据本身、可视化技术人员以及可视化服务对象三者的问题。第一，学习分析过程所捕获的数据存在多源、异构的特点，即数据来源众多且结构各不相同，导致可视化分析结果的准确性和科学性无法保

① 郑旭东、杨九民：《学习分析在高等教育领域内的创新应用：进展、挑战与出路》，《中国电化教育》2016 年第 2 期。
② 顾小清、张进良、蔡慧英：《学习分析：正在浮现中的数据技术》，《远程教育杂志》2012 年第 1 期。

证；第二，可视化技术人员面临可视化过程中如何达到人机交互协作最优化以提高可视化的使用效率的问题；第三，国内的学习分析的形成报告阶段尚未为用户提供个性化的可视化服务。

1. 学习分析数据的多源化、异构化和动态化特性影响可视化结果的准确性和科学性

在学习分析过程中，需要对学生的大数据进行挖掘。信息化时代的到来使学生数据逐渐趋于多源化、异构化和动态化，即学生数据来源众多且结构各异，并且呈现动态变化的特点，为学习分析形成报告阶段的数据可视化技术的实现提供了新的挑战。

第一，数据的多源化和异构化影响数据的有效集成和转化。大数据可视化的前提是建立集成的数据接口，并且与可视分析系统形成松耦合的接口关系，以供各种可视化算法方便的调用，使得可视分析系统的研发者和使用者不需要关注数据接口背后的复杂机理。[①] 但在各种教育媒体大量出现，学习资源网络化、网络学习方式普及化，学习行为、学习情境和学习结果数据丰富化的背景下，学习分析所捕获的学生数据来源、格式、特点性质等各不相同，无法实现逻辑上和物理上的有机集中，是数据可视化实现的巨大阻碍。为保障数据可视化结果的准确性和科学性，在学习分析数据进行可视化之前，必须建立数据可视化的集成接口，以实现数据的一致性和准确性，进而保障可视化结果的准确性。

第二，数据的动态化影响数据用户与可视化结果的实时交互。目前学习分析呈现的可视化结果基本是静态的，[②] 即一次性读取数据得出结果进行相应的报告，如根据一段时间内学生的学习行为数据对其学习结果进行预测等，不利于学生与数据可视化结果进行实时交互，使学习分析可视化报告的作用最大化。学生的学习行为是动态的，在此过程中产生的学习数据也是动态的，要对学习的学习结果进行准确的预测、为学

---

① 任磊、杜一、马帅等：《大数据可视分析综述》，《软件学报》2014 年第 9 期。
② 任永功、于戈：《数据可视化技术的研究与进展》，《计算机科学》2004 年第 12 期。

生提供个性化的服务需要对学生的学习行为进行动态分析和报告，使学生能够及时根据报告结果对自身的学习行为做出规范和调整。

2. 可视化技术人机交互协作最优化问题影响可视化技术的使用效率

学习分析的数据可视化过程中人机交互协作尚未做出明确界定，降低可视化技术的使用效率。大数据的分析过程离不开人和机器的交互协作和优势互补。因此，大数据的理论和方法研究一般从两个维度展开：第一，从计算机角度出发，强调机器的计算能力和人工智能等，主要以大数据处理方法为代表；第二，从人的角度出发，强调基于人机交互的、符合人的认知规律等，主要以大数据可视分析为代表。① 在学习分析过程中，由于学习行为数据的复杂性，导致学习分析数据背后隐藏的规律不可能通过单纯的机器计算得出，需要进行人机交互，即人与计算机在一定的交互方式和技术支持下进行信息交换。② 在学习分析的数据可视化过程中，一方面要利用机器巨大的存储系统和强大的计算能力，在短时间内对海量的数据进行处理；另一方面要利用人所独具的视觉系统与感知能力，对数据结果进行合理的理性判断和解读。通过人和机器的交互协作，提高可视化技术的使用效率。但目前的大数据可视化分析领域尚未对人和机器的交互协作做出明确的界定，例如人和机器在可视化分析过程中的多层次、多粒度任务如何进行最优化分配等问题均尚未解决。

3. 可视化技术个性化服务问题影响用户体验

学习分析的数据可视化缺乏以学生为中心的系统开发方法论、框架和工具，无法为学生提供普遍的个性化服务。学生群体对学习分析报告结果的需求具有极强的突发性和不可控性，在不同的时间段具有不同特

---

① 任磊、杜一、马帅等：《大数据可视分析综述》，《软件学报》2014 年第 9 期。
② J. Preece, Y. Rogers, H. Sharp, et al. "Human – Computer Interaction", *International Conference on Emerging Trends in Engineering & Technology*, Addison – Wesley Longman Ltd. 1994, pp. 204 – 205.

质的学生的情况很有可能迥然不同，需要从学习分析的可视化报告获取的信息也随之变化。但目前国内的学习分析可视化结果以发现大数据背后隐藏的教育现象和教育规律为主，尚未针对学生的需求有针对性地生成学习分析报告，无法为学生提供个性化服务，不利于学生群体形成良好的用户体验。

（三）预测阶段

预测是学习分析的第三步。预测是根据已有的数据、规则和模型进行分析推理，对未发生的事物做出估计。① 在数据捕获和形成报告之后，预测将利用捕获到的数据建立预测模型对用户的未来学习状况进行预测，发挥数据内在的价值。② 预测阶段的问题主要包含预测模型内的问题与预测模型外的问题。其中，预测模型内的问题主要有：数据源选取不当、预测分析方法单一；预测模型外的问题主要是预测模型与外部环境的不适应问题。

1. 预测模型内部的问题

第一，数据源选取不当。在学习分析第一阶段数据捕获中捕获到的数据是预测阶段的重要数据来源。这些数据是预测阶段建立预测模型的重要依据，预测模型将利用捕获到的数据建立预测模型，从而进一步对学习者的未来学习状况进行预测。学习者在学习分析系统上学习所产生的数据量是十分庞大的。在如此庞大的数据中筛选出建立预测模型所需的数据往往非常困难。同时，由于学习者学习行为的多样化，学习分析系统捕获到的数据的类型也较为繁杂。这也增加了预测模型数据源选取的难度。这就造成了预测模型的数据源选取不当，最终导致建立出的预测模型出现偏差、预测结果缺乏真实性和可靠性，甚至对预测之后的采

---

① 李艳燕、马韶茜、黄荣怀：《学习分析技术：服务学习过程设计和优化》，《开发教育研究》2012 年第 5 期。

② J. A. Larusson, B. White, *Learning Analytics from Research to Practice*, New York: Springer Verlag, 2014.

取措施和优化阶段产生不利影响，使整个学习分析过程出现偏差。

第二，预测分析方法单一。学习分析预测主要采用的是量化的分析方法，缺乏质性的分析方法。大多数的预测模型采用量化的方法进行分析预测，由于量化研究是一种自上而下的研究线路，得出的研究结果具有普遍性，但是缺乏具体、微观的研究视角，导致预测模型无法做到更为具体的预测和分析。量化分析方法借助数量分析和揭示所谓的具有普遍意义的规律和趋势，导致分析无法对事物的深层内在结构进行探讨。① 而对教育和学习的分析预测，量化的分析方法是远远不够的。影响教育和学习的因素复杂而零散，量化研究的宏观叙事往往难以反映教育中零散的影响因素。总之，仅采用量化研究难以从微观和具体的视角透视教育过程。

在量化分析预测中，大多预测模型采用描述性统计或回归分析方法进行分析预测。描述性统计是将原始数据加工成有用图表的方法，这些方法包括数据的收集、整理、概括和描述等。② 描述性统计常用集中量数、差异量数等统计指标值来反映数据整体的特点，但这些指标都各有短板，难以反映出数据的全貌，使分析较为粗糙。例如，在集中量数中，众数虽然计算简单不受极端值的影响但是测量过于粗糙，无法反映所有样本；中位数较不受极值影响、计算方法也较为简便但是代表性较弱，无法反映总体状况；平均数测量最为精密，考虑到每一个样本，具有很强的代表性但易受极端值的影响，也很难展示整体的真实情况。由此可知，预测模型分析预测时使用描述性统计方法是有很大局限性的，由于各个指标本身的局限性和数据的庞杂性，难以通过具体指标反映学生学习的真实情况，从而造成预测模型分析预测缺乏真实性。

---

① 靖东阁、谢德新：《从量化到质性：教育均衡发展研究范式的转向》，《当代教育科学》2014 年第 11 期。
② ［美］伯恩斯坦：《统计学原理——描述性统计学与概率》（上册），史道济译，科学出版社 2002 年版。

回归分析能够表示变量间的简单线性关系，但却无法有效地探索学习情境下学生学习各个构成要素与学生特征、学校特征以及学生与学校的融合等因素之间的错综复杂关系。在多元回归分析中，常常会出现统计累赘的问题，即如果某些自变量相互之间的关系特别强，则在相互控制后它们的每一个效果会变得很弱，而其他自变量的效果会变得较大。① 在这种情况下来分析各自变量的相对效果就会犯错误。因此，在选取多元方程的自变量时，建模者往往会避开相互之间关系的自变量。这样将会导致建立的预测模型无法全面地反映影响学生学习的因素，使得预测模型预测的结果产生一定的误差。

2. 预测模型外部的问题

就预测模型外部的环境而言，目前学习分析研究者建立起的预测模型和算法大多还局限于某一课程或环境，预测模型对外部环境的适应有一定困难，难以进行广泛应用。② 由于在真实学习情境下，影响学生学习的因素较为庞杂，各因素之间的关系也错综复杂，开发一种预测模型需耗费大量的人力和物力。而在不同课程或环境下，影响学生学习的因素又存在着许多差异，已有的预测模型不能够适应具体学习情境下的特殊条件，还需再重新开发预测模型，这就造成了资源大量浪费。因此，如何开发一些通用型的模型实现跨平台、跨学科的应用是当前急需解决的问题。

（四）干预阶段

干预是学习分析的第四步，干预是在预测的基础上生成改变学习活动的行为。干预阶段最主要的问题在于如何保证干预能够切实地作用于学习者的具体学习实践，具体来看体现在干预阶段的实时性、干预方式的不合理、干预结果的有效性和干预内容缺乏个性化四个方面。

---

① 风笑天：《社会学研究方法》，中国人民大学出版社 2001 年版。
② 吴永和、曹盼、邢万里、马晓玲：《学习分析技术的发展和挑战——第四届学习分析与知识国际会议评析》，《开放教育研究》2014 年第 6 期。

1. 干预实时性问题

干预实时性是学习分析的重要特点，但往往因为数据量过大的情况导致分析预测投入时间过长从而使干预延迟，无法实现实时化。因此，缩减处理海量数据的耗时是干预环节的重要问题。[①] 在学习情境下，学生学习所产生的数据数量庞大、种类复杂，需要花费大量的时间和精力对这些数据进行分析和预测。但是，学生的学习进程是快速的，干预常常跟不上学生的学习进程。在许多学习分析的实践中，学习分析系统结束学生学习的一个进程的数据分析预测后，对学生采取干预时，学生往往已经处在下一个学习进程中了。干预错过了学生最好的补救时机，导致学生在下一个学习进程中难以抉择是回过头来改正上一个进程中的不足之处还是先完成当前学习进程的任务。一方面，耽误了学生学习进程的进度；另一方面，让学生错失了最好的补救时机，降低了学习效率，背离了学习分析提高学生学习效率的初衷。

2. 干预方式不合理

总体来说，大部分学习分析系统中的干预阶段还主要是教师的人工干预，系统自动化干预很少。[②] 研究证明，早期干预和频繁干预对学生成绩影响最为正面。现实要求干预做到上文所论述的实时干预和下文将要论述的频繁干预。

干预措施包括系统自动干预措施和人为干预措施，频繁干预就对这两种类型干预的次数做出了较高的要求。系统自动化干预需要自动化干预技术作为基础。由于学习分析技术正处在发展的初步阶段，学习分析中所运用的技术也尚未成熟，自动化干预技术缺乏和不成熟导致了系统自动化干预措施较少的现状。系统自动化干预措施较少以及干预的学习

① 李艳燕、马韶茜、黄荣怀：《学习分析技术：服务学习过程设计和优化》，《开放教育研究》2012 年第 5 期。

② 唐丽、王运武、陈琳：《智慧学习环境下基于学习分析的干预机制研究》，《电化教育研究》2016 年第 2 期。

方面较为局限就需要采取人为措施来弥补。在采取人为干预措施的众多利益相关者中，教师与学生联系最为密切且能够对学生进行较为具体和细致的学习干预。因此，在大多数系统自动化干预技术不完善的学习分析系统中，教师的人为干预行为是干预环节的主要干预。但是多数教师工作负担过重，频繁干预会更加重教师的工作负担。[①] 在中国人口众多的国情之下，学生数量众多，每个班级的学生数量都较多，难以做到小班教学。对班级内的每一位学生都进行完善和针对性的学习干预无疑会为教师增加教学负担。甚至会导致教师工作效率下降，影响原有的教学实施。从学生角度而言，班级内的学生无法都得到教师及时的学习干预，这也会造成教育公平性的问题。没有得到教师及时学习干预的学生也难以提高学习效率、改善学习状况。

3. 干预结果的有效性

据前文介绍可知，干预分为人为措施和系统自动措施。在已有的学习分析系统中，干预阶段大多都是直线式的，只是采取人为或系统采取的措施，而缺乏一个循环的反馈和持续干预措施。干预应是一个系统性的、循环往复的过程。[②] 在学习分析系统中，预测阶段分析出学生的学习状态和将来可能遇到的学习问题后，干预阶段会采取适合学生学习状况的干预策略进行实施。实施干预策略后，干预引擎会持续跟踪学生的学习状态。其一，可以判断实施策略的效果；其二，可以及时发现学生在学习中遇到的新困难以便采取新一轮的干预，依次循环往复。大部分已有的学习分析系统正是缺乏这样一个循环的干预环节，直线式的干预环节强调对学生的学习进行干预以提升学生的学习成绩，但是却忽略了干预措施实行后的结果。直线式的干预环节无法落实学生改善学习状况

---

① 祝智庭、沈德梅：《学习分析学：智慧教育的科学力量》，《电化教育研究》2015 年第 5 期。

② 李彤彤、黄洛颖、邹蕊、武法提：《基于教育大数据的学习干预模型构建》，《中国电化教育》2016 年第 353 期。

的结果，难以保证干预对学生的学习真正起到了改善的效果。

4. 干预内容缺乏个性化

上文提到系统自动干预的不成熟性，本段将针对其干预内容缺乏个性化的问题进行探讨。系统自动措施是学习分析系统收集信息经预测模型分析预测后自动采取措施。系统搜集到学习者的特征信息，根据数据挖掘的结果，由系统自适应推送系统筛选出适合学习者的学习资源，并且把学习资源以适合学习者偏好的方式呈现给学习者。① 在使用系统自动化干预措施时，系统提供的干预内容与学习内容之间的联系也不是特别紧密。系统提供的干预更侧重关于时间和课程的建议，针对学习者学习内容提供的个性化干预较少。学生得到的个性化学习内容推荐较少，更多的是学习时间和课程的建议，导致学生仅能从改变自身学习方法、调整学习时间等宏观方面来改善自身学习状况，却无法从调整学习内容的角度实现学生学习的个性化。陷入只能让学生适应课程，不能让课程适应学生的窘境，使学习分析系统丧失其智能化与技术化的学习的优势。如今国内外学习干预研究虽然较多，但是学习干预都没能充分利用大数据，没有充分利用数据背后潜在的价值，难以挖掘到学生的个性化特征，导致干预内容缺乏个性化的问题，同时，在具体的干预内容方面也缺乏个性化的学习内容。

二、管理问题

学习分析是大数据背景下，由教育技术领域衍生的新兴研究领域。相对于学习分析技术的快速发展，学校管理体制存在着明显的滞后和不协调，而管理人员的不协调是学习分析管理体制中存在的最显著问题之一。通过对具体案例的分析，可以看到学习分析的管理人员与教育技术的管理人员尚未有明确划分，而事实上，学习分析的管理大多依赖教育

---

① 唐丽、王运武、陈琳：《智慧学习环境下基于学习分析的干预机制研究》，《电化教育研究》2016 年第 2 期。

技术管理来实现，其负责人员也基本相同。目前，国内对学习分析领域的研究仍处于起步阶段，其实际应用较为匮乏，缺乏专业人员对学习分析进行管理。

管理水平不高的原因主要有以下四点：其一，相关管理的理论研究不足；其二，主管部门的职责划分不清楚；其三，管理人员素质有待提高；其四，专门的项目管理者缺乏。

（一）相关管理的理论研究不足

学习分析是近年来教育技术领域迅速发展的新热点，它为学员、教师、管理者等提供数据分析结果，以达到促进学习和教学效果的目的。随着科技的日新月异，特别是信息技术、网络技术、通信技术、多媒体技术的飞速发展，学习分析增加了新内容，呈现出新特点，客观上需要有与之相适应的管理理论为指导。但据文献查阅可知，促进学习分析发展的管理学研究偏少，且研究范围存在一定的局限性。此外，在实践管理中，通常将教育技术作为一个整体进行管理，鲜少有将学习管理作为一个独立领域进行管理的实例，因此本节将从传统教育技术管理中存在的问题出发，并进一步探讨学习分析发展中存在的管理问题。

1. 现有研究对学习分析管理人员的研究不足

目前针对学习分析技术的研究已在步步深入，国内外研究已对学习分析管理所依赖的教育技术管理的概念及其相关体系已做出具体的探讨。

美国教育传播与技术协会（Association for Educational Communications and Technology，AECT）是美国教育技术的权威组织，其并没有将教育技术管理作为单独的概念提出，但在教育技术的界定中明确强调了管理的重要性。AECT1963 年在教育技术的第一个正式定义中，将管理作为控制产品和过程所必需的因素。AECT1972 年定义中，管理对象在原来的基础上，又包括了对人员和工作机构进行监控。AECT1994 年定义中，管理意味着计划、协调、监控资源和信息、管理教学设计工程情境下的授递系统。AECT2005 年定义中，认为教育技术人员除了需要管理项目和资源外，还需要通过管理提高人们的绩效，并能善于应变，管理复杂的、往往涉及多个项目的规划事宜。

国内学者闫寒冰综合前人的定义，将教育技术管理界定为"对教育技术领域的研究与实践进行计划、组织、协调和监督，达到既定目标的过程"。[①]何克抗就教育技术管理给出了相应的概念："教育技术应用领域的各级管理人员，通过计划、组织、协调和监督等一系列的方法、手段和制度来调度所有资源、协调各种关系，以便有效地达到既定目标的教育活动过程。其目的是充分调动教育技术系统内外的一切积极因素，全面提高工作效率和工作质量，发挥系统的整体功能，保证教育技术有效地展开，实现教学效果的最优化。"[②] 由此可以看出，教育技术的各级管理人员在教育技术中起着至关重要的作用。有学者对教育技术管理内容提出如下界定：教育技术管理主要包括学习资源管理、学习过程管理、教育技术事项管理三个方面。[③]

国内学者针对国外已有的学习分析项目进行了研究和引入，以 Moodle 项目为例。2008 年，某研究从 Moodle 的本土化进程将遭遇技术鸿沟、教师们为什么不使用 Moodle、Moodle 的前景分析三个大的方面对 Moodle 的本土化进行探讨，[④] 其中，与管理相关的研究仅在前景分析的板块有略微涉及，并没有明确指出 Moodle 本土化时管理方面遇到的或潜在的相关困境。在其他的相关研究中，大部分学者将对于 Moodle 的研究焦点放在技术领域，并没有从管理学角度对该类学习分析技术的引入进行研究

---

① 闫寒冰、傅伟：《教育技术管理的历史演进与内涵辨析》，《电化教育研究》2012 年第 9 期。

② 中国教育技术协会：《中国教育技术标准》，见 http://www.etr.com.cn，2005－6－15.

③ 王英让、张玲、常志鹏等：《教育技术管理在〈现代教育技术〉课程中的应用》，《现代教育技术》2009 年第 5 期。

④ 何蕾、罗刚：《对 Moodle 本土化的理性思考》，《中小学信息技术教育》2008 年第 5 期。

和对策建议的提出，没有认识到学习分析管理人员的重要性。

经过文献梳理可以看出，国内外现有研究均相对宏观，而对具体案例，如对 Moodle、Sakai 的研究却缺少对管理人员的关注；国内研究对于学习分析的管理缺乏实证调研，对其管理人员的专题调研也较少，难以根据国内实际情况提出相应的对策与建议，缺乏较为系统的、具体的实施方式。学习分析技术目前在我国普及率较低，所需要的相应理论研究没有解决学习分析数据如何管理、学员学习分析信息应当由谁负责、由谁来进行管理的问题。

2. "理论研究"与"实际管理"脱离状况较为突出

管理的本质是发展和创新，学习分析的管理也应该随着信息技术的高速发展和新型设备的更新换代，积极开展管理研究和创新。但是，我国的技术管理者和行政管理者之间存在不协调，技术管理者难以很好地运用学习分析技术的相关理论研究，辅助行政管理者形成决策，存在"管理"与"研究"脱离的情况。

其一，技术管理者对学习分析研究与应用不足。由于学习分析是一个相对崭新的研究领域，而学习分析的管理涉及教育学、管理学、计算机等多个学科领域，国内技术管理者长期以来没有对学习系统的深入学习和研究，对教育技术管理的工作局限在维修和保管好基础设备和基本信息的管理。技术人员不重视科研，缺乏写文章、做课题的意识，技术的管理与本土的研究较为脱离。

其二，教育管理领域与学习分析领域的研究欠缺沟通。学习分析技术能够揭示庞大数据背后潜在的规律，为学习者、教师及学校提供精准的支持服务，而管理则是有效实现学习分析技术应用的重要手段之一。当前广泛应用于管理实践上的质量管理、人力资源管理、知识管理、信息资源管理等已有成熟的管理方法和管理工具并没有与学习分析紧密结合，即管理的具体内容和管理决策形成所依赖的信息依据都没有良好地、充分地运用学习分析技术。究其原因，一方面，技术管理者对很多管理名词有所了解，但不能很好地根据实际情况，运用学习分析从教育管理学的角度提出建议。另一方面，行政管理者在实际管理的时候难以直接运用学习分析的直观数据结果，技术管理者与行政管理者之间没有形成有效的互动方式。

随着学习分析等其他技术的发展，教育技术管理肯定会发生改革，但改革需要相应的管理理论来指导，如果没有相应的理论研究作为指导，改革也可能会出现偏差。

（二）主管部门的职责划分不清楚

1. 学习分析技术依赖于教育技术管理机构

学习分析的管理人员与教育技术的管理人员未有明确划分，学习分析的管理依赖教育技术的相关管理组织机构来实现。我国的教育技术管理脱胎于早期的电化教育管理，电化教育管理和我国电化教育事业发展紧密联系。在 20 世纪 80 年代末到 90 年代初期，AECT'94 教育技术定义被引入我国，我国电化教育进入向教育技术演变的阶段。目前，学习分析领域没有专门的主管部门，但学校依据不同时期出现的媒体、媒体的性质、媒体的形式，逐渐形成电教中心、计算机中心、网络中心等管理部门，对教育技术进行管理。对于学习管理而言，现有教育技术的相关机构执行其技术与运用的相关管理内容。目前国内学者普遍认为，教育技术机构组织体系结构呈现出一种"多中心、小而全"的现状，[①] 学习分析的管理也是如此。学习分析技术的运用散布在各个教育技术管理部门，没有形成一定的体系或管理模式，这极大影响了管理人员实行各自职能，高效运用学习分析技术。而在目前的多重管理体系下，教育技术管理机构大多是围绕学校的教育教学进行辅助，管理的对象局限于学校的一些学习资源，并未涉及对学习过程等的管理。随着时代发展，许多问题随之而来。

---

① 陈欣：《高校教育技术管理体制的构建》，硕士学位论文，华东师范大学 2009 年。

2. 教育技术主管部门职能划分、人员结构亟需调整

第一，管理机构工作内容和职责范围的互相交叉形势。随着技术的进一步发展，学习分析的系统不断优化，但组织机构的工作内容和职责范围呈现互相交叉的形势。电教中心、计算机中心、网络中心等管理部门对教育技术进行管理，但针对具体工作，尤其是新兴技术的应用存在分工不明、职能不清的情况，使得各部门难以准确地各司其职。以高校的教育技术管理为例。目前，大部分高校都有电子阅览室、网络中心、校园电视台、远程教育中心，还有由电教中心改名而成的教育技术中心。有调研指出，有的高校把教育技术中心设在教务处下，有的则将其与计算机中心合并，更名为信息技术中心等。[①] 随着多媒体技术、网络技术和影视技术的发展方向逐渐趋于一体化，这几个机构管理的内容有重复，如多个部门开发多媒体课件、网络课程，都在"抢"远程教学，多头重复管理现象很严重。

第二，管理人员结构不适应学习分析工作开展。一方面，教育技术管理人员寄托于各个不同的机构部门，各个组织机构分属不同领导，缺乏统一管理。技术管理人员之间由于部门不同，而各自工作分配具有独立性，彼此之间难以形成良好的沟通机制。学习分析所需要的对学员数据进行全方位的整合与分析要借助动态而非静态的数据，但数据并不能直接传递到需要的人员手中，因为管理人员的结构不适导致了多环节的信息流动，使得数据传递效率低下，最终导致学习分析技术运用效率低下，准确性也难以保障。而对部门决策者而言，决策形成多依据本部门的数据，缺乏全局性。在进行学习分析的资料整合时，更多关注本部门的资源配置以保障工作目标的完成，缺乏与学校其他技术部门的协调与合作，难以通过学习分析的技术全方位、多角度地对学员的学习情况进行统筹和分析。部门决策者不能准确地各司其职，或灵活高效地运用数

---

① 张进良、张克敏、张军儒：《信息化进程中高校教育技术管理存在的问题及其对策》，《中国医学教育技术》2006 年第 6 期。

据，将对技术管理者的信息掌控造成阻碍，信息交流不畅通，影响工作效率和数据效益的最大化。另一方面，教育技术行政管理人员多，专业技术人员少。在教育技术的传统观念中，忽视了现代教育对管理人员的现代化、信息化、网络化知识的需求。长期以来，由于学校整体信息意识的淡薄，很多人认为教育技术管理大多是设备管理，并不在乎管理人员是否拥有相关专业技能，因此在人员结构上没有注意引进专业的教育技术学人才，在技术管理部门领导岗位设置上也更多选择具有行政管理能力的人员，导致教育技术管理人员群体数量不充足、队伍不稳定，影响学习分析科研的开展和管理水平的提高。

（三）管理人员素质有待提高

学习分析管理人员的素质是能否良好实施学习分析技术的关键之一。Colburn 指出："在技术整合中，成功的缺失是因为在专家和支持上存在缺陷和差距。"① 学习分析管理中行政管理人员和技术管理人员均存在素质有待提高的情况。

1. 管理人员观念较为陈旧，与技术发展脱轨

在信息化进程中，利用教育技术促进教学改革和管理创新，已经成为教学管理工作发展的趋势。国内总体情况表明，学校内部管理人员观念陈旧，学习分析技术在学校管理中的地位和作用认识不足。

其一，大多数学校领导多持以传统教育管理理念，对教育技术管理缺乏基本的专业知识。行政管理人员应该认识到信息时代的学校管理不再是依靠经验来管理，若难以实现由传统的行政管理转向为一种信息的管理，就更难以从学习分析的角度进行决策。成为行政管理人员的教师受长期教学经验的影响，对教育技术在教学改革中所起的作用也存在认识不当的问题。行政管理者在管理学、教育技术学等相关专业领域知识的缺乏使其对于学习分析的数据很难独自进行解读，对学习分析所提供

---

① L．K．Colburn, *An Analysis of Teacher Change and Required Supports as Technology is Integrated into Classroom Instruction*, 2000.

的信息、建议大多没有引起足够的重视。

其二，行政管理人员对学习分析技术重要性认识不足。行政管理人员对国际较为前沿的学习分析技术没有足够的认识，或错误地认为学习分析的管理就是针对学生管理信息系统的管理，致使其对学习分析人力、财力、精力等投资不足，或存在盲目投资购置硬件的情况，买回的资源不能满足实际要求，花了大量资金，并没有达到预期效果，同时，软件资源建设和维护工作跟不上等成为较大的问题。学习分析技术的引入方面缺乏较为专业的宏观管理。

其三，技术管理人员重视硬件而不重视软件。教育技术管理人员往往是重视对电化设备、设施进行技术方面的管理，但忽视了对教育技术相关领域的软件方面的学习和管理。

2. 技术管理人员缺乏相关专业知识

从 AECT2005 对教育技术的定义可以看到，技术性的过程和资源是"管理"的对象。另一方面我们也应该看到，技术的进步正在极大地提升管理的成效，而管理人员技术专业知识的不足将极大地影响学习分析的发展。

当前教育技术管理者缺乏丰富的学习分析技术知识。由于教育技术管理队伍专业结构单一，职称偏低，缺乏学术交流经费，从事教育技术管理的人员很少有机会参加相关的学术会议或活动，导致技术管理人员专业知识的欠缺，并容易产生职业倦怠感。而现实要求管理者不仅要掌握管理学方面的业务知识，如项目管理、知识管理等，还要了解教育技术领域的相关知识，如学习资源管理知识、教学过程管理等，同时具有这些方面的能力才能更好地协调教育技术管理和学校管理的方向。对学习分析技术管理者的高要求与实际情况严重不符。

此外，目前教育技术管理人员缺乏动态管理能力。学习分析管理的实际执行状态是动态的而非静态的，管理的不仅仅是学习资源，还包含了对学生学习过程的管理等等。学生状况的不断变化、数据的实时更新要求技术管理人员用动态的视角去对其进行分析。

3. 技术管理人员创新素质的缺乏

我国学者孙祯祥提出学校管理者应具备的素质包括创新素质、一定的信息素质、熟知业务知识和较强的管理能力，其中，创新素质尤为重要。学校管理者具备创新素质即具备创新意识、创新思维、创新观念、创新人格、创新能力等为主要特征的素质类型。① 尤其作为教育技术的管理者，创新素质不高是当前我国教育技术发展的阻碍之一。

目前，国内的学习分析技术运用处于初步发展阶段，多引进国外技术与项目，如 Sakai 项目等。虽然部分高校通过购买商业软件等方式可以快速地引进先进的学习管理系统，但作为国外的产品，其在本国的适应性存在一定问题，因此如何更好地自主研发适合本土的学习分析系统仍是一大难题。这对技术管理人员提出了极高的要求，技术管理人员不仅要有效地、灵活地开发和运用既有学习分析系统，更要扩展创新思维，逐渐推动本土的学习分析系统的普及化。

（四）专门的项目管理者缺乏

根据 AECT 定义，教育技术的管理范畴包含项目管理、资源管理、传送系统管理和信息管理四个子领域。项目管理指对教学设计和项目开发过程的计划、监督与调控。有学者指出，"项目管理"已成为教育技术管理中非常稳定，并受到广泛认可的一项内容。② 我国目前大多数学习分析项目的使用，都是借鉴或直接引入国外的项目。项目管理作为一种高效的、科学的管理方法可以提高教育技术管理水平和管理效率，但教育技术的实际运用中，却缺乏明确的项目管理者。

1. 项目管理人才培养不足

———————————

① 张家年、孙祯祥：《中美教育技术管理的比较与思考》，《现代远距离教育》2007 年第 6 期。
② 闫寒冰、傅伟：《教育技术管理的历史演进与内涵辨析》，《电化教育研究》2012 年第 9 期。

一方面，从项目管理教育教学的角度来说，早在 20 世纪 70 年代，教育技术工作者就开始有意识地学习项目管理理论，以应对日趋复杂的、整合了媒体应用的教学系统设计工作。项目管理特别注重与具体的专业领域相结合，而且，把项目管理与专业领域相结合本身也是项目管理思想的要义之一。① 一些教育技术院系也陆续开设有关"项目管理"的相关课程，② 国际上甚至有用"项目管理"课程代替教育技术管理的倾向。但国内相关的课程开设，多作为选修课出现，或是以小组讨论、专题讲座的形式进行相关知识的传播，项目管理的专业人才培养没有引起足够的重视。随着现代信息技术的发展及教育信息化的逐步推进，教育技术在教育教学中的作用越来越突出，但开设的现代教育技术课程仍存在一定的问题，如学时数少、教学内容整齐划一、考核方式单一等，③ 近年来的课程改革逐步适应教育技术的发展，但对于项目管理者的培养来说，仍面临巨大挑战。《现代教育技术》课程的教学改革要求教师有先进的教育、教学理论知识，有信息技术与课程整合的教育理念，有丰富的教学设计经验，有过硬的学科专业知识，熟练掌握现代教育技术，高度的责任心，但在教学内容上，极少对新兴的学习分析或其他教育技术领域有进一步探讨和研究。

另一方面，对于项目管理的人才培养和资格认证，我国起步较晚。我国最早、规模最大的项目管理资格认证，是建设部于 20 世纪年代初推行的项目经理资质认证，主要面向工程建设施工企业。2002 年底，劳动和社会保障部推出了中国项目管理师职业资格认证体系，这是中国第一个跨行业的、在全国范围内实行的国家职业资格认证制度。美国

① 吴涛：《〈教育技术项目管理〉课程开发探索》，《中国教育信息化》2005 年第 8 期。
② 闫寒冰、傅伟：《教育技术管理的历史演进与内涵辨析》，《电化教育研究》2012 年第 9 期。
③ 罗冬梅：《浅析〈现代教育技术〉课程教学改革》，《课程教育研究》2015 年第 3 期。

PMI、欧洲 IPMA 和剑桥大学已在中国开展了项目管理的资格认证，而中国在 2000 也出台了相关政策。中国项目管理师（CPMP）作为国家职业资格考试，具有广泛的认可度和专业权威性，代表了我国政府对项目管理专业从业人员资格认证的最高水平。但由于缺乏互动的交流平台、项目管理培训师资力量不足、试点工作较混乱等问题，我国项目管理的认证体系发展缓慢。

但随着技术在教育领域的不断发展，面临强大的项目管理人才需求，可以想象，我国项目管理师职业资格的认证面临着莫大的困难。

2. 国内项目管理体系建设不足

美国项目管理协会专业资质认证委员会主席 Paul Grace 曾说："21世纪一切都是项目，一切也将成为项目。"国外的项目管理已经经历了相当长的一段时期，模式已经逐步成型。国际上对项目管理进行研究的机构形成了两大体系：其一，是"国际项目管理协会"（International Project Management Association，IPMA），是以欧洲国家为主的一个项目管理协会，成立于 1965 年，总部设在瑞士洛桑；其二，是"美国项目管理协会"（Project Management Institute，PMI），它是以美国为首的项目管理协会，成立于 1969 年，是全球领先的项目管理行业的倡导者。PMI 创造性地制定了行业标准，该协会推出的项目管理专业人员资格 PMP（Project Management Professional）认证已经成为全球权威的项目管理资格认证，受到越来越多人的青睐。可以看出，在国外，项目管理已经成为一项专门的研究领域，随着对项目管理的深入研究，项目管理的理念和应用已经渗透到 IT、医药、金融、服务等各个领域中。

中国在 1991 年成立了中国项目管理研究委员会，挂靠在西北工业大学，是我国唯一的项目管理专业组织，其上级组织是由我国著名数学家华罗庚教授组建的中国优选法统筹法与经济数学研究会（挂靠单位为中国科学院科技政策与管理科学研究所）。

2016 年 9 月，中国项目管理研究委员会举办的"首届全国高等院校项目管理大赛",属于项目管理领域与教育领域结合的突破性尝试,但由此也可以看出,近年来,中国项目管理体系建设发展缓慢,中国项目管理研究委员会始终没有独立地发展,面对科学技术对社会的巨大改造力量,项目管理体系没有适应时代发展,将项目管理充分运用到各个领域,依然相对局限在工程建设等传统领域。

学习分析领域中的很多活动,如课堂教学行为分析系统、Sakai 项目、Canvas 系统等等都符合"项目管理"的应用情境。在国内的实际运用中,学习分析相关的项目管理体系的建设和管理人员的设置没有引起国内学者和管理者的高度重视。

三、数据的隐私与安全问题

数据挖掘隐私保护(Privacy Preserving Data Mining,PPDM)是隐私和安全研究领域的热点话题之一。[①] 数据挖掘作为学习分析的核心技术之一,在数据挖掘过程中如何在获得有用信息的同时保护学生的数据隐私是学生的数据隐私安全同样受到研究者的广泛关注和重视。目前学习分析中数据隐私安全问题主要来源于两个方面:数据隐私保护技术不成熟和数据隐私保护相关法律不健全。

(一)数据挖掘过程中隐私保护技术不成熟

现代数据库历经多年发展,已经形成了一套完善的数据保护机制,数据挖掘技术带来了对海量数据的管理和保护,对传统的数据保护机制提出了全新的挑战。数据挖掘是从大量的、不完全的、有噪声的、模糊的、随机的实际数据中,提取隐含在其中的、人们所不知道的、但又是潜在有用信息和知识的过程。[②] 由此可见,数据挖掘技术主要是通过对海量数据的挖掘得出其中存在的规律。在此过程中,由于面对海量的数据以及对数据规律的深度挖掘,导致数据泄露的风险和发现敏感性数据

---

① 李詹宇、朱建明:《数据挖掘隐私保护综述》,《信息安全与技术》2012 年第 9 期。

② 张云涛:《数据挖掘原理与技术》,电子工业出版社 2004 年版。

规律的可能性远远高于传统的数据使用。

第一，与传统的数据库使用相比，数据挖掘过程中数据泄露可能性增加。数据库技术发展过程中为保护数据的隐私性已经形成了一套全面的数据保护机制，主要通过用户认证、存储控制和数据加密等手段进行。[1] 其中用户认证即数据管理系统对用户进行验证，如输入用户名和密码等方式，赋予用户预设的角色和权限；存储控制即管理用户对数据的存取权限，以此实现特定用户对数据的访问和存取；数据加密即对数据库的敏感数据进行加密。上述三个步骤均能对传统的数据库的隐私安全进行比较全面的保护，但要进行数据挖掘，数据仓库的构建必不可少，在此过程中，需要从许多分散的数据源获得大量的数据记录。在数据库管理系统面对海量的数据访问许可请求时，为未被进行授权的用户提供了侵入数据可的可乘之机，大大增加了数据被泄露乃至滥用的可能。

第二，传统的数据库的用户认证、存储控制和数据加密等手段能够有效防止敏感数据被直接获取，但并不能阻止恶意分析员通过数据挖掘间接推理出一些涉及隐私的数据规律并加以利用，危害整个数据涉及群体的利益。

因此，根据数据挖掘技术的特点，应对传统的数据库隐私保护技术进行与时俱进的研究并对其进行更新，以保证在进行数据挖掘过程中数据的隐私性，否则这一漏洞将能够被未被授权的非法侵入者或已被授权的恶意分析员所利用，危害数据相关群体的信息隐私安全和利益。

（二）**数据隐私保护法律制度不健全**

除隐私保护技术外，法律制度是实现数据隐私保护的重要工具。学习分析过程中，数据挖掘行为必不可少，在这个过程中，需要健全的数据隐私保护法案对数据的管理者、使用者等相关人员的行为进行约束和规范、对意图泄露、贩卖和滥用数据等违法行为进行震慑以及对已有的

---

[1] 杨维嘉：《在数据挖掘中保护隐私信息的研究》，博士学位论文，上海交通大学 2009 年。

违法行为进行惩处,有效保护学生的数据隐私。但在我国,数据隐私保护的法律制度并不健全,甚至尚未形成专门针对数据隐私保护的法律。《中华人民共和国刑法》、《中华人民共和国侵权责任法》等虽有相关条文涉及隐私保护,但由于并非专门针对数据隐私保护的条文,对数据的操作、使用权限和违法处罚等方面的规定均不明晰,很难达到如前文所述的约束、规范、震慑以及惩处的目的。

此外,数据隐私法律的不健全也间接导致了学习分析数据相关者的数据隐私意识较弱。首先,由于缺乏相关法律的规定,学生对学习分析的数据采集、数据分析和结果预测缺乏应有的知情权;其次,数据隐私法律的不健全导致并无相关法律条文明确告诉学生数据隐私保护的意义、数据隐私的违法界限以及数据隐私受到侵害时应该采取什么措施等。学生知情权的缺失以及相关规定约束力的缺失导致学习分析的相关人员,如管理者、研究者、学生自身,均存在数据隐私保护的法律意识较弱的问题。因此,加强数据隐私保护的法律制度的建设对合法进行学生数据挖掘具有重要意义。

第四节　学习分析问题的对策

一、学习分析的理论研究深化

学习分析的发展需要丰富的理论研究为其奠定牢固理论基础。就目前的研究状况来看,虽然学习分析相关研究数量呈稳步上升的趋势,但学习分析研究数量仍旧较少,且研究范围具有局限性,主要表现为概念型的研究过多以及学习分析独有的理论基础体系尚未形成。解决上述问题需要研究人员从根本上重视应用型学习分析的理论研究并着力构建和完善学习分析自身独有的理论基础体系。

(一)着力构建和完善学习分析自身独有的理论基础体系

学习分析区别于其他的学习理论、教学理论以及一般的分析技术,其具有将学习、教学和技术融为一体的特点。① 学习理论、教学理论甚至其他一般的分析技术均有其理论基础体系，而学习分析作为一种新的技术，其理论基础体系目前正处于知识的线性累积阶段，还没有形成以学习分析为核心的理论基础体系，即尚未形成库恩所提出的范式。库恩范式理论包含前范式阶段（经过竞争后建立的范式）、常规科学阶段（反常与危机使既有的范式发生动摇）、科学革命（经过竞争与选择建立起新的范式）和新常规科学阶段。② 在社会科学研究领域十分重视范式的形成，社会科学家十分强调库恩范式理论在社会科学领域的作用，因其能够借用范式的概念和方法重新审视自身学科领域的发展历史，甚至将其作为社会科学的方法论基础。③ 学习分析作为数据挖掘在教育领域的典型应用，其发展同样需要经过多阶段的竞争与发展，不断形成范式和更新范式。

首先，加强学习分析的基础性理论研究，构建学习分析自身独有的理论基础体系。学习分析理论研究体系目前并没有形成这一系统所共有的信念、价值与技术，无法为相关学科领域的理论研究者提供在下意识里所共同持有，并以不同的表述形式包含到特定学科中去的方法。由于缺少经典文献的支撑，在知识形态层面，学习分析理论研究尚未拥有区别于其他学科（特别是计算机科学、教育学）的基本范畴作为构建本学科理论体系的逻辑起点，学习分析理论研究者也尚未形成学术共同体并在同一范式的指导下从事学术研究。学习分析的基础性理论研究应与教育学、计算机科学、机器学习理论、信息情报学甚至复杂性科学等学科实现更为广泛的跨学科合作与交流，不断坚实理论研究基础，最终形

---

① 吴永和、陈丹、马晓玲等：《学习分析：教育信息化的新浪潮》，《远程教育杂志》2013 年第 4 期。
② T. S. Kuhn, *The Structure of Scientific Revolutions* (1970).
③ 崔伟奇、史阿娜：《论库恩范式理论在社会科学领域中运用的张力》，《学习与探索》2011 年第 1 期。

成其基础理论体系。

其次，加强系统的专题研究，完善学习分析自身独有的理论基础体系。专题研究即对于某一事项或问题做深入的探讨，亦即针对某一事项深入了解实际情况，验证某一事实，并提出解决办法和建议的过程。由此可见，无论是学习分析的发展的专题研究、学习分析工具及其应用的专题研究，还是学习分析对学生的学习行为的预测的专题研究、学习分析的建模专题研究等，均对深入了解学习分析有着重要的意义。目前学习分析的已有理论研究成果多以分散的学术论文呈现，专题报告、系列论文成果极少。以分散研究论文呈现的学术研究成果存在全而不深的问题，即虽然内容呈现全面，但每个部分均未进行深入的探究和论述，对学习分析基础理论体系的完善并无太大的实际意义。现有的分散的研究成果很难成体系地为学习分析的基础理论体系提供可靠性较高的研究成果，因此，学习分析的专题研究应受到重视并加强相关研究的力度，以达到完善学习分析基础理论体系的目的。

（二）重视应用型学习分析的研究

学习分析的概念型理论研究和应用型研究均是学习分析发展和实践的重要基础。学习分析在2014年之前研究主要集中于学习分析的概念、发展和应用前景等概念型研究，2014年之后呈现由"概念型研究"向"应用型研究"转变的趋势（详见本章第一节）。学习分析的概念型的研究早在学习分析技术引入之初就已得到了充分的重视，研究者们对学习分析"是什么"做了相对较多的理论探讨。虽然随着学习分析的发展已有部分研究者逐渐将研究的重点向应用型研究转移，即对学习分析平台的开发与应用研究、学习分析对学生的学习行为和学习结果的预测研究等，但从文献梳理可知，此类研究数量相对较少，尚未普遍受到研究者的重视。

学习分析的最终目的是将之应用于实践，因此应用型研究对学习分析的实际应用与实践具有指导意义。学习分析技术的实现依赖于对学习分析的认识、学习分析系统的建立与推广、学习分析人才等方面。已有的概念型的理论研究已经为我国学习分析的研究者和管理者提供了比较清晰的学习分析的认知；对学习分析系统的介绍虽然偶有涉及，但还远远达不到为学习分析的应用与实践提供指导意义的地步，因为大部分研究还停留在简单介绍学习分析的构成，并未普遍进行学习分析系统的本土化应用研究及学习分析系统的开发与应用研究，因此，对学习分析本土化应用研究进行实证研究是目前学界亟待解决的问题。

二、学习分析的基础设施建设

学习分析系统的建设是进行学习分析数据搜集、处理和分析的主要平台，是学习分析基础建设的主要组成部分。但目前我国存在学习分析系统普及程度较低、种类相对单一的情况，需要加强学习分析的基础建设。解决上述问题首先要在我国的学习分析基础建设过程中建立学习分析基础建设的组织管理体系。在宏观层面上全面推进学习分析的基础建设；在微观层面上要对学习分析基础建设的相关人员。其次要建立学习分析基础建设的资金保障机制，可采用建立基金、建立资金监管体系和促进校企合作的方式来达到目的。

（一）建立合理的学习分析基础建设组织管理体系

在我国学习分析的发展历程中，学习分析的基础设施建设，即学习分析系统的建设存在较严重的发展不均衡和局限性的问题。首先，地区之间的数字鸿沟较大，发达地区的高校具有相对完善的学习分析系统，而欠发达地区的学习分析系统的建设相对落后，导致学习分析的基础建设的普及性较低。为了保障全国各个地区的各级各类学校享有公平学习分析基础设施，促进我国学习分析基础设施建设协调发展，应该加强学习分析组织管理，合理分配学习分析基础设施资源，建立可持续的组织管理保障体系。其次，学习分析基础建设过程中学习分析系统的多样性有待加强，如前文所述，我国学习分析系统的建设尚处于探索和学习阶段，主流学习分析系统单一，虽然各种类型的学习分析系统进行小范围的尝试运用，但并未得到重视和推广，主流学习分析系统的单一化将直接导致学习分析数据来源的单一性。因此，加强学习分析的全面性基础建设对全面推进学习分析具有重要意义。

在宏观层面上，应建立合理有效的学习分析基础建设的管理体系，从整体上推进学习分析的基础建设。在微观层面上，应给予学习分析基础建设人员支持与保障。

第一，建立合理有效的组织管理体系，加强欠发达地区学习分析的基础建设。我国应在国家、省、市、县以及学校建立学习分析管理部门与服务机构，形成权责分明、统筹有力、能够全面促进学习分析发展的管理体系，尤其应针对欠发达地区重点探索学习分析系统的建设、实施与管理，如指派专职人员负责学校的学习分析系统建设和管理工作，制定和落实学校学习分析基础设施建设项目等。

第二，以国家战略工程形式整体推进学习分析的基础建设。学习分析的基础建设是一项复杂的系统工程，国家和地方的相关部门的联合推动至关重要。首先，国家出台学习分析基础建设的相关文件，主要包括学习分析基础建设的相关规划、实施指南和建设目标以及提供资金支持和政策引导。在出台政策文件的基础上，地方相关部门和高校根据国家目标结合区域发展需求和特点贯彻落实实施指南、细化实施方案、总结阶段性发展成果、评估阶段性发展目标。其次，国家层面应建立面向学习分析基础设施建设重大项目的绩效评估机制，开展绩效评估实践，将评估结果同项目后续投入方向和资金拨付额度相挂钩，根据评估结果，对项目实施进行调整和优化。

第三，给予学习分析基础建设人员支持与保障。学习分析基础建设包括学习分析系统的引进、开发和推广。目前国内主流的学习分析系统是学习管理系统，学习分析系统种类相对单一。因此，学习分析基础建设人员对已有的学习分析系统的再开发与推广对学习分析的基础建设至关重要。在学习分析系统的再开发过程中，学习分析基础建设人员需要国家和政府给予合理的资金支持与政策保障，以保证基础建设工作的顺利进行。

（二）建立多方参与的学习分析基础建设资金保障机制

为了逐步推进学习分析的基础建设、运行与发展，为学习分析的可持续发展奠定良好的基础，我国应建立长期有效的学习分析基础设施资金投入保障机制。可采用设立学习分析基础建设基金、建立资金管理体系和促进校企合作的措施来达到上述目的。

第一，设立学习分析基础建设专项基金。当前，我国正处于学习分析的基础建设阶段及初步应用阶段，基础建设水平与发达国家相比还存在很大差距。因此，政府应扩大教育经费中学习分析的预算比例，尤其要加大对学习分析基础建设的投入力度。政府可以设立专项基金为学习分析的基础建设提供坚实的财政支持。专项基金可用于学习分析的基础建设，以及扶持各级各类学校的学习分析基础建设项目，如向中西部的学校投入更多的资金用于学习分析系统的建立、管理和运行等。

第二，建立完备的资金监管体系。为了保障学习分析基础建设的投入资金落到实处，我国应建立健全学习分析基础建设资金监管体系。学习分析基础建设组织管理机构统筹安排建设经费的投入，合理分配不同地区和不同学校的学习分析基础建设经费，加强建设项目的管理以及经费的监管，并定期对建设成果进行验收，评估其投入产出效益，以促进资金的合理分配与使用。

第三，促进企业参与学习分析基础建设。我国应通过优惠政策吸引企业与政府共同建设学习分析平台，提供宽松的政策环境，鼓励和吸引企业参与学习分析的基础建设，引导产学研用结合，发展学习分析产业，促进学习分析的可持续发展。

三、学习分析的人才培养

学习分析人才需要具备多学科交叉背景，这一类型的人才输出主要依赖高校的跨学科人才培养。目前高校跨学科人才培养机制尚未发展成熟，不能为学习分析输送大量高质量的学习分析人才。在学习分析人才的培养过程中，首先应明确学习分析人才培养的目标，在确定目标的基础上建立有效的学习分析组织和运行机制并对其进行完善。在培养具有教育学、统计学、计算机背景的跨学科人才的同时，应在学习过程中有意识地插入学习分析的使用案例并在实践中进行不同范围的学习分析实践，使学生能将学习到的各学科背景知识真正融入学习分析技术的实践中。只有这样，才能通过培养跨学科人才的手段真正达成培养学习分析人才的目的。

（一）在跨学科人才培养中明确学习分析人才培养目标

在跨学科人才培养中要培养出高质量的学习分析人才，首先要明确学习分析的人才培养目标，即培养具有教育学、统计学、计算机等跨学科专业背景的高复合型人才。现在高校的跨学科人才培养目标为培养有厚实的专业理论基础，有跨学科教育的知识背景，能适应社会经济需求，有自我发展和自我创业、创新的能力，精神健康有职业道德的新世纪人才。上述高校的跨学科人才培养目标并未深入细化，无法具体落实到人才培养的具体实施过程中。因此，若要有效培养学习分析人才，需要在学习分析的跨学科人才培养中对学生所需具备的学科背景、专业理论知识、实际操作能力等方面做出明确的要求。

（二）在跨学科人才培养中建立有效的学习分析组织及运行机制

1. 建立有效的学习分析人才培养体制

成立校级跨学科组织培养体系有利于促进跨学科人才培养的进一步推进。目前，我国高校的管理模式为"校－院－系"三级模式，这种模式是一个较大的跨学科人才培养的制约因素。因为跨学科人才培养的主体来自学校的不同院系，在教学资源共享、科研成果的归属等问题上为院系管理的难度，这些问题对跨学科人才培养的推进造成了不小的阻力。因此，打破学校各院系的学科界限，成立相对独立于各院系的校级跨学科人才培养组织，对跨学科人才的培养是十分重要的。

在上述跨学科人才培养体制建立的基础上，应给予学习分析人才培养足够的重视。学习分析人才是我国紧缺的高复合型人才，但由于学习分析人才需要同时具备教育学、统计学、计算机等专业知识，学科背景知识专业跨度较大，所以在跨学科人才培养机制中尚未受到足够的重视和实施。因此，在跨学科人才培养机制的基础上，打破教育学、统计学、计算机等专业的学科壁垒，成立学习分析的实验室、学习分析课题组以及学习分析的协会组织等对实现学习分析的人才培养具有十分重要的作用。

2. 建立与学习分析人才培养体制适配的制度

学习分析的人才培养体制的建立需要进行学习分析实验室、课题组和协会组织等的建立，因此，建立与之适配的学习分析人才培养制度十分必要。为促使学习分析人才培养工作的顺利进行并加大其培养工作的力度，应为学习分析人才的培养提供足够的制度保障。第一，应通过简化机构审批程序、放宽机构设立的条件限制、从人力和财力等方面给予实质性支援，达到培养学习分析人才的目标，采用灵活的管理体制等多方面对学习分析的学科教学和科研机构的建立给予大力支持。第二，应制定有利于学习分析教育的各项政策和制度，鼓励并支持学习分析人才培养，从而为学习分析的人才培养提供政策上的保障。在我国，学习分析的人才培养尚未引起高度重视，缺乏相应的制度环境鼓励高校进行有针对性的学习分析人才培养，例如对学习分析人才培养进行合理的资助、保障相关人才的就业等方面仍需进一步加强。

（三）在跨学科人才培养中完善学习分析人才培养的运行机制

在学习分析人才培养体制和制度建立的基础上，其运行机制包含三大主体：课程、教师和学生。学习分析人才培养机制的顺利实施依赖于学习分析相关课程内容和结构的完善、学习分析相关学科的教师队伍建设的加强和学生对学习分析学习的主动性和积极性的调动。

1. 完善培养学习分析人才的课程内容和结构

在高校，学习分析的人才培养主要方法是培养同时具有两门或两门以上学科背景的学生，主要途径是通过辅修第二专业或进行双学位学习，知识获取的途径主要是课程教学。在这个过程中，学生所学的两门或以上的专业并未进行真正的"跨学科"，因为他们所学的专业和课程仍旧是相对独立、自成一体的，最终很难达到将不同的学科知识融会贯通、运用自如的水平。因此，若要培养有效的学习分析人才，首先要使学生所学的科目达到真正的"跨学科"，即将各科知识融会贯通；其次，要在课程中插入学习分析的实际案例进行讲解，并带领学生在学习理论知识的前提下进行不同范围的学习分析实践，使学生能够将各学科的背景知识应用于学习分析实践。

课程是学生接受跨学科知识最主要的途径之一，因此要达到真正的"跨学科"，在教材和课程设置上的改革非常重要。第一，鼓励具有知识背景的教师进行跨学科研究，积极编写跨学科教材，将学习分析中的教育学、统计学、计算机知识进行有机结合、融会贯通；第二，设置跨学科性质的课程，在学习分析的人才培养课程体系中，学生所学的课程结构不再由独立的教育学、统计学或计算机知识组成，而是包含不同的跨学科课程，如教育统计学、教育技术等学科的学习。

在理论学习的基础上，需要加入实践课程使学生将所学的跨学科课程理论知识应用于实际的学习分析。学习分析是一门实践性很强的技术，包含数据捕获、形成报告、预测、干预和优化五个步骤。这五个步骤的实施并非简单的教育学、统计学、计算机等学科的理论知识的掌握就可顺利进行的。在学习的过程中，进行学习分析的案例讲解能够引导学生进行学习分析应用的思考和兴趣；而增加学习分析的实践课程能够使学生在理论知识和案例的基础上，进行实际的学习分析操作，此过程中可以帮助学生进一步理解理论知识并发现问题。

2. 加强培养学习分析人才相关学科的教师队伍建设

教师是人才培养的关键。学习分析需要学生在具备教育学、统计学和计算机等专业的相关知识的同时对其进行融会贯通、熟练运用，因此要求学习分析的相关学科的教师具备同样的素质和能力。第一，增加学习分析相关学科教师的跨学科知识储备。在学习分析的学术研究上，可以利用学术交流、开座谈会、组建教育学、统计学、计算机等不同领域的老师共同参与的新团队等方式，加大教师跨学科研究的密度，并提升他们跨学科研究的水平；在自主学习上，鼓励教师主动涉猎多学科知识，为跨学科教学做好准备。第二，实施科学评估制度。对教师的跨学科教学进行实时评估与反馈，对教师的教学工作进行深入分析与评估，给予有效的建议，避免片面评价对教师造成伤害。此外，对评估结果优秀的教师应该在个人待遇、职务晋升等方面进行合理的奖励，对教师群体进行激励。

3. 调动学生对学习分析相关学科学习的积极性与主动性

学习者本身进行学习分析的相关学科的学习的积极性与主动性是学习分析人才培养落到实处的关键。首先，教师可采用灵活的教学方式，理论与实践相结合，课内与课外相结合，吸引学生进行跨学科的学习，通过挖掘学生的潜力，鼓励学生进入学习分析的学习和研究。例如美国麻省理工学院，为了吸引更多的学生投入到跨学科研究领域，在独立活动日或者通过开展一些拓展项目，向学生讲解某一跨学科领域的相关基础知识，对现在发展状况及其未来发展前景进行展望，培养学生对跨学科研究的兴趣。[①] 此举在国内学习分析的人才培养上具有很明显的借鉴意义：在学生的课外拓展活动上向学生展示大数据分析的前景和应用，并对教育学、统计学、计算机等专业知识在学习分析中的作用，使学生在拓展活动中对学习分析进行初步的了解，引起他们进行相关学习的兴趣。其次，向有志于进行学习分析学习的学生提供优厚的奖学金。对在

---

① 周光英：《高校跨学科培养人才的管理创新研究》，硕士学位论文，中南民族大学 2010 年。

学习中取得优异的学习成果、科研成果的学生进行优厚的奖励有利于促进学生不断地学习和钻研学习分析的知识与应用。

四、学习分析的隐私保护

在学习分析过程中，数据挖掘技术涉及大量的数据位置和数据解释问题、隐私管理和匿名化问题、数据分类和管理问题。[①] 在这个过程中，要在实现有效的数据挖掘的同时保证学生的数据隐私，数据隐私保护技术的更新和数据隐私法律制度的保障具有十分重要的作用。

（一）落实数据隐私保护技术的研究和使用

在实际数据挖掘应用中，大量的数据分别存放在多个站点，因此分布式隐私保护数据挖掘对数据隐私保护所起的作用更大。已有研究指出，典型的分布式隐私保护数据挖掘基于扰动、基于多方安全计算和基于限制查询三种方法。[②] 数据挖掘为传统的数据库管理和利用带来了前所未有的隐私保护挑战，因此，在实践中落实隐私保护数据挖掘技术的使用对学习分析的隐私保护十分重要。

数据扰动的基本思想是对数据进行变换，隐藏真实的个人数据，只呈现数据的统计学特征。[③] 数据扰动的两种方法分别是数据交换和数据随机化。数据交换即在数据之间交流记录的值，保留数据的统计学特征而不保留真实的数据；数据随机化即在数据中随机添加噪声，达到隐藏真实数据的目的。数据扰动技术在保留数据统计学特征的基础上能够有效避免数据隐私的泄露，在学习分析数据库建设和管理的过程中应该得到切实的落实和使用。

---

① 徐鹏、王以宁、刘艳华等：《大数据视角分析学习变革——美国〈通过教育数据挖掘和学习分析促进教与学〉报告解读及启示》，《远程教育杂志》2013 年第 6 期。
② 刘英华、杨炳儒、马楠等：《分布式隐私保护数据挖掘研究》，《计算机应用研究》2011 年第 10 期。
③ 李詹宇、朱建明：《数据挖掘隐私保护综述》，《信息安全与技术》2012 年第 9 期。

基于多方安全计算的方法是解决分布式数据挖掘站点数据传输问题的主要手段。当两个及以上的参与者想要共同完成一项数据挖掘研究，而所涉及的数据为隐私数据，多方安全计算的方法通过各方各自输入数据并各自得出结论。① 这个方法具有规定所有参与者只能得到所规定的数据输出结果，且必须保证各部分数据输出结果的正确性和独立性，在极大的程度上能够阻断恶意参与者对数据分析过程造成重大破坏的可能性。

限制查询主要是采取数据匿名的方式，避免在数据挖掘过程中数据隐私的泄露。匿名技术主要通过泛化和抑制两种操作实现。泛化即对数据进行概括和总结，模糊个体信息；抑制即隐藏数据的属性。限制查询技术不同于扰乱技术，并不采用添加噪声的方式混淆原始数据，而是有选择性地发布信息，使个人信息无法通过公开的数据被挖掘。②

上述的三种隐私保护数据挖掘技术对实现学习分析过程中的学生数据保护具有重要的启示和借鉴作用，应在教育数据挖掘过程中受到足够的重视和落实。

（二）加强法律制度在数据隐私保护上的作用

1. 制定专门的数据隐私保护法

制定专门的数据隐私保护法有利于对学习分析中涉及的数据隐私问题做出有针对性的规定和行为规范。目前我国尚未形成专门的数据隐私保护法，数据隐私行为仅能通过《中华人民共和国刑法》、《中华人民共和国侵权责任法》以及各地方法规的相关条例来进行规范。③ 散见于各种法律法规中的数据隐私保护条例针对性较弱，法律效力较低，根本

---

① 方炜炜、周长胜、贾艳萍等：《基于 SMC 的分布式隐私保护数据发布研究》，《系统工程与电子技术》2012 年第 11 期。

② 刘英华、杨炳儒、马楠等：《分布式隐私保护数据挖掘研究》，《计算机应用研究》2011 年第 10 期。

③ 孙继周：《日本数据隐私法律：概况、内容及启示》，《现代情报》2016 年第 6 期。

无法为具体的数据隐私问题提供有力的法律保护。因此，制定一部针对数据隐私保护的法案对实现大数据时代下的数据隐私保护具有十分重要的意义。在数据隐私保护法案的制定中，至少应包含数据操作规定、数据服务规定和执行处罚规定三个方面。其中数据操作规定主要针对数据机构的注册要求、数据的搜集与处理、数据的共享与传输等方面；数据服务规定主要包含数据安全、违反告知和其他服务要求等；执行处罚规定主要包含对违反数据隐私规定的个体或组织的处罚条例。① 专门的数据隐私保护法对数据的操作、服务和违规处罚均做出了详细的规定，能够合理地平衡数据利用与隐私保护，是促进学习分析发展的重要工具。

2. 法律制度支持多方机构参与

数据隐私保护工作过程中涉及的责任主体主要有个人信息当事人、信息采集机构、信息处理保存机构、信息利用机构及监督审查机构。② 具体到学习分析问题上，数据隐私保护工作涉及的主要责任人为学生、教师、学校、数据管理人员和第三方的数据使用人员，所涉及的技术、经济和法律等多方面的问题，唯有通过多方合作，才能持续推进学习分析的隐私保护问题。鼓励多方机构参与数据隐私保护工作，要遵循以下几个原则：第一，法律适用原则，学校对学生个人数据的保护与利用必须遵循法律制度，不得违法相关规定。第二，权责一致原则，在数据的管理和使用中，明确管理者与使用者的权利与义务，一旦有行为违反了相关规定，必须严格执行惩罚制度。第三，透明原则，对学生数据的管理和利用的相关行为须做详细记录，公开可查。第四，安全原则，指任何机构的信息搜集、处理和使用行为都是以安全为第一目的。在满足基本原则的基础上，要对各方机构进行激励，鼓励更多性质的团体机构参与数据隐私保护工作，促进数据隐私保护工作高效运行。

---

① 孙继周：《日本数据隐私法律：概况、内容及启示》，《现代情报》2016年第6期。
② 钟源、吴振寰、刘灿姣：《数字资源长期保存馆社合作模式调查分析》，《图书情报工作》2014年第2期。

3. 加强个体在数据隐私保护中的监督作用

在学习分析过程中学生个人对数据隐私的监督必不可少。因此，首先应加强学生对数据隐私的认识，使其能对自己的数据隐私是否受到侵犯做出准确的判断和行动；其次可以通过设置专门的监督和申诉的渠道，并将泄露隐私数据应承担的责任、对相关责任人的处罚处理制度、消除影响及弥补过失的措施、个人对因隐私数据泄露所造成的不良影响，要求得到公正待遇的权利等予以公布，以发挥个人在隐私数据保护中的监督和促进作用，有效落实对隐私数据保护各方的监督。

第四章

学习分析本土化

第一节 章节导论

作为一种新兴的教学工具，学习分析能够为优化教学提出具有针对性且更有依据的建议，这一运用在实际的教学实践中已经取得了一些成效，学习分析也因此被认为是一个有力的教学辅助工具。然而，学习分析的提出、发展和完善主要在国外完成。我国于2012年正式开始关于学习分析的相关研究和实践，主要目的是将学习分析技术应用于我国的教育实践中，在这一过程中，需要我国积极吸收先进外来文化，并依据自身特点和需要，将其转化为自身发展所需养分和能量，即对这一国外的教育技术产品进行本土化。但由于学习分析进入我国的时间较短，在学习分析的探索上，无论是理论研究还是实践应用均存在局限性。

首先，本章从我国学者对学习分析的研究现状的梳理入手，运用BICOMB2.0从文献作者、机构、文献关键词等方面对我国自2012年以来关于学习分析的文献进行深入的梳理和分析。通过对相关文献的梳理可知，学习分析作为一种新兴事物，其在国内的研究的特征总体上起步较晚，数量有限，但是发展的速度较快；此外，国内的学习分析研究者整体来看集中于少数的个人和单位，研究呈现放射式发展；研究的质量上层次偏低，文献多是总结、介绍国外的学习分析理论与实例，理论探讨占比大，实际运用和系统框架研究较少。在梳理了理论研究的基础上，本章着重介绍了我国学习分析应用到实际教学的本土化实例，包括基于学习分析的自适应系统的开发、学习分析与远程教学的交互、基于慕课建立的学习分析多元同心圆模型以及 ITtools 教学辅助平台的开发与应用。

其次，在梳理了理论研究与本土化案例的基础上，本章建构学习分析在我国高校发展的整体结构，对学习分析本土化环境进行深入分析。第一，对建立高校学习分析本土化整体结构的必要性进行阐述；第二，以生态学中外来物种适应新环境的过程类比学习分析的本土化过程，构建高校学习分析本土化环境的整体结构；第三，运用该结构分析我国高校学习分析本土化环境。

最后，本章以学习分析在现今校园的主要应用——智慧校园的建设为主题，根据学习分析的特点和作用，对学习分析在未来高校的应用进行展望，主要包含学习分析在未来的智慧校园中的评价干预功能、风险预测功能、资源推荐功能以及社会网络结构化功能的建设和应用。

第二节　我国研究发展与现状

我国于 2012 年开始进行学习分析的相关研究，起始时间的滞后导致我国对学习分析的研究进展整体落后于学习分析技术的发展水平，目前的相关研究尚处于起步阶段，需要进行不断的探索和开发。从当前的研究现状可知，我国在开展学习分析研究的过程中，尚未形成一个专门的学习分析学术研究组织，研究整体呈现出非体系化的、集中的、差异明显的特点。与学习分析相关的研究多停留在理论层面，在具体化、可操作化的研究方面还相对欠缺。

一、我国学习分析的现状概览

学习分析是一个新兴的、正在发展的学科，学界对其内涵尚未有统一的认识。多数涉及学习分析的文献援引了第一届学习分析与知识国际会议对学习分析的界定。关于学习分析的内涵，Siemens、Tanya Elias 等学者，美国教育部教育技术司以及后几年的《地平线报告》对"学习分析"进行了不断地、深入细致地解读，从侧面反映了随着学习分析研究的深入，其内涵也在不断地演变。

为进一步清晰地认识学习分析在我国研究的状况，我们以 CNKI 收录的期刊文献为数据来源，利用中国科技大学医学信息系开发的 BI-COMB2.0（Bibliographic Co – occurrence Matrix Builder），简称"书目共现分析系统"对学习分析的相关研究进行梳理。

在 2010 年被《地平线报告》预测为未来发展的主题后，学习分析开始成为教育领域的一个研究热点。通过检索发现顾小清、张进良、蔡慧英等学者于 2012 年共同发表的《学习分析：正在浮现中的数据技术》是我国最早论述学习分析的文章。因此，我们设定检索时间为 2012 年 1 月至 2016 年 12 月，利用 CNKI 中文数据库的高级检索功能，将"学习分析"作为检索的关键词，查找文献。

最终检索共得到 238 个文献结果。为排除与学习分析无关的文献，我们根据与学习分析的相关性，对检索到的文献进行筛选。最终排除与学习分析低相关的文献 65 篇，得到文献 173 篇。

首先，从文献发表的时间和数量关系分析，2012 年发表的文献数量为 7 篇，2013 年为 15 篇，之后文献发表数量急剧增长，2014、2015、2016 年分别发表了 45 篇、47 篇、59 篇。

在 2012 年的文献中，除顾小清、张进良、蔡慧英等学者共同发表的《学习分析：正在浮现中的数据技术》外，还有一篇来自上海师范大学的顾晓的硕士论文《学习分析技术在高中信息技术的应用实践研究》值得关注。文章将学习分析与高中信息技术结合起来，在探究信息技术课堂教学如何与教学平台的有机结合的同时，探讨如何运用教学平台中的学习分析功能有效地构建信息技术教学新环境，实现个性化教学。由此可知，学习分析研究初期我国学者虽然对学习分析投入了一定

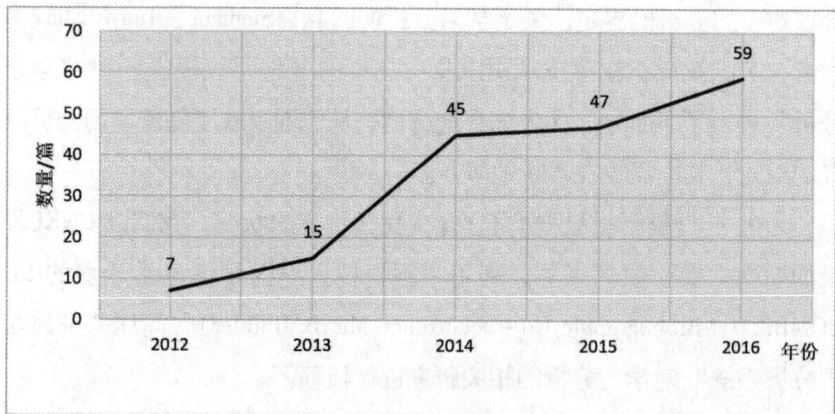

图 4.1　文献年度发表数量折线图

的关注，但相关研究成果较少。此后，我国学者对学习分析的研究成果便开始呈现急剧式增长。

根据各年份所占比例看，2012 年为 4.05%，2013 年为 8.67%，2014 年为 26.01%，2015 年为 27.17%，2016 年为 34.1%。起初学者对学习分析研究偏少，主要是因为学习分析的引入、借鉴、融合需要有一定的时间来结合我国实情进行改造。在充分结合了我国实际后，学习分析才开始了迅速的发展阶段。

我国学者近几年来逐渐意识到了学习分析的重要性，并不断加深研究，取得了丰硕的成果。在今后的很长一段时间，学习分析都将会是我国学者研究的一个热点话题。

其次，从文献作者来源分析，173 篇文献共涉及 289 位作者，这从侧面说明了学者在研究时倾向于合作进行学术发现。通过具体的文献查阅可知，针对学习分析的研究的相关学者倾向于多人合作研究的重要原因之一是学习分析是一门多门学科交叉的技术，因此，跨学科研究导致了多学科背景学者合作研究的必然性。《学习分析：正在浮现中的数据技术》是我国发表的第一篇学习分析学术期刊文章，也是被引次数最多的文献之一。该篇文章是华东师范大学的顾小清教授、湖南科技大学的张进良以及华东师范大学的蔡慧英共同合作完成的。他们关注的研究领域是教育理论与教育管理、计算机软件与计算机应用以及互联网技术等。此外，北京师范大学教育技术学院教授、现代教育技术研究所所长何克抗教授，[①] 北京师范大学教育学部教育技术学院的牟智佳教授，[②] 华东师范大学教育信息化系统工程研究中心的吴永和教授，[③] 华东师范大学网络教育学院院长、教育信息化系统工程研究中心主任祝智庭教授，[④] 国家开放大学现代远程教育研究所的魏顺平教授[⑤]等具备不同学科背景知识的学者针对学习分析与多位学者进行了合作研究，对学习分析的内涵、应用和未来展望进行了深入的研究。

表4.1　文献作者发表篇数统计表

序号	作者	篇数
1	顾小清	11
2	赵蔚	6
3	吴永和	5
4	赵艳	4
5	牟智佳	4
6	马晓玲	4

① 何克抗：《"学习分析技术"在我国的新发展》，《电化教育研究》2016 年第 7 期。
② 牟智佳、武法提、乔治·西蒙斯：《国外学习分析领域的研究现状与趋势分析》，《电化教育研究》2016 年第 4 期；牟智佳、俞显：《知识图谱分析视角下学习分析的学术群体与热点追踪——对历年"学习分析与知识国际会议"的元分析》，《远程教育杂志》2016 年第 2 期。
③ 吴永和、陈丹、马晓玲、曹盼、冯翔、祝智庭：《学习分析：教育信息化的新浪潮》，《远程教育杂志》2013 年第 4 期。
④ 祝智庭、沈德梅：《学习分析学：智慧教育的科学力量》，《电化教育研究》2013 年第 5 期。
⑤ 魏顺平：《学习分析技术：挖掘大数据时代下教育数据的价值》，《现代教育技术》2013 年第 2 期。

序号	作者	篇数
7	魏顺平	4
8	武法提	4
9	姜强	4
10	郁晓华	4
11	胡艺龄	4
12	孙洪涛	4
13	傅钢善	3
14	张红霞	3
15	吴迪	3
16	龚志武	3

第三，从文献期刊的来源分析，173 篇文献共涉及 34 种期刊，其中绝大多数来自于教育技术类期刊。《中国电化教育》《远程教育杂志》《开放教育研究》《电化教育研究》《现代教育技术》位列前五，累计百分比 34.68%。有关学习分析的 173 篇文献中，《中国电化教育》有 16 篇，占比 9.25%，《远程教育杂志》和《开放教育研究》各有 14 篇和 12 篇，分别占比 8.09% 和 6.94%。可见，学习分析的本土化研究已得到了教育技术类专刊的高度重视，[①] 期刊分布集中化特点突出。

表 4.2　文献期刊发表篇数统计表（部分）

序号	作者	篇数
1	中国电化教育	16
2	远程教育杂志	14
3	开放教育研究	12

---

① 马卉、王晓春、张功云：《我国学习分析研究高被引论文分析》，《中国信息技术教育》2016 年第 17 期。

续表

序号	作者	篇数
4	电化教育研究	9
5	现代教育技术	9
6	中国教育信息化	8
7	软件导刊（教育技术）	7
8	现代远距离教育	6
9	现代远程教育研究	5
10	广州广播电视大学学报	5
11	华东师范大学	5
12	中国远程教育	4
13	电脑知识与技术	4
14	东北师范大学	4

第四，从文献机构来源分析，173 篇文献共涉及 151 所机构，以高校的研究院系居多，还有比较零散的研究中心、研究院和极少的高中学校，如哈尔滨市第十中学校。按发表篇数由多到少排序，可知华东师范大学、东北师范大学、北京师范大学、华中师范大学、吉林大学、陕西师范大学、清华大学等机构居于前列（如图 4.2 所示），在 2012 年至 2016 年间，这几所机构分别发表了 32 篇、19 篇、17 篇、7 篇、6 篇和 5 篇等有关学习分析的文章，分别占到总体篇数的 18.50%、10.98%、9.83%、4.05%、3.47% 和 2.89%。前 15 所机构共计发表 120 篇文章，占总体比例高达 69.36%。

由 151 所机构的类型特征可以得知，当前研究状况下，师范类高等院校是研究学习分析的重要机构，对学习分析的发展起到了极大的推动作用。这样的情况也使得我国有关学习分析的研究有了一个较高的研究起点，研究相对规范、严谨，质量得到了一定程度的保障，这大大缩短了学习分析在我国本土化的时间进程。

第五，在得到的 151 篇文献中，共涉及 69 个关键词。其中，学习

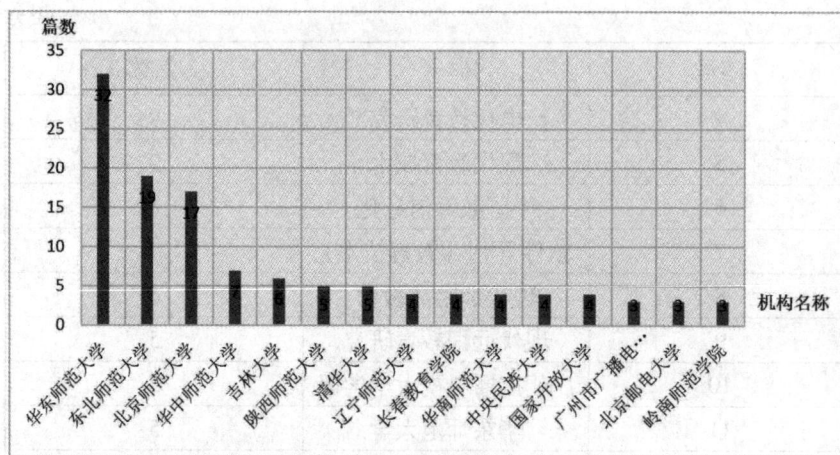

图 4.2　文献机构来源图

分析、大数据、数据挖掘、社会网络分析、教育数据挖掘、教育大数据
等关键词出现频次最高，MOOC、电子书包、智慧教育等也与学习分析
结合了起来。

表 4.3　文献关键词频次统计表（部分）

序号	关键词	出现频次	序号	关键词	出现频次
1	学习分析	172	10	MOOC	7
2	大数据	29	11	Moodle 平台	6
3	数据挖掘	24	12	慕课	6
4	社会网络分析	12	13	可视化	5
5	教育数据挖掘	11	14	智慧学习环境	5
6	教育大数据	11	15	教学设计	5
7	个性化学习	8	16	电子书包	5
8	在线学习	8	17	智慧学习	4
9	学习行为	8	18	智慧教育	4

关键词的数量和频次可以反映出某研究领域的宽窄程度和集中程度。① 由上述分析可知我国学者的研究是紧紧围绕着学习分析展开的，具体涉及学习分析的对象、工具以及应用方向等方面。数据挖掘和教育数据挖掘是学习分析的核心技术，研究者对其的关注度仅次于学习分析。此外，学者对学习分析在慕课以及教学管理平台等具体的学习分析技术运用进行了一定的关注，但从关键词频次分析可知，我国学者对学习该方面的关注还远远落后于对学习分析自身的关注。由此可以推论，现今我国对学习分析的研究更多地集中于对学习分析表层的研究，而其在教育领域的具体应用还需要进行进一步的探索和研究。

归纳我们对学习分析相关文献进行归纳，我国学习分析当前的研究状况呈现以下几个特征：

1. 研究起步晚，数量少，但发展速度快，总体呈上升态势。

通过北京师范大学牟智佳教授对国外学习分析领域的研究现状和趋势的分析发现，学习分析研究者们来自世界各国，包括美国、英国、加拿大、德国、中国、荷兰、澳大利亚、西班牙等，其中美国研究者最多，带领学习分析向前发展。具体研究领域更是涉及可视化、教育评价、数据挖掘、社会网络与内容分析、学习干预与预测、个性化和语义网络等多个方面。George Siemens、Dirk Ifenthaler、Baker 等众多学者对学习分析的理论框架、应用工具、可视分析、社会网络分析、评价干预等都进行了深入的探索，他们为学习分析的推进打下了扎实的理论和实践基础。②

相比之下，我国关于学习分析的研究差距明显。结合学者的研究的173 篇学术论文，可知当前我国学者对学习分析的研究主要集中在三大

①　刘雪立、王兆军：《2004—2008 年我国情报专题研究高被引论文的统计与分析》，《情报杂志》2010 年第 1 期。

②　牟智佳、武法提、乔治·西蒙斯：《国外学习分析领域的研究现状和趋势分析》，《电化教育研究》2016 年第 4 期。

领域：理论阐述与探讨、应用的研究与比较、整体系统框架的补充完善。而其中绝大部分的文献又主要是理论和应用分析，对学习分析整个系统进行设计和开发的文献还远远不够。[①] 这充分说明了，我国有关学习分析的研究还处于起步阶段。这样的状况既是由于时间上的相对滞后性，指我国学者研究时间晚于国外学者近两年左右，也是因为学习分析发源于国外，研究存在着跨国别的语言、思维障碍，进而使研究进展相对缓慢。尽管国外当前对于学习分析的研究相对深入，发表出版的文章、著作等研究成果较多，但毕竟学习分析仍处于成型阶段，且各区域的学习分析研究具有特殊性，因此我国学习分析的前景仍大有可为。

从时间上看，我国学习分析的发展空间仍然潜力巨大，随着本土化进程的进行，我国学者对学习分析的研究也有自己的独特见解。例如华中师范大学的朱珂等人就通过对 Sakai 学习平台二次开发，集成数据分析工具，实现自适应学习，提出了应用学习分析的自适应学习系统框架。[②] 华东师范大学和密苏里大学的马晓玲、邢万里等人尝试构建一个开放、全面的学习分析系统，弥补学习分析在教育中的缺失部分。[③] 华东师范大学的郁晓华、顾小清在智慧教育概念下，考虑到学习来源的多元化以及学习活动的持续性，提出了学习活动流的行为模型。[④] 这些学者的研究一定程度上填补了学习分析在本土化过程中的空白，也为学者继续深入探索提供了重要的参考，具有重大的学术价值。

2. 分布集中，呈现"放射式"发展。

---

① 王慧君、王海丽：《我国学习分析技术的研究现状及存在问题分析》，《河南科技学院学报》2016 年第 9 期。

② 朱珂、刘清堂：《基于"学习分析"技术的学习平台开发与应用研究》，《中国电化教育》2013 年第 9 期。

③ 马晓玲、邢万里、冯翔、吴永和：《学习分析系统构建研究》，《华东师范大学学报（自然科学版）》2014 年第 3 期。

④ 郁晓华、顾小清：《学习活动流：一个学习分析的行为模型》，《远程教育杂志》2013 年第 4 期。

我国学习分析的研究主要是以华东师范大学、东北师范大学、北京师范大学、华中师范大学等高校为主要研究机构，顾小清、赵蔚、吴永和、赵艳、牟智佳、马晓玲、魏顺平、武法提等学者为主要研究团队，《中国电化教育》、《远程教育杂志》、《开放教育研究》、《电化教育研究》、《现代教育技术》等期刊为主要传播载体。整体研究的区域分布仍不均衡，各层次之间的研究水平差距较大，主要是"以部分带动全局"的发展趋势。

分析近几年来的文献可以发现，2012 年之后的大多数文献都引用了顾小清、李青等的文献。这表明 2012 年的文献已成为了学习分析研究的经典文献，具有极大的参考价值。除去有关设计开发类的文献外，研究质量超越 2012 年的文献并不多见。大多数文献均是对学习分析进行不断的整合、梳理，演绎、归纳，未能有突出的进展。①

3．研究层次偏低。文献多是总结、介绍国外学习分析，理论探讨占比大，实践应用及系统框架研究偏少。

从已有的学习分析文献看，每一年都会有关于学习分析的理论总结出现，多是在中国知网（CNKI）的数据来源基础上，采用文献研究、内容分析等方法，或结合 Microsoft Office Excel、Citespace（科学知识图谱可视化分析工具）、Bicomb（书目共现分析系统）等工具将学习分析的研究成果可视化，从学习分析的概念、发展、研究对象、模型等方面进行论述，之后对学习分析进行特点和不足的辨析，并说明其运用的前景。但很少会有相关学习分析的系统模型、平台运用等方面的研究内容，即使有相关学习分析的应用的文献，也是简单地提及，并无更加深入的追踪探析。对学习分析文献的剖析必不可少的，但应逐步向应用和框架的建构过渡，更加注重对学习分析的深入解读，挖掘符合我国实际的创新点，扎实理论，强化实践，由理论落实到具体的操作。

---

① 王慧君、王海丽：《我国学习分析技术的研究现状及存在问题分析》，《河南科技学院学报》2016 年第 9 期。

二、我国学习分析的应用研究

学习分析是基于学习者的具体行为数据，通过诸如数据挖掘技术等对数据进行处理和分析，得到新的、有价值的信息，这些信息可以帮助利益相关者更好地发现学习者在学习过程中出现的问题，帮助其改进学习或管理行为。其最终的落脚点是为利益相关者提供决策的参考依据并及时做出改进。对学习分析的应用开展深入的理论和实践研究，是促进整个学习分析本土化发展的重要环节。

在学习分析的应用型探究过程中，我国学者基于已有的研究成果，结合我国的实际情况，对学习分析技术进行不断的探索和应用，推动该技术的发展与成熟。研究者以学习分析在我国本土化实践中的具体案例为基础展开讨论。

（一）基于学习分析的自适应学习系统

学习分析可以有效地处理学习者在学习过程中表现出来的学习行为数据，包括可以直接被观察、测量到显性行为，如作业、测验的完成情况，正确率、分数之类的硬指标，还包括无法为我们直接观察发现的隐性行为，如网络社会行为、论坛发帖、访问记录之类的软指标。基于学习分析的基本原理和框架，华中师范大学的朱珂、刘清堂通过对 Sakai 学习平台的二次开发，集成数据分析工具，构建了一个自适应学习系统。[①]

自适应是个体能够根据环境的变化而不断调整自身状态的特性，具有这种特性的系统称之为自适应系统。该系统基于学习分析的基本原理和框架，以分析收集数据为基点，评价学生的学习行为，预测其变化和发展趋势，并且运用一定的手段加以干预，在此过程中，系统可以自动地根据学生学习的具体状态和学习偏好推送相关信息或任务。在这里，

---

① 朱珂、刘清堂：《基于"学习分析"技术的学习平台开发与应用研究》，《中国电化教育》2013 年第 9 期。

系统适应的是学生学习的具体状态。该系统利用了集成数据分析工具来达到工作目标。[①]

1. 自适应系统的开发背景

数据产生的作用是巨大的。随着教育信息化的不断推进，数据已然成为现代教育的一个重要组成要素。不仅数据的表面状态需要被了解，其背后隐藏的关键信息更应该被给予足够的关注和挖掘。这些有用信息对改善学生学习质量有非常重要的作用。例如学生每天的出勤次数、课堂回答的次数以及课后学生作业完成的效果，都是改进教学、促进学习的重要依据。如何将大量的数据加以应用并服务于教育的改进，这对教育研究者来说是一个巨大的挑战。

教育的各个环节中产生的数据如果得不到合理的使用，既会造成存贮空间的浪费，也有悖于数据收集的初衷。因此，利用一定的技术手段对这些数据进行有效整合、分析，使数据背后的隐藏信息得以显现是十分必要的。但是大量的繁杂信息并不能直接为教育提供帮助，所以需要对所搜集的信息进行进一步的清洗和过滤，筛选出真正对教学和学习有价值的知识。因此在教育系统中，正确有效地提取、整合数据中的信息是优化教育的重要环节。

我国学者朱珂、刘清堂为实现这一目的，基于学习分析提出了自适应学习系统。该系统能够有效地搜集和筛选数据，并将之转化为有用的信息和知识，服务于学生的个性化学习和教师的个性化教学。

2. 自适应系统的开发与应用

学习分析是基于数据的收集、整理、分析，进而实现预测、查找问题，实现优化。在朱珂、刘清堂的研究中，他们以二次开发后的 Sakai 系统作为学习分析的平台和技术支撑。

Sakai 英文全称为 "Synchronized Architecture for Knowledge Acquisi-

---

① 　海峰、李必强、冯艳飞：《集成论的基本范畴》，《中国软科学》2001 年第 1 期。

tion Infrastructure",是由美国印地安纳大学、密西根大学、斯坦福大学和麻省理工学院于 2004 年共同发起的一项开源课程管理系统（CMS）计划。其作用原理即是对学习者行为表现出来的复杂、多元、动态的信息进行分析处理，实现有用知识信息资源的转变，将教学、科研、协作融为一体，能为教师和学生建立虚拟学习环境，对课堂教学进行辅助、补充，提供远程教学管理。[①] 其借助 Hibernate 建立 Java 对象和数据库实体之间的关系来实现映射，采用分层结构，有表现层、业务逻辑层和数据访问层等，利于平台的开发、维护、部署和扩展，实现平台各功能模块的"高内聚，低耦合"，在增强各个模块的联系的同时又使各部分有自己明显的运作任务，技术支持完备。

对 sakai 系统进行二次开发后形成的自适应系统仍然采用三层架构，沿用了 Sakai 采用的 Spring 框架用来实现各组件的关联，使用 Java Bean 来促进学习分析技术中分析算法的实现，通过控制反转（IOC）和面向方面编程（AOP）来促进松耦合和增强内聚性。系统的数据操作无大变化，但在原有数据库基础上增加了部分表和相应字段以满足不同数据源的需要。该系统包括学习内容组件，学习者学习状态数据库组件，预测引擎组件，信息面板组件，以及自适应引擎组件和干预引擎组件等六大部分。各部分组件针对学习者的不同学习过程和学习状态有不同的功能，在整体上形成了先与学生进行交互，提供个性化内容及测试，再记录、储存学生行为数据，结合预测模型分析学生学习状况，预测其发展状况，再将信息输出呈现，提供服务，再将适合不同情况的模块发送给学生，促进其进步，最后允许相关的管理者去调整自适应学习系统的整个系统流程。

自适应学习系统是以学习分析为原型改造加工形成的。系统运行的动态、多元数据主要会经历生成输入、记录、分析、自适应引擎作用、

---

① 张丹、王建华：《Sakai 平台应用研究》，《黑龙江科技信息》2011 年第 15 期。

| 与学生交互 | → | 个性化测试 | → | 存储学习行为 | → | 预测发展情况 | → | 信息输入与干预 |

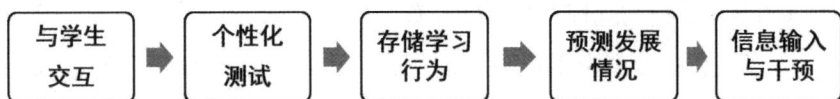

图 4.3 自适应系统流程图

展示和反馈的六个步骤。在整个过程中，学生、教师、管理者都可以根据自适应学习系统反馈的信息及时、准确地调整自身状态。此外，教师还能对学生进行干预辅导，管理者也能优化系统，辅助教学的开展、干预的进行以及为决策提供参考意见。整个系统的突出特点在于它重视了学习分析对于学生的反馈作用，根据学生不同的状况有相应的发送模块。这改进了以往对学生出现问题后缺乏措施的通病。

为了进一步验证采用了学习分析的自适应系统是否有不错的效果，朱珂和刘清堂在自适应学习系统的理念之下，以分析验证各种内容安排对学生电学学习成就的影响进行了实证研究，最终发现自适应学习分析系统确实对学生学状况的改善有良好作用。

（二）学习分析与远程教学交互

中央民族大学的孙洪涛指出，现代信息技术极大地影响着远程教育的发展变化，随着 Web Squared 和 SOLOMO（即 Social, Local and Mobile）技术的应用推广，技术发展有了新的走向，信息具有了实时化、碎片化和海量化的新特性。数据的大量出现使得信息总量急剧增多，如何有效地从中挑选出我们所需要的数据，并对数据进行细致深入的解读，是我们面临的重大问题。在远程教育中，单依靠内容分析方法和社会网络分析方法来呈现数据信息的传统方法已无法适应新的数据特点及信息技术发展的变化。因此他将学习分析引入到远程教育中，来探讨解析远程教学交互过程。①

_____

① 孙洪涛：《学习分析视角下的远程教学分析案例研究》，《远程教育》2012 年第 11 期。

1. 学习分析与远程教学的交互背景

交互是远程教育中不可缺少的部分，也是远程教育研究的热点问题。交互指的是在学习中，学习者为构建正确有意义的学习内容，而与学习环境相互交流、作用的过程。① 与学习环境的相互交流、相互作用具体体现在学习者之间、学习者与指导者之间、学习者与学习内容资源之间。因此，利用学习分析对远程教学交互的数据进行分析，呈现可以为个人、教师、管理者提供实证性的证据，反映学习、教学、教育决策过程中的动态变化，有利于揭示在不同阶段出现的问题，同时也及时到位地改进措施，奠定坚实的事实基础。

2. 学习分析在远程教学中的应用

孙洪涛以学习分析的基本理论为指导，进行了一个远程教学交互过程的行为数据分析应用研究。所使用的案例来自中央民族大学 2011 级的计算机基础课程，观测时间为 2011 年 10 月至 2012 年 1 月，共计 18 周。该课程内容包括操作系统、Internet 应用、Office、多媒体基础等。课程将采用网络授课为主、面授为辅的方式进行，网络授课时间为 12 周。全校各院系共有 106 名学生参与到实验学习中。

学习分析的作用需要基于开源平台和工具的支持。研究中，孙洪涛以自行组织搭建的 Moodle 教学平台为支持平台开展学习分析。Moodle 平台是一种基于建构主义教学理论设计开发的开源代码软件，作为一个基于 Web 的课程管理系统（CMS），Moodle 可以帮助教育者建立有效的在线学习社区，同时也可以有效地辅助传统的课堂管理与教学。② Moodle 平台记录下的学生行为数据是研究所用数据的主要来源。

为使分析结果更加到位和精确，在分析过程中，孙洪涛针对不同的交互类型选择了不同的分析工具。学生与学生之间的交互分析采用的是

① 陈丽：《术语"教学交互"的本质及其相关概念的辨析》，《中国远程教育》2004 年第 2 期。
② 张雪云、马志强：《国内 Moodle 平台研究综述》，《开放教育研究》2007 年第 4 期。

NodeXL，即微软研究院团队开发的开源社会网络分析工具，NodeXL 以 Excel 模板的形式使用，在功能强大的同时，保证了分析过程的简便快捷，可以通过 Excel 中的数据直接生成社会网络图示。① 而对于学生与资源之间的交互分析则采用的是 Gismo（图形化学生交互监测系统，Graphical Interactive Student Monitoring System）软件，以 Moodle 组块（Block）的形式使用，② 它能利用 Moodle 平台中的数据，将学生的学习状况可视化，易于教师解读和干预。

3. 学习分析下远程教学交互的分析及结论

研究借助开源平台已经记录了包括登录课程、阅读资料、参与在线活动等多方面的、大量的在线学习数据。这些数据不仅数量庞大，且相对完整。为了更好地呈现数据反映的有效信息，我们需要进一步利用工具进行分析。

（1）学生与学生间的交互分析

该部分的研究主要是了解学期初学生间相互认识的社会交往情况。因此，研究需要学生登记自己的相关个人信息。学生之间相互访问则会留下行为数据，Moodle 平台将这些数据收集起来。之后，利用 NodeXL 工具对学生行为数据进行分析，得出学生的学习状况的数据。错误！未找到引用源。显示了在利用 Node XL 进行交互分析的过程中，对交互行为进行聚类分析的结果。

（2）学生与学习资源间的交互分析

Gismo 提供了多层级、多视角的分析。在此研究中，它由大至小、由整体到局部地展示、分析了学生与资源间的交互情况。Gismo 能够记录宏观角度记录下的学生访问资源的整体情况，中观角度下不同模块资

---

① Node XL, *Network Overview, Discovery and Exploration for Excel*, 2012, http://nodexl. codeplex. com/.

② *Graphical Interactive Student Monitoring Tool for Moodle*, 2012, http://gismo. sourceforge. net/.

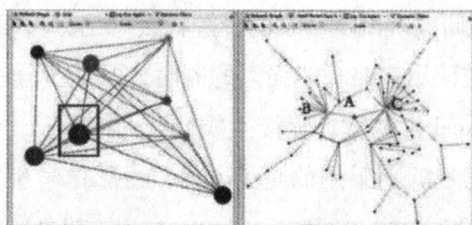

图6 对学生在线交互进行　　图7 对其中一组交互进行深入
　　聚类的结构　　　　　　　分析的发展

图4.4　NodeXL 支持下对学生整体在线交互情况的分析

源被访问的情况，以及微观角度下每个学生的资源访问情况。

首先，在 Gismo 中，宏观角度下对学生整个群体对学习资源的访问情况进行考察主要通过统计学生对学习资源的访问日期和访问频次实现。可视化图形一般以访问日期为横坐标，访问频次为纵坐标，通过频次统计图清晰地显示在每个访问日期学生访问了多少次学习资源，有助于教师把握学生对学习资源使用的整体状况。

其次，在中观层面上，Gismo 对学生在每个学习模块的学习情况进行记录，以了解一个群体的学生在实际的知识学习中是否遇到了问题。例如，当学生不断访问模块 A，则可能学生对该模块掌握的不熟练，或者觉得该模块的知识很重要，教师在此后的远程授课中也可以据此调整教学内容。在 Gismo 中，系统统计出每个模块的学生的访问量，一般以资源名称为横坐标，访问频次为纵坐标，通过学生对每一学习模块的访问频次可以看出某一模块的访问量远远高于其他模块，教师可以据此深入了解这一模块访问量较高的原因，如学生对此兴趣浓厚、觉得此部分知识较难或者觉得此部分较为重要，并据此调整自己的教学计划。

最后，在微观层面上，Gismo 对每一个学生的实际学习情况进行记录。在统计图中一般以资源名称为横坐标，学生学号为纵坐标，对每一名学生的资源访问情况进行详细的了解。在图示中，为方便教师识别，系统使用坐标点颜色的深浅代表其访问量的多少。

Gismo 从宏观、中观和微观三个层面对学生访问学习资源的情况进

行记录，多层面、多角度地全面记录对教师了解学生的学习情况，调整
教学方案起到了重要的参考作用。

在孙洪涛的研究中，根据学习分析数据分析出来的结果，有效地解
释了学生的一些学习情况，比如学生在要提交作业时才频繁访问学习资
源，完成作业，由此发现了学生不能很好地管理时间这一问题，这就要
求老师在后期的学习过程中要注意对学生时间管理方面进行适当的干
预，改进学生的学习状况。在这一案例中，学习分析应用在远程教学交
互中时收效甚佳，在学生自我调节、教师合理改进、管理人员完善管理
上提供了可靠的数据基础。

（三）学习分析与个性化教育——基于慕课的多元同心学习分析模型

吉林大学的花燕锋、张龙革为解决慕课的高退学率和低通过率导致
的较差的教学效果等问题，借用学习分析为研究方法和支持手段，建立
起了基于慕课的多元同心学习分析模型。①

1. 多元同心学习分析分析模型建立的背景

大规模在线开放课程（Massive Open Online Courses, MOOC），简称
慕课，是一种具有大规模、开放共享、在线学习等特点的新兴教育模
式。慕课的兴起为教育领域带来了巨大的革新，但是慕课的低通过率、
高辍学率导致了其保持率较低的现象。个性化教育和个性化学习是慕课
的重要特征，其若在慕课的教学中能对学习者进行更加全面的了解，加
强学习者交互深度，形成个性化的学习环境，则可能有效解决慕课存在
的难题。学习分析能提供每个学生的学习状况，并及时做出干预的特点
恰好满足了慕课的个性化发展需要。因此，我国学者华燕峰、张革龙将
学习分析与慕课结合起来，深化个性化教育，提出了多元同心的学习分
析模型。

个性化教育是通过性格、心理和学习行为的分析与诊断，系统性地

———————

① 花燕锋、张龙革：《基于慕课的多元同心学习分析模型构建》，《远程教育杂志》
2014 年第 5 期。

对学习者进行人格整合和个性优化。学习分析可以使老师了解到学生的个性特征、学习水平、学习特点等重要信息，有助于教师对不同的学生采用适合不同学生的教学方式，符合学生的学习习惯和学习模式，促进学生的个性化教育。对于学生来说，学习分析能给学生付出的努力给出评价和反馈，让学生自觉地改进、提高自身的学习水平。同时，学习分析也可以对处于交互中心的学习者进行识别、授权，使其帮助管理人员和技术开发人员管理和维护慕课平台。

2. 基于慕课的多元同心学习分析模型的构建

花燕锋、张龙革提出的基于慕课的多元同心学习分析模型改进了 Siemens、Elias、Greller 和 Drachsler 等人的学习分析模型，避免了缺乏循环性和可操作性的问题，增强了个性化、适应性的特征。

在整个大的教育环境下，学习者的学习环境，即慕课平台、学习管理系统、课程管理系统及其他非正式的知识管理系统，和学习者的学习过程，构成了学习分析的数据库，根据学习者、教师、教育管理者等利益相关者的需要，利用数据挖掘手段，将数据可视化呈现出来，让数据背后的信息能清晰、准确地揭示出来。针对所得的数据，应用支持服务开始对其进行评估、预测、干预，从而不断调整学习者的状态，实现对学习者的个性化教育。

整个多元同心学习分析模型包括学习过程、学习环境、教育环境、数据挖掘、受益者、应用支持服务等几个大的模块组成，始终紧紧围绕着个性化教育，具体到各模块的组成。学习过程包括学习者的学习行为、学习轨迹、学习结果，学习环境包括慕课平台、学习管理系统、课程管理系统、非正式的知识管理系统，教育环境包括教育组织机构、教育政策、教育体制，这三大部分和小的组成部分形成了这个模型的数据库，清楚地说明了这个系统明确的数据来源，可操作性强，支持着个性化教育的实现。

花燕锋、张龙革还进一步提出了关于学习分析在慕课中的应用研究，学习分析在慕课中的典型应用，有学习者的特征识别、学习者的在线学习行为分析以及学习者交互分析。这三种应用都是基于多元同心学习分析模型的，结合具体的应用情景和各自的特点，分别有了三种模式，即学习者特征识别模式、学习者学习行为分析模式和学习者交互分析模式，这三种模式皆是有着学习分析工具层、数据挖掘层、学习分析应用层，紧密结合了学习分析由数据到分析、再到干预的特点。这三种具体的模式将学习分析运用于慕课，实现了在慕课平台的个性化教育。

此案例中，学习分析与慕课互补结合，运用学习分析依托平台收集数据能有效了解每个学生状况并提供及时反馈的特点，解决了慕课存在的实际问题，再次印证了学习分析的应用价值。然而，当前在高校中，我国学者多是将学习分析与某个教育方面结合实现学习分析的浅层应用，如与远程教育、个性化教育、社区教育，或者对学习分析实现浅层具体化，提出某领域的模型，如数据流、慕课，这些应用实际上还是停留在理论上的应用，没有将学习分析的应用引向深入，很少有出现涉及深入运用的案例，有关的依据学习分析设计出独有的工具平台，改进实际教学的案例。但是，中小学教育中已经出现了深入应用学习分析的实例，我们可以从中得到启发和借鉴，以此摆脱当前高校学习分析应用的困境。

（四）学习分析下的信息技术教学辅助平台——ITtools

学习分析的开展需要依托完整的体系，也需要学习分析平台和工具的支持。在当前高等教育的研究中尚未出现比较完善的辅助平台和技术，但却已有中学教师开始自主开发辅助平台来改进教学效果。浙江温岭市第二中学开发的教学软件——ITtools,[①] 基于学习分析，应用到了信息技术的实践教学中。

1. ITtools 的开发背景

在中小学，信息技术是一门非常重视实践的教学学科，其教学离不

---

① 顾晓：《学习分析技术在高中信息技术的应用实践研究》，硕士学位论文，上海师范大学 2012 年。

开机房和计算机，学生的问题无法兼顾、作业管理困难、无数据支持学情分析等问题为该门课程的教学管理造成了较大的局限性。ITtools 教学辅助平台的设计整合了课堂调查、教学帮助、师生互助、作业提交、作品互评、课堂测验等模块，对提升信息技术课程的教学质量具有重要意义。

2. ITtools 的开发与应用

从 ITtools 实施的效果看，对教学的改进作用很明显，得到了众多信息技术教师的青睐。顾晓在《学习分析技术在高中信息技术的应用实践研究》中对 ITtools 进行了深入的介绍，ITtools 凭借着自身灵活多样的板块设置、兼容扩展、低配置的技术特点和强大的数据分析，实现了对学生的个性施教。

ITtools 提供了教师、学生、超级管理员三个角色，分别授予不同的权限和操作。其中超级管理员具有丰富的界面，包含统设置、学生管理、教师管理、系统管理，负责对教师、学生以及整个平台的管理，具体有系统的参数、数据库、模块、机房设施和用户，学生和教师的信息。此外，教师的界面则具体涉及到课程作业、学生成绩及少部分的系统权限。学生的界面则具体到了详细的教学内容，如作业、测试、预习复习的相关资料等等。

ITtools 包括系统信息提醒，即当前学习任务、课后作业提交情况、阅读资料数、精华作品数、帮助同学次数、旷课次数、请假次数以及教师对学生的信息留言等，学生出勤、调查、学生学习情况、平常作业、测验的成绩和学生综合情况等的分析。由此可见，ITtools 涉及的方面比较广泛，也很全面，这为学习分析提供了详实、全面的数据来源。

ITtools 模式下的教学实施模式为：学生登录到该系统，进行身份确认后，进行学习活动，留下学习轨迹和信息，平台会根据用户登录情况和学习者的交互情况，记录下学习者的基本信息、个性特征信息、学习过程信息、表现信息、学习状态信息和系统的信息，并利用学习分析进行整理统计、关联分析、信息挖掘等处理，然后再将信息及时反馈到系统中心，根据数据情况调度并及时调整教学策略，改进学生的学习状态。此模式下，学习分析的工作流程是，首先借助平台获取数据，到数据分析，再到调整教学方法、策略，进而到施教，再到平台重新搜集数据循环过程。（如图4.5所示）

图4.5　学习分析技术应用于课堂教学的实施过程

该信息技术教学辅助平台是结合了学习分析，并具体运用到实际教学的一个范例。虽然该模式还存在着一些问题，但已经成功地将学习分析转化成了实际的应用。

由以上例子可知，我国学者对学习分析还需要更加深入地探究。结合我们高校当前的实际环境，才能将学习分析由理论性的应用向实践性的应用过渡、转变。

第三节　高校学习分析本土化环境

本土化的概念虽尚未取得明确的定义，但也存在着一定的共识，大多数学者都将"本土化"认定为一种积极吸收先进外来文化，并依据自身特点和需要，将其转化为自身发展所需养分和能量的过程。[①] 从高校角度出发，学习分析本土化历程就是在吸收国外学习分析的先进经验的基础上，依据我国的特点和需要，将其转化为我国高校发展的养分，推动我国高校现代化建设的历程。而从学习分析自身来看，学习分析作为一种外来文化，要在我国高校环境中生存并发展，必然会经历一段选

———————

① 臧玲玲：《我国高等教育本土化研究述评》，《现代教育管理》2013年第3期。

择和适应的过程。这一过程在一定程度上与生态学中外来物种入侵的过程极为类似。外来物种入侵是指生物物种从原产地通过自然或人为的途径迁移到新的生态环境的过程。它有两层意思，第一，物种必须是外来、非本土的；第二，该外来物种能在当地的自然或人工生态系统中定居、自行繁殖和扩散，并最终明显影响当地生态环境。

以小龙虾为例，小龙虾学名为克氏原螯虾，原产于北美洲。20 世纪初，日本将小龙虾作为牛蛙饲料从美国引进。我国在 20 世纪 20—30 年代首次将小龙虾作为食物、鱼饵、宠物由日本引入。最初小龙虾只在南京及其郊县繁衍，经过长时间的扩展，其种群数量不断增加。现在小龙虾已经成为我国淡水虾类中的重要资源，广泛分布于我国长江中下游各省市。小龙虾因其适应性强、繁殖率高，已经形成数量庞大的优势种群，甚至压制、排挤或破坏本地物种，危及本地物种的生存安全。[①]

目前许多生物学家和环境论者都开始关注小龙虾种群迅速扩展所带来的不良生态后果，并且提出多种措施来消除小龙虾入侵对本地生态系统的影响。与此同时，许多教育研究者也在关注学习分析在我国高校本土化进展缓慢的困境。美国新媒体联盟与美国高校教育信息化协会合作的"地平线项目"在 2011 年的《地平线报告》中将学习分析作为影响教育发展的主要趋势和关键技术。自此，学习分析受到国内外教育研究者的广泛关注，并迅速成为教育研究的热点话题。我国自 2012 年开始引入学习分析研究，早期以介绍学习分析理论为主，随后开始了学习分析在教育领域中的应用实践。尽管目前有关学习分析的研究已经初具成果，但我国学习分析的研究却仍处于相对缓慢的状态。学习分析在我国教育领域中的应用仍需深入探索。

尽管学习分析在我国高校的本土化与小龙虾在我国淡水河、湖中的繁衍属于两个不同的学科领域，但二者都是对外来物种如何在新环境中

---

① 杨得意：《"小龙虾"生物入侵的是非功过》，《湿地科学与管理》2010 年第 1 期。

生存发展的历程进行研究。因此，以生态学中物种入侵类比学习分析在我国高校本土化，通过分析外来物种在新环境中的引进、生存、发展过程，可以为学习分析在我国高校的生存发展提供经验借鉴与指导。因此，在接下来对高校学习分析本土化环境的分析中，本书将以小龙虾在我国的适应与发展历程为例，建构学习分析在我国高校发展的整体结构，对学习分析本土化环境进行深入分析。首先，是对建立高校学习分析本土化整体结构的必要性进行阐述；其次，以生态学中外来物种适应新环境的过程类比学习分析的本土化过程，构建高校学习分析本土化环境的整体结构；最后，运用该结构分析我国高校学习分析本土化环境。

一、构建本土化环境与整体结构的必要性

以学习分析在高校的应用程度作为学习分析本土化的重要指标来看，学习分析在我国高等教育领域的本土化面临着重大挑战。该章节将对影响高校学习分析本土化的各个要素及其作用机制进行了分析。

（一）技术

技术方面主要是指应用学习分析所需要的软件工具，以及为学习分析工具提供支撑的教学数据平台。其中数据平台主要包括信息管理系统、网络教学平台等。在学习分析的应用与发展中，学习分析技术的开发是核心。开发资源丰富的学习分析系统，对学生的在线学习行为数据进行记录，可以为学习分析提供大量数据源。同时，开发先进的学习分析工具，有助于对数据进行有效处理和分析。

技术对学习分析在高校应用的影响主要体现在技术的局限制约着学习分析在高校的应用。首先，是学习分析工具存在局限。有关教与学的数据信息存在于不同的系统中，且是针对教师、学生和管理人员等不同对象的调查数据。为保证学习分析结果的可靠性，要求不同软件系统中的数据信息能够相互操作。尽管目前已经拥有很多针对不同数据体系进行分别处理和分析的学习分析工具，但是如何对不同数据体系进行相互操作仍然是学习分析技术面临的重大挑战。并且这一问题已经成为制约学习分析应用的最主要的障碍。其次，是高校学习分析系统的普及程度不高以及类型单一。学习分析系统的使用主要集中在办学层次较高的大学，其他本科院校较少涉及，导致部分院校无法开展学习分析；在已经建设学习分析系统的高校中，主要是通过购买商业软件、使用开源系统或自主研发学习系统等方式引进先进的学习管理系统，但如何对其进行更加有效的开发与利用仍是高校面临的一大难题。且在高校中，仍存在主流学习分析系统过于单一的问题。高校已建设的学习分析系统主要是基于网络教学平台的学习管理系统，而在社会网络和实时学习系统方面的学习分析系统较少，造成大量的学生学习行为、社会交往行为数据流失。最后，是学习分析工具在我国高校的不适用。目前应用较广泛的工具都是针对国外学习分析系统而开发，在教学系统平台、分析对象、数据支持格式、输出格式等方面与我国高校存在差异，导致部分数据相互操作困难，在一定程度上限制了学习分析工具在高校的使用。随着学习分析技术的引入，高校对学习分析工具的适用性要求更加迫切。

（二）人员

人员是学习分析各要素中的重要环节，是学习分析的重要参与者。学习分析所涉及的人员主要包括研究人员、教师和学生群体，研究人员通过对学习分析理论与实践进行研究，可以为高校学习分析发展提供理论指导和智力支持。学生是学习分析的主要实践对象。学习分析的主要目标即优化学生学习行为，改善学生学习环境。教师则是学习分析的重要实践者。

人员对学习分析在高校应用的影响体现在人员素质的欠缺在一定程度上会限制高校学习分析应用的深入。首先，研究人员能力欠缺。学习分析是一种新兴技术手段，对人员的能力要求不仅包括技术层面的，也包括分析层面的，学习分析的研究人员应具备计算机知识和数据分析的能力。同时，学习分析技术的目的是优化学生学习行为和学习环境，其本质应回归到为教育教学服务。因此，学习分析的研究人员还应具备教育学领域的知识。当前我国学习分析的研究人员主要具有计算机技术和教育技术专业背景，在计算机技术方面研究和应用问题较小。但在数据分析方面，少数人员具备专业数据分析的能力。同时，在当前研究人员中，较少涉及拥有教育学、心理学等多学科领域交叉背景。研究人员能力的欠缺将在一定程度上限制数据的深入分析和问题的解决，这也将成为制约高校学习分析发展的因素。其次，是高校教师信息化教学能力整体较低，阻碍部分课程进行网络化教学，造成学生学习行为数据流失。同时，在高校已开展网络学习的课程中，教师的主要任务是查看和监督学习进度，并未对学生网络学习数据所反映出的问题进行反馈，无法有效改进学生的学习，实现优化学生学习行为的目标。

（三）制度

在已有研究中，制度对学习分析应用产生影响，主要体现在安全保障的法律法规缺失会降低师生参与学习分析的积极性。高校如何避免数据的滥用是一个高度敏感的问题。学习分析的对象是大量的教育数据，其中必然涉及多方的利益相关者。尽管所有利益相关者都认同，充分共享自己的数据，既有益于学生的学习，又能提高教师的教学效能，同时还能提高学校的教育质量。但是，数据的收集和使用又面临潜在的安全风险。数据的泄露或滥用可能会使学习者的隐私受到损害。学习分析的隐私保护缺失就会降低相关利益者参与学习分析的积极性，制约学习分析在高校应用。

另外，还有一些研究者也提出了其他制约学习分析在高校应用的因素。如李青指出学习分析理论和实践研究尚不成熟、尚未有较好的分析模型、传统教学观念等也是学习分析在高校未得到大规模应用的原因。[①] 郑旭东也提出学习分析还面临着基本的科学挑战，这主要包括学

---

① 李青、王涛：《学习分析技术研究与应用现状述评》，《中国电化教育》2012 年第 8 期。

习分析方法学框架和理论建构不足。① 邓彩红则指出学习分析技术的使用可能会贬低教师的作用，降低学生的自信心，贬低深度学习的价值，因此，高校应用学习分析存在潜在的阻力。②

总体上看，当前不少研究者都指出了影响学习分析在高校应用的因素如技术、人员、制度等，并且对各个要素如何作用于学习分析的应用进行了分析。但是上述研究仍然存在一定的局限。一是在学习分析本土化的过程中，各个因素与学习分析之间并非都是单向作用；二是各个要素之间并非孑然独立，而是一个相互联系的有机整体。因此，有必要将各个因素整合，建立一个统一的结构。通过对结构内各个因素间的相互作用机制进行分析，加深对学习分析在高校应用路径的理解，从而为推进学习分析的本土化提出有效措施。

二、高校学习分析本土化的环境结构

借鉴生态学中外来生物适应新环境的成功经验，建构高校学习分析本土化环境的整体结构。首先，要理解小龙虾在我国淡水水域中扩展迅速的原因，生态学家就要对新的生态环境中各要素的相互作用进行深入分析，主要包括外来物种、现存物种的特征，气候、水质等地理特征。同样的，对学习分析在高校的应用也对其各个要素进行分析。但与已有研究不同的是，本书将借鉴生态学的研究视角，将学习分析本土化的各个要素类比为生态系统中的不同物种，把各要素整合为一个有机、动态的整体，来分析学习分析在高校本土化的复杂过程。

生态学研究者通过对小龙虾的特征和我国长江中下游水域环境进行分析，对小龙虾成功入侵的原因做出了解答。生态学家认为，成功入侵

---

① 郑旭东、杨九民：《学习分析在高等教育领域内的创新应用：进展、挑战与出路》，《中国电化教育》2016 年第 2 期。
② 邓彩红：《大数据背景下学习分析及应用》，《江西广播电视大学学报》2015 年第 3 期。

的生物往往具有几个显著的特征：生命周期短、生长快、成熟早、繁殖能力高、生态幅宽、适性广、可塑性大、食性广等。在生态可塑性上，小龙虾的生态可塑性集中表现在其摄食习性上。小龙虾是杂食性生物，它可以从各种食物中摄取营养，从而加速个体的增长。同时小龙虾还可以在不同时期通过改变自己的食谱，达到最优摄食策略。在繁殖力方面，小龙虾采取 r 型繁殖策略（Reproductive Strategy），即以高繁殖力保证种族延续的策略。小龙虾抱卵数量变幅为 500—2000 粒，经孵化发育呈幼虾，1 尾亲虾最终抱仔约 50—200 只。[①] 在一些水汛期超过 6 个月的地方，小龙虾可有 2 次产卵期。在环境适应性上，小龙虾对新栖息地的水文和温度条件具有很高的适应能力。在大部分水体中，如小水体、短期性积水沟、人类干扰的水体，小龙虾均能繁殖，且能适应其生活水域里水位的强烈季节性波动。[②] 在我国长江中下游的水域环境中，水域广阔，温度适宜，为小龙虾提供了生存空间；同时，该水域中水生植物、浮游生物、水生无脊椎动物数量众多，为小龙虾提供了大量食物来源。在现有研究中，已知的几种捕食小龙虾的鸟类和哺乳动物只能依靠人为的方式引入小龙虾入侵的环境中，并且其引入后的生态问题难以控制。因此，小龙虾的天敌较少。另外，人类的活动在很大程度上也助推了小龙虾种群的扩散。小龙虾因其味道鲜美，有很大的市场需求，因此，许多地区也开始大规模人工养殖小龙虾。

　　小龙虾的成功入侵是多种因素共同作用的结果。要揭示和预测小龙虾入侵带来的影响，就要对小龙虾自身特征与生态环境的兼容性进行综合考虑。同样，学习分析在高校的"入侵"也是多种因素共同作用的过程，要预测学习分析"入侵"高校所带来的结果，也要对学习分析

---

① 李林春、段鸿斌：《克氏螯虾（龙虾）生物学特性研究》，《安徽农业科学》2005 年第 6 期。

② 蔡凤金、武正军、何南等：《克氏原螯虾的入侵生态学研究进展》，《生态学杂志》2010 年第 1 期。

自身和高校环境间的兼容性进行分析。在这一方面，生态学的理论研究可以为其提供指导。借鉴生态学的理论，有助于我们理解和检验接下来的分析路径，即将学习分析本土化视为外来物种与原物种之间及各物种与系统环境之间相互作用的过程。

生态学家欧德姆（E. P. Odum）指出生态学是研究生态系统结构与功能的科学，生态系统指自然界的一定空间内，生物与环境构成一个统一的整体。在这个整体中，生物与环境之间相互影响、相互制约，并在一定时期内处于相对稳定的动态平衡状态。在生态系统中包含生物与非生物两个共同体。生态系统中的每一个物种都属于某一个共同体，并且拥有一个生态位，即每一个物种在生态系统中都有其生存的环境，并扮演着不同的角色。在一个生态系统中，只有少数物种数量庞大而常见，被称为生态系统的优势种群。大部分物种数量是稀少的，但是这些稀有的物种与优势种群同等重要。一个生态系统中最重要的物种被称为重点物种，尽管它们并不是生态系统优势种群，但它们却供养着其他物种，控制着整个生态系统。

要借鉴生态系统的组成结构，建构高校学习分析本土化的结构，先要建立高校环境中各个要素的生态学比喻。第一，高校是一个有机的生态系统；第二，学习分析本身是一个极具发展潜力的物种；第三，高校中的人员是生态系统中的优势种群；第四，制度是重点物种；第五，外部的教育革新是一种入侵物种。学习分析从国外进入到我国高校，促进我国高校教学方式的革新，因此学习分析对我国高校生态系统而言是一个入侵物种。

第一，高校是一个有机的生态系统。高校是由多个相互联系着的部分构成的整体，它既包括生物共同体，如教师、学生、管理人员等；又包括非生物共同体，如信息化教学的设备、在线教学的系统等。在高校中，教师、学生、课程、资源以及其他物种都按照既定的路线相互联系着，确保教育教学的正常运行。高校中的每一个物种都有不同的特征，并且发挥着不同的作用。在高校生态系统中，各个物种通过参与教学活动产生而广泛的联系。教师是组织教学的主体，学生是教学的对象，课程是教学的内容和依据，资源则为开展教学提供物质、经济、制度等保障。这些不同特征和作用的物种相互影响、相互制约，共同构成高校生态系统。

第二，学习分析是一个极具发展潜力的物种。除分析高校生态环境外，外来物种自身也是影响其能否入侵成功的重要因素。在此即是探讨学习分析自身对其广泛应用的影响。尽管学习分析并非真正的生物体，但是其发展过程与生物进化过程高度相似。传统的教学和管理技术已经不能满足高等教育现代化发展的需要，由此催生出新兴的教育技术，学习分析就是其中的一种。根据生态环境中优胜劣汰的法则，新的教育技术更能适应高等教育发展的需求而存活下来，原有的、不能适应环境发展的物种则将被淘汰。学习分析技术的出现为高校教育改革提供了新的方向，若能有效使用，并且和当代学习理论、实践相结合，学习分析在提高教学质量、学习效果以及教学评价方面将拥有巨大的潜力。①

第三，高校中的人员是生态系统中的优势种群。教师和学生是高校的主要构成群体。在一个生态系统中，物种与物种之间是相互联系的。一方面，生态系统内能量和物质是既定的，各个物种要获得能量就要相互竞争，优胜劣汰；而另一方面，某些物种又可以与其他利益互惠的物种相互协作，获得更大的发展空间。高校中教师、学生虽然在教学管理中存在一定冲突，但总体上来说是互惠的群体。教师是组织、实施教学活动的主体，学生是教学的对象，教师引导学生成长；同时学生的发展又能促进教师专业素养的提高。二者在高校生态系统中是相互依存的物种。在同一物种内部，个体也是相互联系的。一方面，在同一物种内的个体都是"自私的"，个体会因生存的压力而发生抢夺资源的竞争行为。

① 张诗潮、吴丽君：《〈地平线报告〉：创新技术推动教育发展国际教育信息化研究系列六》，《中国教育网络》2012 年第 12 期。

高校资源总量是既定的，教师只有在同行竞争中取胜才能获得更多的资源。同样，学生也要在同一群体中有突出表现才能获得更多利益。另一方面，物种内的个体也会因利益趋同而相互合作，获取与其他物种竞争的胜利。高校中，教师、学生同样也会为了群体的共同利益而相互配合。

第四，制度是重点物种。重点物种供养着生态系统中的各个物种，同时也控制着整个生态系统。制度是各个群体共同遵守的办事规程和行动准则。高校学习分析的制度资源主要是国家关于教育信息化建设的政策与法规。首先，制度供养高校中的群体。制度可以为高校教师、学生、学习分析等的发展提供物质、经济等支持。其次，制度从全局出发，可以为高校学习分析的本土化做出纲领性指导。在高校中，制度可以调节教师、学生、设施、学习分析等要素间的关系，保障各个要素有序规范的进行。

第五，外部的教育革新是一种入侵物种。一个生态系统总是倾向于保持内部结构的平衡，而生态系统要发展就意味着要打破原有的平衡。正如任何物种的进化都是被动适应环境的结果，生态系统的进化也是适应外来物种入侵的结果。一个外来物种进入到原来的生态系统中，它会与原有的物种产生相互作用，最终使生态系统达到一种新的状态。这个新的状态包括几种结果：一是外来物种获得胜利，并取代原有的某个物种；二是外来物种与原有物种共存，但生态系统失衡，并出现功能障碍；三是外来物种入侵失败并消失；四是入侵者与现存者都产生某种变异，塑造出新的性能。因此，本书将学习分析这一由外部带来的教育革新视为入侵物种，学习分析进入到我国的高校，也会与高校中的各个种群相互作用，最后呈现一种持续状态。这种状态也包括几种情形：一是学习分析完全取代传统教学方式，成为高校中的优势种群；二是学习分析与传统教学管理方式相互抗争，导致高校生态失衡；三是学习分析不能适应我国高校的生存环境，入侵失败；四是学习分析与传统教学方式在一定程度上相互融合，二者相互借鉴，共同助力高校的发展。

三、高校学习分析本土化的整体结构

在已有类比的基础上，接下来将建立高校学习分析本土化的整体结构。生态学研究表明，影响物种入侵成功与否的因素主要有两个，一是外来物种的特征，二是外来物种与现存物种和生态系统的相互作用。因此，影响学习分析在高校应用的主要因素也可以分为两个：一是学习分析自身的特征；二是学习分析与现存物种以及高校生态系统的相互作用。

（一）学习分析自身的特征

生态学研究总结出，能够成功入侵的生物往往具有几个显著的特征：生命周期短、繁殖能力高、适性广、可塑性大等。生命周期短、繁殖力强有助于入侵物种快速成熟，并且数量迅速扩大。适性广是指入侵物种对环境条件的要求不高，能够在各种环境中生存并发展。可塑性大则是指入侵物种能够根据新环境的要求调整自身习性，实现自身发展。然而对学习分析的相应特征进行分析，学习技术对人才和分析工具的要求较高。缺乏高水平的人才和有效的分析工具，学习分析就难以实现。因此在环境的适应性上存在明显局限。同时，学习分析技术的实现建立在对学生行为数据的分析之上，要对学生的学习行为进行长期的持续追踪与实时反馈，因此，学习分析是一个长期的过程，其生命周期较长、生长较慢。学习分析对高校学习分析系统建设要求较高，要大规模推广学习分析实施不易。因此，学习分析在高校的繁殖能力较弱。综上，学习分析自身并不具备入侵物种的特征。因此，学习分析技术实现的局限将是制约学习分析在高校应用的主要障碍。

（二）学习分析与高校生态系统的相互作用

1. 学习分析与人员的相互作用

（1）学习分析与教师群体的相互作用

首先，学习分析可以提高高校教师作为在线教学者的教学效率，发展其在线教学实践智慧。随着网络教学平台在高校的普及和应用，在线

教学将成为高校课程教学的重要形式。在在线教学实践中，教师可以通过学习分析技术，有效提高教学效率。如学习分析技术可以为教师提供教学实时数据监控，方便教师进行教学决策和反思性实践，对学生的问题进行针对性辅导和反馈。学习分析进入高校，可以提高教师的教学效能，促进教师专业发展。

其次，学习分析可以提高高校教师作为研究者的研究绩效，提升其对学生在线学习的服务能力。科学研究是高校教师的专业发展的一项重要任务。高校教师可以利用学习分析技术对学生学习过程的相关数据进行深入分析，发现网络学习中隐藏的规律，从而更好地解决学生的问题，提高教学绩效，体现教师专业发展的价值。

最后，学习分析可以提高高校教师作为管理者的管理效率，提升其在线教学领导力。在线教学中，教师要对课程内容、在线学习者、学生作业、在线学习活动以及学习管理系统等进行管理。教师利用数据挖掘和学习分析，分析学生在在线学习系统中的学习情况，重点分析学生的考勤、成绩等方面信息，可以了解学生的学习效果。同时通过实时的社交网络和可视化分析，还可以了解学生的在线网络关系和课程学习投入度。这样可以帮助教师更好地进行课程管理，提升教师的领导力。

另一方面，学习分析进入高校，也对学习分析自身提出了要求。要保证学习分析在高校的有效应用，首先，要优化学习分析系统使其简单、方便，且能满足教师的需求；其次，需使学习分析系统适应我国高校文化环境，针对我国高校现有的信息管理系统等开发学习分析工具。

（2）学习分析与学生的相互作用

首先，学习分析可以为学生提供个性化服务。高校传统的教学模式是将所有学习内容打包通过教科书的形式提供给所有学生。在这一模式中，所有学生所获得的教学资源和服务是相同的。这在一定程度上保证了教育过程的公平，但却忽视了学生的个性化需求，又加剧了教育结果的不公平。然而，学习分析技术进入高校后，为每个学生的充分发展提供了可能。首先，教师通过学习分析技术对师生间交流的学习问题、向管理系统反馈的教学意见等内容和学生的高频学习行为数据进行收集和分析，可以了解不同学生的学习需求。其次，结合学生的基本情况、认知风格、动机水平等内在数据的分析，选择适合学生个性的学习服务形式。最后，通过学生学习需求与学生个性的匹配分析，向学生推送个性化资源和针对性服务。学习分析进入高校，可以优化学生学习行为，促进学生学业成功。

其次，学习分析可以帮助师生评价学习结果。传统教学评价观中的评价指标仅限于学习成绩。然而，单纯的分数并不能完全代表学生的学习结果。因此，可以利用学习分析可视化技术，向师生呈现学生在学习过程中付出的各种努力，丰富教学评价指标，对学生的学习状况和学业行为进行更加客观、全面的评价。同时，通过对学习过程的动态展现，也可以帮助教师及时发现学生学习的问题，及时干预。另一方面，学生的学习是一个复杂的行为过程，通过学习分析在学生群体中的实践，又可以促进学习分析理论和技术的不断完善。

在教师、学生与学习分析的相互关系中。高校中教师与学生是天然的相互联系的群体。教师与学生是参与教学活动的主体。在高校教学中应用学习分析，可以提升高校教师的教学效能，又可以促进学生学业成功。在这一个过程中，教师与学生都是受益群体。因此，为了满足共同的利益需求，即实现自身的发展，高校教师与学生会组成共同体，对学习分析的应用持更加积极的态度。

值得注意的是，尽管学习分析会对教师教学和学生学习都产生重要意义，但是学习分析技术的使用对高校教师的信息化教学和数据分析能力，以及学生自主学习的能力都提出了挑战。这一挑战将会带来两种结果。一是教师和学生为了适应现代化教学形式的要求，避免淘汰出局，与学习分析这个外来物种协作，教师在教育教学中提升能力，应用学习分析技术，学生积极掌握自主学习的模式，从而达到与新的高校生态系统相适应。二是学习分析与高校教师现有能力水平、学生的学习习惯不符，高校师生使用困难，无法达到学习分析的预期效果，导致学习分析逐渐退出高校教学，高校系统恢复传统的教学模式。

2. 学习分析与制度的相互作用

学习分析与制度的相互作用主要是间接作用。主要表现为，制度从政策、法律、资金等方面为学习分析的实现提供保障，为学习分析的发展提供充足的养分，促使其成长壮大。

制度可以为学习分析的基础设备提供支持。学习分析主要是通过对教育类"大数据"的捕捉、储存、管理和分析实现的，数据的获取是基本前提。因此要实施学习分析首先要建设全面覆盖的网络学习平台，对复杂学习行为进行记录。《教育信息化"十三五"规划》指出要在已有建设基础上继续推进信息化教学应用，扩大网络学习空间应用覆盖面，重点强调要创新"网络学习空间人人通"建设与应用模式。该规划指出要积极利用成熟技术和平台，统筹推进集成网络教学、资源推送、学籍管理、学习生涯记录等功能的实名制网络学习空间的建设与应用。要融合网络学习空间创新教学模式、学习模式、教研模式和教育资源的共建共享模式。同时要鼓励多主体共同参与网络学习空间。鼓励教师应用网络学习空间开展备课授课、家校互动、网络研修、指导学生学习等活动；鼓励学生应用网络学习空间进行预习、作业、自测、拓展阅读、网络选修课等学习活动；鼓励家长应用网络学习空间与学校、教师便捷沟通、互动，关注学生学习成长过程，有效引导学生科学使用空间。要实现学生学习过程、实践经历记录的网络学习空间呈现；依托网络学习空间逐步实现对学生日常学习情况的大数据采集和分析，优化教学模式。

制度可以为解决学习分析面临的安全风险问题提供保障。如《教育信息化十三五规划》指出要落实《教育部公安部关于全面推进教育行业信息安全等级保护工作的通知》。以科技司、教育管理信息中心为责任单位，完善信息技术安全管理系统，加强对信息系统的检测和预警能力。同时，面向各直属单位的信息技术安全支撑部门责任人开展安全管理和技术培训，加快健全网络安全责任制和问责制。这些举措可以为学习分析营造出安全的网络空间。

制度还为提升教师信息化能力和数据分析能力提供途径，有助于消除由于教师能力不足对学习分析本土化造成的阻力。2016 年《教育信息化工作要点》指出，要深入推进实施教师和管理干部信息技术应用能力提升工程。教师司要负责落实教师信息技术应用能力标准，开展教师信息技术应用能力测评，把信息技术应用能力纳入到师范生培养和教师、校长的考核评价体系。规定 2016 年要完成的培训工作主要包括建设 500 学时的优质网络课程，征集加工 200 件优质培训微课程，把信息技术应用能力和教学培训紧密结合。继续举办管理干部教育信息化专题培训班，以新任教育局长为主，计划培训 800 人；举办高等学校教育信息化专题研讨班，计划培训 150 人。在此基础上，提升教师应用学习分析技术和工具的能力。同时，也为学生的自主学习提供丰富的学习资源。

综上所述，尽管影响学习分析本土化的因素有很多，但是从根本上来说，决定学习分析在高校应用的因素只有两个。一是学习分析技术自身；二是高校师生对学习分析的使用与反馈。首先，学习分析的理论与技术突破可以从根本上增强学习分析自身的生命力，从而能够在环境中有较强的适应性与繁殖力。其次，高校中教师、学生、制度、设备与学习分析都存在相互的联系。其中教学设备和技术系统都是实现学习分析的使用的基础；教师和学生是学习分析的使用者，师生对学习分析的满意度才是直接影响学习分析在高校能否广泛应用的因素；制度等因素并不直接作用于学习分析，而是通过作用于学习分析的实现和师生的使用而实现的。制度等因素通过加大政策、资金、物质等投入，建设学习分析的教学设备和技术系统，从而为在高校实现学习分析奠定基础；通过对高校的教师进行培训，提升教师的能力水平，可以减小学习分析在教师应用上造成的阻力。最后，学习分析与各个要素相互作用，通过各个要素的合力，可以实现学习分析与各要素共同发展，提升高等教育质量，推动教育的现代化。

第四节　学习分析的本土化展望

学习分析技术是智慧校园建设的关键技术之一。"智慧校园"源于IBM 公司于 2008 年提出的"智慧地球"概念。黄荣怀教授认为"智慧校园是指一种以面向师生个性化服务为理念，能全面感知物理环境，识别学习者个体特征和学习情景，提供无缝互通的网络通信，有效支持教学过程分析、评价和智能决策的开放教育教学环境和便利舒适的生活环境"。他提出智慧校园具有环境全面感知、网络无缝互通、海量数据支撑、开放学习环境和师生个性服务五大特征。技术是智慧校园发展的基础。在智慧校园的建设过程中，需要多种技术的支持，才能实现个性化服务的理念。这些技术主要包括学习情境识别和环境感知技术、校园移动互联技术、社会网络技术、学习分析技术、数字资源的组织和共享技术。① 我国现在的学习分析技术尚未进行成功的本土化应用，在现阶段的智慧校园建设中所起的作用更多地处于建设者的理想和展望中。本书将根据学习分析的特点和作用，认为学习分析技术在未来的智慧校园中应重视学习分析技术的评价干预、风险预测、资源推荐以及社会网络结构化功能的建设和应用。

一、评价干预

智慧教育是教育信息化的新阶段，是数字教育发展的新阶段，也是智慧校园中的典型应用。② 智慧教育依托物联网、云计算、大数据等技

① 黄荣怀、张进宝、胡永斌等：《智慧校园：数字校园发展的必然趋势》，《开放教育研究》2012 年第 4 期。
② 王燕：《智慧校园建设总体架构模型及典型应用分析》，《中国电化教育》2014 年第 9 期。

术，建设智能化、物联化、感知化、泛在化的教育生态系统，构建支持协作学习和个性化学习的智慧学习环境，实现信息技术与教育业务的深度融合，通过运用智慧教学法，促进学习者开展智慧学习，培养智慧人才。[①] 而智慧教学的实现和学习分析技术的评价干预功能密不可分。智慧校园中智慧环境的支撑、智慧教学法的创新、智慧学习的实现以及智慧学习的评价四者相辅相成（如图4.6所示），智慧学习环境为智慧教学提供环境支撑、为智慧学习提供技术支撑，教师的智慧教学为学生的智慧学习提供方法上的创新，学习分析技术对智慧学习的效果、因素和环境进行收据的搜集、分析和报告，得出可视化报告，为其智慧学习环境的优化提供可供参考的依据。由此可见，学习分析是智慧教学模式运行中不可缺少的环节之一。在未来的智慧校园建设中，应强调学习分析的评价干预功能进行充分的建设和应用，对智慧学习的效果、因素和环境进行评价，予以相关部门及时的反馈，以实现对智慧学习环境的有效干预。在这个过程中，学习分析的评价和干预功能对智慧学习环境的不断优化起到了至关重要的作用。在智慧教学模式的运行过程中，若缺少了学习分析的评价和干预功能，该模式的运行就缺少必要的评价和反馈机制，无法达到良好的教学效果。

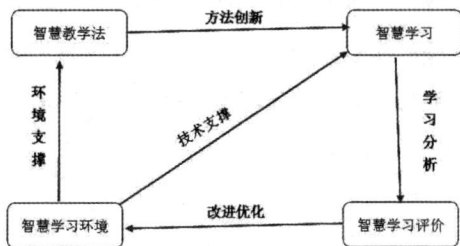

图4.6　智慧教学模式

---

① 杨现民：《信息时代智慧教育的内涵与特征》，《中国电化教育》2014年第1期；贺斌：《智慧学习：内涵、演进与趋向——学习者的视角》，《电化教育研究》2013年第11期。

二、风险预测

学习分析技术的预测是其核心优势之一。传统的教育数据分析一般是针对教育群体进行整体的分析和预测，而真正的学习分析的预测功能更多的是针对每一个学生进行的未来预测。我国现在的学习分析技术应用现状表明，我国的学习分析技术尚未进行真正的本土化应用。因为我国目前的学习分析应用过程中，除现在使用的数据量更大外，学习分析技术仍旧与传统的数据分析技术具有极大的相似之处。作为智慧校园建设的重要一环，学习分析的预测功能应该在未来得到实现。

美国普渡大学的信号灯系统是学习分析技术的风险预测功能实现的典型案例。在普渡大学中，项目从教学管理系统、内容管理系统和学生成绩单中收集信息来筛选"危险学生"，用绿黄红三种颜色来表示危险等级，提示教师对处于"危险"状态的学生加以关注，教师可以利用所得数据向学生呈现完整的可视化的报告，帮助学生了解自身情况，配合教师改进教学。在这个过程中，通过学习分析技术对危险学生进行风险预警，针对其具体情况采取措施，是学习分析实现学生的学业风险预测以及教师的个性化教学的重要手段之一。在我国的智慧校园建设中，至少到目前为止，学习分析技术并未达到如普渡大学的信号灯系统一般的风险预测功能。该功能的实现应是未来智慧校园建设的重要环节之一，只有将学习分析技术的效益真正落实到每一个学生的身上，才有可能实现智慧校园"以人为本"的宗旨。

三、资源推荐

智慧校园建设的最终目的是为师生提供一个便捷、安全、智慧的生活、学习和工作环境。① 资源推荐功能与智慧校园个性化服务的实现息息

---

① 罗丹、徐鸿雁、张诗雨：《大数据环境下智慧校园的设计与实现》，《计算机与现代化》2016 年第 9 期。

相关。大数据挖掘的资源推荐功能在商业领域早有前例。比如，我们每次打开网页，都会出现各种由我们浏览网页的数据推出的各种推荐应用或网页，实现对用户的个性化服务。但在教育领域的个性化资源推荐功能还有待学习分析技术的进一步完善和推进。

我国对个性化资源推荐的研究起步较晚，起初对个性化资源推荐的关注焦点主要集中于在线学习领域。例如，王艳芳于 2008 年设计的基于 Web 的个性化 e-Learning 系统，利用人工智能、数据挖掘和数据库技术，为学习者推荐个性化的学习资源和学习路径，创建并不断更新学习者模型，根据学习者的学习目标、知识结构、学习风格等特征，为其提供个性化的学习环境，帮助学习者实现学习目标。[①] 何玲等于 2009 年提出的一种根据学习者学习进度和兴趣实时推荐当前和后序学习资料的方法，采用数据挖掘技术，以学习者的学习进度和兴趣作为聚类依据，确定邻居学习者，然后根据邻居学习者的学习效果来推荐学习资料。[②] 赵蔚等于 2010 年基于 Web2.0 用户创造内容为理念，提出的一种开放的网络学习系统，面向个人终身学习，向学习者推荐个性化的 e-Learning 解决方案，该方案由学习目标、网络学习活动序列、网络学习环境支持部分组成。[③]

这些学习资源个性化推荐系统并没有通过利用多种学习分析方法分析学习者的学习行为数据，推断并修正学习者的学习风格，以此来推荐学习资源、学习伙伴等，也没有推送个性化的学习界面，而且所推荐的内容单一，大多数仅推荐学习内容资源，没有推荐学习伙伴。以上在线学习系统在一定程度上为学习分析技术在智慧校园中实现资源的个性化

---

① 王艳芳：《支持个性化学习的 e-Learning 系统研究》，《中国电化教育》2008 年第 3 期。

② 何玲、高琳琦：《网络环境中学习资料的个性化推荐方法》，《中国远程教育》2009 年第 2 期。

③ 赵蔚、余延冬、张赛男：《开放式 e-Learning 解决方案个性化推荐服务——一种面向终身学习的数字化学习服务模式的探索思路》，《中国电化教育》2010 年第 11 期。

推荐奠定了基础，但仍需要进一步的发展。在智慧校园的建设中，学习分析技术除了要为教师、学生提供教学资源、学习资源等内容资源的推荐，还应实现资源路径的推荐、活动推荐以及学习伙伴的推荐等多方面的智能推荐。

四、社会网络结构化

社会网络是由某些特定群体之间构成的相对稳定的关系网。① 在智慧校园的建设中应实现社会网络的结构化功能，通过对学校中社会网络结构的分析，实现对关键团体，例如领导团体、教师团体、师生团体等的特征分析，确定校领导、教师或学生在团体中所在的位置、所起的作用、所扮演的角色等，对学校的主要构成人员在虚拟网络中的活动情况进行相应的掌握，以便为其提供更好的服务和管理。

社会网络技术主要是在 20 世纪 90 年代中后期开始的利用搜索引擎的社会网络的构建与分析、Web 社区的社会网络分析等，其中基于 Web 的社会网络分析技术对智慧校园的建设具有重要意义。② 基于即时通讯、博客、微博、社会问答、社会标签、在线社会网络等社会型软件的兴起，互联网从以数据为中心的传统 Web 转变为以用户为中心的 Web2.0，实现对用户的个性化服务。社会网络分析可以看作是网络知识发现或网络挖掘的一个分支，涉及数据挖掘、机器学习、信息抽取与检索等不同领域。在社会网络中，隐含了大量的数据信息，社会网络结构化功能的实现有利于对隐含信息进行有效的挖掘和分析，促进智慧校园的建设。

---

① B. Wellman, S. D. Berkowitz, *Social Structures: A Network Approach,* New York: Cambridge University, 1997, p. 130.
② 黄荣怀、张进宝、胡永斌等：《智慧校园：数字校园发展的必然趋势》，《开放教育研究》2012 年第 4 期。

第五章

评述与展望

一、理论研究评述

（一）国际理论研究进展

网络教育的普及和大数据研究推动了学习分析与现代教育的结合，2005 年，研究者利用数据挖掘技术将 Moodle 学习平台的学习者数据提取分析并建立学习者能力预测模型的研究，为学习分析在各阶段教育的应用提供了理论和实践上的借鉴。从研究历史来看，学习分析真正进入研究者视野的实践并不长，但是其基本理论和方法论已经在国际上获得了很大的发展和进步。研究者们从不同角度、层次对学习分析的概念、基本原理、特征、发展趋势等理论问题进行了深入的研究。从时间上来看，对学习分析定义的研究起源于美国高等教育信息化协会，《下一代学习挑战》报告中指出，学习分析是使用数据和模型预测学生收获和行为的信息处理方式，[①] 在这个定义的基础上，学习分析领域专家 George Siemens、Tanya Elias 等人和学习分析与知识大会、学习分析学研究协会等官方组织也提出了自己的见解，并且为后来的研究者们广泛参考借鉴。国外学者们将学习分析视为一种重要的技术深入研究其出现的知识背景和技术背景，指出商务智能、网站分析、学术分析、行动分析、教育数据挖掘等相对成熟的研究领域为学习分析提供了较好的理论起点，后续研究者们围绕学习分析的基本原理、数据处理方法、模型分析和使用原则等方面

---

① M. Brown, *Learning Analytics: The Coming Third Wave*, 2011, http://net. educause. edu/ir/library/pdf/ELIB1101. pdf.

进行了探索，其中 George Siemens 提出的通过收集学习者数据和智能数据进行预测并推动个性化或适应度提升的学习分析模式是较为有代表性的模型理论研究，Elias 在此基础上结合知识的连续性、分析的五步法和知识管理模型建立了反馈环状持续改进模型，将 Siemens 提出的数据捕获、形成报告、预测、采取措施和优化进一步总结为以组织机构、计算机、人力和理论为核心、数据收集、数据处理及应用优化三阶段循环完成目标的动态理论模型，除此之外，沃尔夫冈和亨德里克的要素模型、Chatti 的多因素学习分析模型都可视为外国研究者在学习分析理论研究中的显著性成果。在对核心技术的理论研究中也有诸多进展，研究者们对数据捕获制定了严格的标准，本书中详细介绍的美国国防部指定的 SCORM 标准和在 SCORM 基础上进行了改进的 Experience API 标准是较为成熟且接受度较高的数据捕获标准，在分析阶段涉及的数据挖掘技术和社交网络分析技术对已经预处理过的数据进行深入探索的科学技术方法，研究者们对此也进行了全面的分类探讨，并且结合应用实例检验了理论的可靠性和适用性。学习分析作为一门新兴技术，其涉及面广且作用程度深，研究者们更多地将与之相关的群体称之为利益相关者，Brown 指出最主要的利益相关者包括教学者、学生和管理者，而后续的研究发现家长、第三方投资企业及投资者也是重要的利益相关者。对利益相关者的研究可以从理论上说明学习分析带来的直接作用力，并且可以指导使用者如何全面地考量相关者的利益，做出稳妥的决策和实践行动。在对相关文献的梳理中可以发现，学习分析杂志（Journal of Learning Analytics），教育技术与社会（Educational Technology，Society），行为科学家（American Behavioral Scientist）对学习分析尤为重点关注，与该领域相关的理论研究获得后续研究者的广泛肯定和接受，并且研究者们趋向于使用理论论证和实例证明相结合来说明问题，在形式上也出现了诸多跨区域、跨学校的合作研究团队，学习分析相关理论在国际上的研究也朝着"全面化、细节化、创新化、深层化"的趋势前进。

（二）国内理论研究进展

2012 年 3 月，教育部正式发布《教育信息化十年发展规划（2011—2020)》，其中提到，实现教育信息化的重要途径即是推动信息技术与教育实现深度融合，因此，随着信息技术与教育融合程度的逐渐加深，教育信息化在我国各阶段的教育领域中都获得了很大的支持，理论研究的进步指导着实践能力的不断提升。学习分析技术的出现是信息技术与教育教学融合的产物。在我国学者顾小清、张进良等发表的文章《学习分析：正在浮现中的数据技术》中，对学习分析技术的发展历史、定义、过程、应用及前景等方面做了较为详细的叙述，在理论上指出了学习分析技术的原始技术基础是 CMI 和 DDDM 系统，参考了首届学习分析和知识国际学术会议对学习分析技术的定义，认为学习分析是利用一定的分析方法和数据模型解释与学习者相关数据、解释学习过程、探索学习规律的重要技术，介绍了 George Siemems 提出的学习分析过程并将其认定为具有数据复合化、技术多重化、结果可视化、服务微观化、理论多元化等特征的新兴教育技术，并且对学习分析技术中的关键点：社会网络分析法、话语分析法、内容分析法做了详细的说明。研究者利用书目共现分析系统对与学习分析相关的文献数量和内容进行了探索。在 2012 年之前我国对学习分析的相关研究数量较少，2012 年之后有所上升，并且研究者们普遍认为《学习分析：正在浮现中的数据技术》可被视为最早系统论述学习分析的文章，在后续的文章中也大部分引用或参考了这篇文章中的基本观点和内容，这篇文章为我国的学习分析本土化理论研究提供了较为全面的基本素材。在此之后，随着我国政策环境的变化，信息技术应用于教育的趋势愈发明显，《教育信息化工作要点》、《教育信息化"十三五"工作规划》、《建构利用信息化手段扩大优质教育资源覆盖面有效机制的实施方案》等相关国家政策的出台为我国学习技术理论的研究发展提供了良好的社会背景支持和走向指导。我国学习分析的研究按照"由点及面，由浅至深"的趋势发展，参与研究的机构由师范院校的信息技术学系扩展到全国各综合类大学的专门研究机构，研究者偏向于跨学院、跨机构、跨国的合作研究，出现了一批有代表性的研究者，研究对象从单一对学习分析的研究深入为将学习分析结合教育大数据、在线学习行为、个性化学习等方面进行了深层次的研究。到目前为止，我国学者在学习分析本土化的研究中已经获得了很大的进展，例如华东师范大学的马晓玲等人与密苏里大学研究者在对已有相关理论和概念探索的基础上，着重分析了学习分析系统理论、形式化建模学习分析系统信息空间模型，尝试构建了一个开放、全面的学习分析系统，提出了学习分析对象数据模型、学习分析系统本体框架及学习分析系统标准族谱，并且在文章中借鉴了基于开源学习管理系统 Sakai 的学习分析实例。[①] 国家开放大学的魏顺平在《学习分析数据模型及数据处理方法研究》中从学习分析的数据和数据处理两个方面出发，演绎得出学习分析数据模型的基本框架，参考 Moodle 学习平台中的数据表结构构建了学习分析数据模型，并且以数据模型中的"学习行为"数据表为例说明了可能出现的数据子集，结合实际案例叙述了针对不同数据子集的处理方法，为学习分析数据处理的理论与实践相结合提供了参考实例。[②] 花燕锋、张龙革基于MOOC 的多元同心学习分析模型，姜强、赵蔚等人的个性化自适应在线学习分析模型等模型理论都可视为我国学习分析理论研究的重要成果。从目前的相关文献分析来看，《远程教育杂志》、《中国电化教育》、《开放教育研究》和《电化教育研究》等四本期刊对学习分析研究的重视程度较高，紧跟国际研究趋势，来自华东师范大学、东北师范大学、北京师范大学的研究者在该领域的研究中保持着较高的研究成果数量和学术接受度。我国学者在学习分析基本原理和方法论上的研究在根本上吸收了国

---

① 马晓玲、邢万里、冯翔、吴永和：《学习分析系统构建研究》，《华东师范大学学报（自然科学版）》2014 年第 2 期。

② 魏顺平：《学习分析数据模型及数据处理方法研究》，《中国电化教育》2016 年第 2 期。

外优秀成果的精髓，并且有效地指导着我国学习分析应用实践的进步。

二、应用研究评述

（一）国外应用研究概述

大数据时代的到来使得云计算技术、非结构化数据存储技术等信息技术走入我们的生活，教育领域也在大数据理论和技术的影响下发生了新的改变。学习分析作为大数据在教育领域内的重要应用成果之一，从理论研究最早的英美国家向国际其他国家辐射着重要的影响力，世界各国均在学习分析与教育，尤其是高等教育方面投入了诸多的人力物力财力支持其发展。因此，学习分析在教育领域中的实践形式多样，涉及学习者知识结构模型建立、行为模型建立、情感体验模型建立、档案存储、学习情况分析、学习趋势分析、个性化设置等诸多方面。在本书中将学习分析按照其主要功能和所涉及的利益相关者把其作用主要划分为辅助教师教学、改进学生学习和调整教学资源配置三个方面。其中最具代表性的学习分析应用于高等教育的实践是美国普渡大学的"信号灯"项目，该项目对"危险学生"的筛选和报告能够有效地帮助教师在较短的时间内尽快锁定需要帮助的学生并且依据学生的具体情况开展有针对性的学业指导。与该系统在指导理论、数据收集和处理方式上存在相似之处的美国马里兰大学巴蒂摩尔分校 CMA 系统也在帮助学生自我评估学习情况、提高自主学习和解决问题的积极性方面收到了实效。除了作为单纯的学习预警功能之外，加拿大英属哥伦比亚大学、澳大利亚卧龙岗大学都选择了在社会网络分析法指导下的 SNAPP 技术收集学生在网络学习平台中的学习数据。可视化报告显示了学生在社交网络中的位置、感兴趣的话题和最常联系的同学等，通过这些数据反映学生的网络交互情况以及学习趋势。指导教师在关注学生学习成绩的同时为学生提供贴合兴趣的话题，将课堂内容与个人兴趣进行有机结合，达到促进学业进步的目的。除此之外，德国亚琛工业大学的学业分析系统 Elat 也是欧洲国家应用学习分析提高高等教育学习者学业水平的重要代表工具，比利时鲁汶大学的学习监控程序也对教师同时掌握多位学生的学习情况从而改进课堂教学方法、指导学生进步起到了很大的推动作用。从校园管理上看，高校管理涉及面广，除了传统的教学资源配置、辅助课堂管理、校园门户系统、财物管理系统之外，教职人员的培训管理、课题项目申报系统、学生的招生就业也是重要的、不可忽视的。美国科罗拉多大学借鉴了企业管理系统的理论和方法建立了大学信息系统 UIS，将学生、教师、课堂、教学资源、培训、财物等多个职能系统的工作电子化信息化，并且设置子系统细化每个主要职能系统的具体任务，缓解了人力成本的压力，提高了办公效率。除了该系统之外，美国肯塔基大学使用的 HANA 系统有效地减少了学校基础设施的成本投入，提高办学效益。美国伊萨卡大学的"IC 同伴"系统在对大学申请者的指导上起到了非常重要的作用，帮助教师和渴望进入大学或研究院继续学习的申请者联系，提高研究方向的匹配度。以上所提到的应用具有代表性和开创性，为不同国家、不同学校之间的互相借鉴提供了真实的数据资料，也为学习分析理论的完善和发展奠定了实践基础。

（二）国内应用研究概述

我国学者在理论上的研究虽然起步较晚，但是我国政府高度重视，发展迅速，在借鉴国际先进理念和成熟实践经验的基础上，学习分析技术与教育的结合也日趋紧密，在短时间内涌现出了一批质量较高的应用成果。华中师范大学的朱珂、刘清堂在 Sakai 平台已有模块的基础上对其进行了二次开发，构建了一个自适应学习系统框架，将学生、教师、管理人员、教育研究专家和在线学习平台有机联系起来，系统与学生交互形成个性化学习报告，预测其发展情况，教师、管理人员和教育研究专家调整呈现的信息面板并控制干预引擎；中央民族大学的孙洪涛以 Moodle 平台数据为依托，采用 NodeXL 工具和 Gismo 软件分析收集到的学生信息，有效地解释了学生目前的学习状况和存在的问题；香港中文大学医学院在课程管理系统中增加了日志管理模块，记录实习生的实习过程，为其提供必要的实习信息，既是指导教师管理实习生的辅助工具也是实习生的工作记录和交流平台。用于基础教育的教学辅助平台 ITtools 以其模块设置灵活、兼容性强、配置要求低、收效好的特点迅速地获得了教师的青睐。教师可以从学生的登录和使用情况中获取与学习成绩关联的信息，灵活且有针对性的使用教学策略。虽然从数量上看我国的实践研究还处于起步的阶段，但是我们有理由相信，在已有理论研究的指导下，实践的探索也会走向更加深入的方向。

三、国外研究发展趋势

美国的新媒体联盟作为全球著名的新兴信息技术跟踪研究机构，从2002 年开始对全球范围内的新兴技术进行深入的调查，涉及自然科学和社会哲学中多个领域的技术应用，从 2004 年开始每年发布的《地平线报告（高等教育版）》已持续 14 年。该报告对未来五年内高等教育领域应用新兴技术的情况和发展方向做了详细的汇报，指出了即将采用的关键技术、发展趋势和可能面临的来自各个方面的挑战。2011—2016 年连续 6年的《地平线报告（高等教育版）》都将学习分析视为关键技术之一。从2011 年预测学习分析即将在未来五年内成为主流技术开始，直到 2016 年的报告将学习分析预测为 1 年内普遍采用的技术，证明了学习分析在高等教育中的确占有重要地位。在最新的报告中将学习分析与自适应学习相结合，报告指出学习分析技术的成熟使得各高校已经获得了大型的数据集和开展个性化学习的工具，学习分析不仅作为单纯的为学校确定潜在危险学生的工具而存在，更是在帮助学生形成自主学习的习惯。已有研究发现，学生的个性化需求服务并未得到很好的满足，在 2016 年的报告中依然将其视为高等教育发展中艰难的挑战。真正的个性化学习在充分考虑学生背景的情况下要满足学生的个体需求和愿望，教师必须要以参与者而不是单纯的执行者或观察者的身份参与其中，让学生在学习中掌握主导权，这并不是让学生孤军奋战，而是尊重学生的天赋，激发其兴趣和潜力，让教师或指导者一对一介入学生的学习。在比尔盖茨基金会的帮助下，有一些大学已经获得了资助去完成这一目标，而对于大多数已经具备学习分析技术的高校来说，如何真正做到一对一的帮助，还是一个亟待解决的问题。在该报告中还指出，除了传统的学习分析工具可以使用之外，其他新兴的工具也可以起到很好的辅助作用，例如虚拟现实和增强现实、情感计算、机器人技术等。在混合学习的背景下，网络学习与课堂学习的联系日益紧密，学习分析技术可以和虚拟现实、增强现实技术相结合，在艺术类学科的线上学习中，虚拟现实的使用可以让学生身临其境感受学习内容的精妙之处，在应用类理工学科的学习中，增强现实可以帮助学生更好地理解微小工具实际的操作过程，参与式的环境可以很好地激发用户的兴趣，从而更好地理解学习者的学习倾向和模式，更好地实现个性化的分析；也可以与情感计算概念相结合，赋予计算机一定的情感，使计算机能够识别、理解人的情感，当学生处于在线学习平台中时，教师收到的不仅是单纯的数字分析，更能够看到学生在学习时的情绪变化，判断学生是否对课程有兴趣，是否需要对作业的难度和课外资料的内容进行再次商榷等。因此，在学习分析理论和技术日趋成熟的今天，完成单纯的学习预警已不是唯一的目标，更多的是要真正做到教育的公平和师生的互相尊重。在美国高等教育信息化协会2016 年度十大 IT 议题中提到，在高等教育中应用信息技术从来就不是件容易把握的事，信息安全、优化教育技术、学生成就技术、学校数据管理均是 2016 年度中普遍存在的关键问题。因此在未来的发展趋势中，如何解决学习分析中的隐私问题、让学习分析更加贴合学生的实际情况，如何更好地为校园管理服务，将会是不可回避的重要议题。

四、国内研究发展趋势

本书第三章对学习分析的本土化研究进行了分析，总结了我国在学习分析领域的研究在总体上具有起步较晚但是发展速度迅速、总体呈现上升态势的特点，在内容上偏重于对国际优秀研究成果的说明，在本土实践应用和系统开发方面涉及较少。但是不可否认的是，我国的研究吸取了国际前沿的研究成果，并结合我国实际情况，已在学习分析研究领域崭露头角。在理论上，我国学者逐渐认识到，互联网改变着教育的概念、教育的生态环境、教育的方式等。由于互联网的发展，使得学习由固定的、较为单一的方式变成了灵活的、随时随地的、内容多样的活动，也更为个性化、智能化、开放化。华东师范大学终身教授祝智庭指出，在教育信息化的过程中要注意来自环境的、工具本身的、使用者本身的各类影响因素，为网络学习平台的参与者构建数字学习生态系统，结合我国国情和发展目标，提出了智慧教育的概念。在生态化学习环境中，培植人际协同的数据智慧、教学智慧与文化智慧，让教师充分发挥教学策略的作用，让学生获得与个体情况最相符的教育。智慧教育以学生、学习体验、学习本身和学习数据为关注核心，调节教学双方、资源、空间、管理者、同伴之间的相互关系使之达到协调，在必要时加以干预，学习分析技术为教育决策的形成提供了重要的参考数据。可见，学习分析技术是智慧教育产生智慧的基础，两者互助互长。智慧学习理论的概念设计、基本框架和方法模型在理论上指导着学习分析的本土化应用。北京师范大学的余胜泉教授进一步肯定了互联网教育对实现学生个性化学习的意义，透过数据才能看到学生真正的样子。因此基于数据技术，建立促进学生个性发展的教育体系，是我国未来教育发展的基本趋势。学习分析技术在我国必将向更智能化、全面化、个性化和开放化方向发展。

五、创新点及研究展望

本书的主体部分以章节为单位分别论述了学习分析技术的原理、学习分析技术在国外高校中的应用、学习分析技术应用中出现的问题及对策、以及学习分析的本土化。从时间上来看，学习分析近五年在国际研究中得到重视，我国学者在近三年间对该领域的研究逐步深入，在整体研究背景上，学习分析仍能称为新兴的研究热点，并且国内外研究者们对该主题的研究热情有愈演愈烈的趋势。关于学习分析的基本原理、方法模型、支持技术和人员培养等方面的研究正在推动着国内外研究者们对这一主题进行更深层次、全面且细致入微的探讨。本书的创新点主要体现在三个方面。首先是研究方法的创新。坚持理论与具体案例相结合的说明方式，尤其是在我国对学习分析的应用实践方面探索较少的情况下，整合国内外已有且较具代表性的案例说明理论的真实性，充分展示了学习分析在高等教育中应用的重要意义。第二则体现在研究视角的创新。本书的第二章写到学习分析技术在国外高等教育中的应用，将其作用力分别与教师、学生、学校三大主体相结合，逐一论述了学习分析系统是如何推动教师改善教学、如何帮助学生实现学业评价及如何帮助资源优化配置；在第三章针对应用中出现的问题从宏观和微观两个方面提出了存在的问题及相应的对策，宏观层面探讨的是国内学习分析技术面临的理论、物质和人才基础的不足及预测功能的局限性，微观层面探讨的是技术人员、管理人员等利益相关者面临的诸多问题；在第四章学习分析的本土化探究中对已有的理论、实践做了详细的说明，并且解读了现有政策对学习分析应用的作用，展望了前景。第三个创新点体现在数据资料的拓展上。本书的编写者从自身经验出发，结合自己参与和组织过的研究展开写作，保证了第一手资料的真实性和前沿性，并且在资料收集和写作的过程中，注重对最新材料的收集，所涉及的数据资料在现有文献中几乎是全新的。

在今后的研究中，我们需要开阔的视野、创新的思维去发现学习分析与教育结合的最佳契合点，挖掘已有理论的不足，从实践中探寻经验，结合政策导向和科技发展的具体情况，使学习分析真正地做到为教育服务、为学生服务、为社会服务。在接下来的研究中，可以从国家、社会、学校、个人四个不同层面入手，真正构建教育信息化、数据普及化、知识共享化的社会氛围，真正将学习分析与"智慧校园"、"未来教室"、"创客文化"等前沿的教育信息化理念相结合，探究学习分析对各阶段教育，尤其是对高等教育产生的革命性影响和深远意义。

参考文献

中文文献

风笑天：《社会学研究方法》，中国人民大学出版社 2001 年版。

冯维：《现代教育心理学（高等院校应用型专业心理学系列教材）》，西南师范大学出版社 2013 年版。

黄希庭：《心理学导论》，人民教育出版社 2007 年版。

张云涛：《数据挖掘原理与技术》，电子工业出版社 2004 年版。

［美］伯恩斯坦：《统计学原理——描述性统计学与概率》（上册），史道济译，科学出版社 2002 年版。

蔡凤金、武正军、何南等：《克氏原螯虾的入侵生态学研究进展》，《生态学杂志》2010 年第 1 期。

崔伟奇、史阿娜：《论库恩范式理论在社会科学领域中运用的张力》，《学习与探索》2011 年第 1 期。

陈丽：《术语"教学交互"的本质及其相关概念的辨析》，《中国远程教育》2004 年第 2 期。

陈丽、林世员、郑勤华：《"互联网＋"时代中国远程教育的机遇和挑战》，《现代远程教育研究》2016 年第 1 期。

陈霞、施俊琦：《北京文理科高中生职业兴趣差异研究》，《职业》2008 年第 5 期。

戴心来、王丽红、崔春阳、李玉斌：《基于学习分析的虚拟学习社区社会性交互研究》,《电化教育研究》2015 年第 12 期。

邓彩红:《大数据背景下学习分析及应用》,《江西广播电视大学学报》2015 年第 3 期。

方炜炜、周长胜、贾艳萍:《基于 SMC 的分布式隐私保护数据发布研究》,《系统工程与电子技术》2012 年第 11 期。

耿学华:《大道与小路:教育机智穿梭行走的智慧——教育现象学研究及启示》,《高等理科教育》2012 年第 1 期。

龚志武、吴迪、陈阳键、苏宏、王寒冰:《2013 地平线报告高等教育版》(下),《广州广播电视大学学报》2013 年第 3 期。

顾小青、张进良、蔡慧英:《学习分析:正在浮现中的数据技术》,《远程教育杂志》2012 年第 1 期。

顾小清、胡艺龄、蔡慧英:《MOOC 的本土化诉求及其应对》,《远程教育杂志》2013 年第 5 期。

海峰、李必强、冯艳飞:《集成论的基本范畴》,《中国软科学》2001 年第 1 期。

何克抗:《"学习分析技术"在我国的新发展》,《电化教育研究》2016 年第 7 期。

何蕾、罗刚:《对 Moodle 本土化的理性思考》,《中小学信息技术教育》2008 年第 5 期。

何玲、高琳琦:《网络环境中学习资料的个性化推荐方法》,《中国远程教育》2009 年第 2 期。

贺斌:《智慧学习:内涵、演进与趋向——学习者的视角》,《电化教育研究》2013 年第 11 期。

胡甲刚:《跨学科人才培养的制约因素分析》,《高等理科教育》2005 年第 1 期。

胡艺龄、顾小清、赵春:《在线学习行为分析建模及挖掘》,《开放教育研究》2014 年第 2 期。

花燕锋、张龙革：《基于慕课的多元同心学习分析模型构建》，《远程教育杂志》2014 年第 5 期。

黄德群：《云服务架构下的 Canvas 开源学习管理系统研究》，《中国远程教育》2013 年第 7 期。

黄荣怀、张进宝、胡永斌等：《智慧校园：数字校园发展的必然趋势》，《开放教育研究》2012 年第 4 期。

黄赟茹：《大数据时代学习平台的数据统计分析功能研究——以 Canvas 和 Sakai 系统为例》，《情报工程》2016 年第 3 期。

姜强、赵蔚、王朋娇、王丽萍：《基于大数据的个性化自适应在线学习分析模型及实现》，《中国电化教育》2015 年第 1 期。

姜强等：《基于大数据的个性化自适应在线学习分析模型及实现》，《中国电化教育》2015 年第 1 期。

靖东阁、谢德新：《从量化到质性：教育均衡发展研究范式的转向》，《当代教育科学》2014 年第 11 期。

李逢庆、钱万正：《学习分析：大学教学信息化研究与实践的新领域》，《现代教育技术》2012 年第 7 期。

李林春、段鸿斌：《克氏螯虾（龙虾）生物学特性研究》，《安徽农业科学》2005 年第 6 期。

李青、孔冲：《下一代 SCORM 标准的新动向——ADL TLA 和 Experience API 解读》，《电化教育研究》2013 年第 8 期。

李青、王涛：《学习分析技术研究与应用现状述评》，《中国电化教育》2012 年第 8 期。

李婷、傅钢善：《国内外教育数据挖掘研究现状及趋势分析》，《现代教育技术》2010 年第 10 期。

李彤彤、黄洛颖、邹蕊、武法提：《基于教育大数据的学习干预模型构建》，《中国电化教育》2016 年第 353 期。

李文鑫、胡甲刚：《跨学科人才培养的思考与探索》，《国家教育行政学院学报》2004 年第 3 期。

李文耀：《谈科学中的"马太效应"》，《求实》1992 年第 9 期。

李艳燕、马韶茜、黄荣怀：《学习分析技术：服务学习过程设计和优化》，《开发教育研究》2012 年第 5 期。

李艳燕、马韶茜、黄荣怀：《学习分析技术：服务学习过程设计和优化》，《开放教育研究》2012 年第 5 期。

李远航、王子平：《社会学视角下的虚拟学习社区中社会性交互研究》，《现代教育技术》2009 年第 9 期。

李詹宇、朱建明：《数据挖掘隐私保护综述》，《信息安全与技术》2012 年第 9 期。

刘雪立、王兆军：《2004—2008 年我国情报专题研究高被引论文的统计与分析》，《情报杂志》2010 年第 1 期。

刘亚敏、胡甲刚：《跨学科人才培养的制约因素探讨》，《中国高教研究》2004 年第 3 期。

刘艳华、徐鹏：《大数据教育应用研究综述及其典型案例解析——以美国普渡大学课程信号项目为例》，《软件导刊（教育技术)》2014 年第 12 期。

刘英华、杨炳儒、马楠等：《分布式隐私保护数据挖掘研究》，《计算机应用研究》2011 年第 10 期。

卢晓东、宋鑫、王卫等：《大学本科培养跨学科知识复合型人才的做法与相关问题探讨——北京大学的个案》，《当代教育论坛》2003 年第 10 期。

罗丹、徐鸿雁、张诗雨：《大数据环境下智慧校园的设计与实现》，《计算机与现代化》2016 年第 9 期。

罗冬梅：《浅析〈现代教育技术〉课程教学改革》，《课程教育研究》2015 年第 3 期。

吕啸、余胜泉、谭霓：《基于发展性评价理念的网络教学平台学习评价系统设计》，《电化教育研究》2011 年第 2 期。

马卉、王晓春、张功云：《我国学习分析研究高被引论文分析》，《中国信息技术教育》2016 年第 17 期。

马晓玲、邢万里、冯翔、吴永和：《学习分析系统的构建研究》，《华东师范大学学报》2014 年第 2 期。

孟玲玲、顾小清、李泽：《分析工具比较研究》，《开放教育研究》2014 年第 4 期。

牟智佳、武法提、乔治·西蒙斯：《国外学习分析领域的研究现状和趋势分析》，《电化教育研究》2016 年第 4 期。

牟智佳、俞显：《知识图谱分析视角下学习分析的学术群体与热点追踪——对历年"学习分析与知识国际会议"的元分析》，《远程教育杂志》2016 年第 2 期。

穆肃、左萍萍：《信息化教学环境下课堂教学行为分析方法的研究》，《电化教育研究》2015 年第 9 期。

NMC 地平线项目、龚志武、吴迪等：《2013 地平线报告高等教育版》（上），《广州广播电视大学学报》2013 年第 2 期。

彭惠芳：《高校辅修管理存在的问题与对策》，《大学：学术版》2010 年第 8 期。

彭绍东：《基于 SCORM 标准的"学习路径"设计》，《现代教育技术》2010 年第 8 期。

平和光、杜亚丽：《"互联网＋教育"：机遇、挑战与对策》，《现代教育管理》2016 年第 1 期。

任磊、杜一、马帅等：《大数据可视分析综述》，《软件学报》2014 年第 9 期。

任永功、于戈：《数据可视化技术的研究与进展》，《计算机科学》2004 年第 12 期。

孙洪涛：《开源工具支持下的社会网络分析——NodeXL 介绍与案例

研究》，《中国远程教育》2013 年第 2 期。

孙洪涛：《学习分析视角下的远程教学分析案例研究》，《远程教育》2012 年第 11 期。

孙继周：《日本数据隐私法律：概况、内容及启示》，《现代情报》2016 年第 6 期。

唐丽、王运武、陈琳：《智慧学习环境下基于学习分析的干预机制研究》，《电化教育研究》2016 年第 2 期。

王慧君、王海丽：《我国学习分析技术的研究现状及存在问题分析》，《河南科技学院学报》2016 年第 9 期。

王丽红、戴心来、乔诗淇：《开源工具支持的社会网络分析研究——SNAPP 介绍与案例研究》，《中国教育信息化》2015 年第 1 期。

王林丽、叶洋、杨现民：《基于大数据的在线学习预警模型设计——教育大数据研究与实践专栏之学习预警篇》，《现代教育技术》2016 年第 7 期。

王艳芳：《支持个性化学习的 e - Learning 系统研究》，《中国电化教育》2008 年第 3 期。

王燕：《智慧校园建设总体架构模型及典型应用分析》，《中国电化教育》2014 年第 9 期。

王英让、张玲、常志鹏等：《教育技术管理在〈现代教育技术〉课程中的应用》，《现代教育技术》2009 年第 5 期。

王元卓、靳小龙、程学旗：《网络大数据：现状与展望》，《计算机学报》2013 年第 6 期。

魏顺平：《学习分析技术：挖掘大数据时代下教育数据的价值》，《现代教育技术》2013 年第 2 期。

吴青、罗儒国：《学习分析：从源起到实践与研究》，《开放教育研究》2015 年第 1 期。

吴涛：《〈教育技术项目管理〉课程开发探索》，《中国教育信息化》

2005 年第 8 期。

吴永和、曹盼、邢万里、马晓玲：《学习分析技术的发展和挑战——第四届学习分析与知识国际会议评析》，《开放教育研究》2014 年第 6 期。

吴永和、陈丹、马晓玲、曹盼、冯翔、祝智庭：《学习分析：教育信息化的新浪潮》，《远程教育杂志》2013 年第 4 期。

肖明、陈嘉勇、栗文超：《数据挖掘在学习管理系统中应用的研究进展综述》，《现代教育技术》2010 年第 9 期。

徐鹏、王以宁、刘艳华等：《大数据视角分析学习变革——美国〈通过教育数据挖掘和学习分析促进教与学〉报告解读及启示》，《远程教育杂志》2013 年第 6 期。

闫寒冰、傅伟：《教育技术管理的历史演进与内涵辨析》，《电化教育研究》2012 年第 9 期。

闫友彪、陈元琰：《机器学习的主要策略综述》，《计算机应用研究》2004 年第 7 期。

杨得意：《"小龙虾"生物入侵的是非功过》，《湿地科学与管理》2010 年第 1 期。

杨桂云、马世强：《Moodle 平台在计算机实践教学中的应用思考》，《中国教育信息化》2016 第 8 期。

杨现民：《信息时代智慧教育的内涵与特征》，《中国电化教育》2014 年第 1 期。

郁晓华、顾小清：《学习活动流：一个学习分析的行为模型》，《远程教育杂志》2013 年第 4 期。

臧玲玲：《我国高等教育本土化研究述评》，《现代教育管理》2013 年第 3 期。

张超：《教师远程培训的学习干预研究》，博士学位论文，华东师范大学 2010 年。

张丹、王建华：《Sakai 平台应用研究》，《黑龙江科技信息》2011 年第 15 期。

张厚粲、陈建平：《现代心理与教育统计学》，北京师范大学出版社 2003 年版。

张家年、孙祯祥：《中美教育技术管理的比较与思考》，《现代远距离教育》2007 年第 6 期。

张进良、张克敏、张军儒：《信息化进程中高校教育技术管理存在的问题及其对策》，《中国医学教育技术》2006 年第 6 期。

张诗潮、吴丽君：《〈地平线报告〉：创新技术推动教育发展国际教育信息化研究系列六》，《中国教育网络》2012 年第 12 期。

张天勇：《技术异化与现代性的走向——海德格尔与鲍德里亚的视域》，《科学技术哲学研究》2015 年第 2 期。

张雪云、马志强：《国内 Moodle 平台研究综述》，《开放教育研究》2007 年第 4 期。

张燕军、李震峰：《21 世纪美国高等教育科学，技术，工程和数学教育的问题及其应对》，《比较教育研究》2013 年第 3 期。

张羽、李越：《基于 MOOCs 大数据的学习分析和教育测量介绍》，《清华大学教育研究》2013 年第 4 期。

赵蔚、余延冬、张赛男：《开放式 e – Learning 解决方案个性化推荐服务——一种面向终身学习的数字化学习服务模式的探索思路》，《中国电化教育》2010 年第 11 期。

郑晓薇、刘静：《学习分析模型的分类与对比研究》，《现代教育技术》2016 年第 8 期。

郑旭东、杨九民：《学习分析在高等教育领域内的创新应用：进展、挑战与出路》，《中国电化教育》2016 年第 2 期。

钟源、吴振寰、刘灿姣：《数字资源长期保存馆社合作模式调查分析》，《图书情报工作》2014 年第 2 期。

朱基钗、高六、刘硕：《中国互联网络发展状况统计》，《党政论坛：

干部文摘》2016 年第 9 期。

朱珂、刘清堂：《基于"学习分析"技术的学习平台开发与应用研究》，《中国电化教育》2013 年第 9 期。

祝智庭、沈德梅：《学习分析学：智慧教育的科学力量》，《电化教育研究》2013 年第 5 期。

曹盼：《学习分析过程分析与应用的研究》，硕士学位论文，华东师范大学 2015 年。

陈珊：《促进问题解决的学习干预设计与应用研究》，博士学位论文，华东师范大学 2013 年。

陈欣：《高校教育技术管理体制的构建》，硕士学位论文，华东师范大学 2009 年。

顾晓：《学习分析技术在高中信息技术的应用实践研究》，硕士学位论文，上海师范大学 2012 年。

毛国君：《数据挖掘技术与关联规则挖掘算法研究》，博士学位论文，北京工业大学 2003 年。

王璐：《学习分析在网络学习中的应用及效果研究》，硕士学位论文，河南师范大学 2015 年。

杨维嘉：《在数据挖掘中保护隐私信息的研究》，博士学位论文，上海交通大学 2009 年。

张焕：《基于企业数据仓库的绩效仪表盘的研究与实现》，博士学位论文，北京工业大学 2010 年。

周光英：《高校跨学科培养人才的管理创新研究》，硕士学位论文，中南民族大学 2010 年。

毛海舟：《基于教学实时反馈系统的学习分析技术研究——以高职《高等数学》课堂教学为例》，《中国报业》2016 年第 12 期。

马晓玲、邢万里、冯翔等：《学习分析系统构建研究》，2013 教育信息化暨电子课本与电子书包标准及应用国际论坛，2013 年 11 月。

中国教育技术协会:《中国教育技术标准》, 见 http://www.etr.com.cn, 2005 - 6 - 15.

英文文献

Advanced Distribution Learning Initiative, *SCORM* 2004 4*th Edition*, (2004), Available at https://www.adlnet.gov/adl - research/scorm/scorm - 2004 - 4th - edition/.

Advanced Distribution Learning Initiative, *The xAPI Overview*, (2010), Available at https://www.adlnet.gov/adl - research/performance - tracking - analysis/experience - api/.

Agrawal, T. and Imieliński, A., "Mining Association Rules between Sets of Items in Large Databases", *ACM SIGMOD International Conference on Management of Data*, 22, (1993) pp. 207 - 216.

Anderson, A., "Getting the Mix Right Again: An Updated and Theoretical Rationale for Interaction", *International Review of Research in Open & Distance Learning*, 4(2), (2003), pp. 153 - 161.

Anderson, T. D. and Garrison, D. R., *Learning in a Networked World: New Roles and Responsibilities*, *In C. Gibson (Ed.)*, Madison, WI: Atwood Publishing, (1998), pp. 97 - 112.

Arnold, E., Pistilli, M. D., Course Signals at Purdue: Using Learning Analytics to Increase Student Success, *Learning Analytics and Knowledge ACM*, (2012) pp. 267 - 270.

Arnold, E., Tanes, Z. A., King, S., Administrative Perceptions of Data - mining Software Signals: Promoting Student Success and Retention, *The Journal of Academic Administration in Higher Education*, 6(2), (2010), pp. 29 - 39.

Bakharia, A., Heathcote, E. and Dawson, S., *Social Networks Adapting Pedagogical Practice: SNAPP*, *University of Auckland*, Auckland University of Technology, and Australasian Society for Computers in Learning in Tertiary Education, (2009), Available at http://citeseerx. ist. psu. edu/viewdoc/download? doi = 10. 1. 1. 412. 899&rep = rep1&type = pdf

Blackboard Program, *Blackboard Intelligence Analytics for Learn*, (2016), Available at http://www. blackboard. com/education – analytics /index. aspx.

Blanco, D. , Serrano, A. and Freire, M. , "E – Learning Standards and Learning Analytics. Can Data Collection Be Improved by Using Standard Data Models? "*Global Engineering Education Conference*, (2013), pp. 1255 – 1261.

Brooks, G. , Erickson, J. , Modelling and Quantifying the Behaviours of Students in *Lecture Capture Environments*, *Computers & Education*, 4, (2014), pp. 282 – 292.

Brooks, C. , Epp, C. D. and Logan, G . , "The Who, What, When, and Why of Lecture Capture", *Proceedings of the 1st International Conference on Learning Analytics and Knowledge*, (2011), pp. 86 – 92.

Brooks, C. A. , Ketterl, M. and Hochman, A. , OpenCast Matterhorn 1. 1: Reaching New Heights, *Proceedings of the 19th ACM International Conference on Multimedia*, (2011), pp. 703 – 706.

Brown, M. , *Learning Analytics: the Coming Third Wave*, (2011), Available at http://net. educause. edu /ir/library/pdf/ELIB1101. pdf.

Bünz, D. and Gütschow, K. , "CATPAC—An Interactive Software Package for Control System Design", *Automatica*, 21(2), (1985), pp. 209 –213.

Campbell, J . P . and Oblinger, D. , "Academic Analytics", *EDUCAUSE Review*, 42(4), G. (2007), pp. 40 – 57.

Campbell, J. P. , DeBlois, P. B. and Oblinger, D. G. , Academic Analytics: A New Tool for a New Era, *EDUCAUSE Review*, 42(4), (2007), pp. 40 – 42.

Case Study: A Traffic Lights and Interventions: Signals at Purdue University, *Learning Analytics in Higher Education: A Review of UK and International Practice*, Available at https://www. jisc. ac. uk/sites/default/files/learning – analytics – in – he – v3. pdf.

Chatti, M. A. , Drachsler, H. , "Translating Learning into Numbers: A Generic Framework for Learning Analytics", *Technology Enhanced Learning Archive*, 4(1) , (2013) , pp. 1 –22.

Chatti, M. A. , Dyckhoff, A. L. and Schroeder, U. , A Reference Model for Learning Analytics, *International Journal of Technology Enhanced Learning*, 4(5/6) , (2012)pp. 318 –331.

Check My Activity Project, *Check My Activity's Reports for Students Now Available Inside Blackboard*, University Of Maryland Baltimore County, (2013) , Available at http://www. umbc. edu/blogs/ oit – news/reports/.

Chen, E. , Heritage, M. , Lee, J. , Identifying and Monitoring Students' Learning Needs with Technology, *Journal of Education for Students Placed at Risk*, 10(3) , (2010) , pp. 309 – 332.

Claxton, G. , "Developing an Effective Lifelong Learning Inventory: the ELLI Project", *Assessment in Education: Principles, Policy, Practice*, 3 (10) , (2004)pp. 247 –272.

Colburn, L. K. , *An Analysis of Teacher Change and Required Supports as Technology is Integrated into Classroom Instruction*, (2000) , Available at https://www. editlib. org/p/127178/.

Cook, R. D. and Weisberg, S. , *Residuals and Influence in Regression*. New York: Chapman and Hall, (1982) , p. 32

Cooper, A. , *A Brief History of Analytics: A Briefing Paper*, (2012) , Available at http //publications. cetis. ac. uk/wpcontent/uploads/2012/12/ Analytics – Brief – History – Vol – 1 – No9. pdf.

Daniel, B. , Big Data and Analytics in Higher Education: Opportunities and Challenges, *British Journal of Educational Technology*, 5, (2015) pp. 904 – 920.

Dawson, S. , Bakharia, A. and Heathcote, E. , SNAPP Realising the Affordances of Real – time SNA Within Networked Learning Environments, *Networked Learning*, (2010) , Available at http://www. networkedlearningconference. org. uk/past/nlc2010/abstracts/PDFs/Dawson. pdf.

Denner, L. , *Employing Knowledge Networks as Tools for the Development of Caribbean Small Island Developing States*, Economic Commission for Latin America and the Caribbean, 6, (2012), pp. 5 – 33.

Domingos, P. , *A Few Useful Things to Know about Machine Learning*, Communications of the ACM, 55(10), (2012), pp. 78 – 87.

Duval, E. , *Attention Please!: Learning Analytics for Visualization and Recommendation*, Proceedings of The 1st International Conference on Learning Analytics and Knowledge, ACM, (2011), pp. 9 – 17.

Educational Date Mining, Available at http://www. educationaldatamining. org.

EDUCAUSE, *The New Media Consortium: Learning Analytics*, (2011), The Horizon Report 2011 Edition.

Elias, T. , Learning Analytics: Definitions, Processes and Potential, *Learning*, 23(3), (2011), pp. 134 – 148.

Enhancing Teaching and Learning through Educational Data Mining and Learning Analytics, (2012), http://www. ed. gov/edblogs/technology/files/2012/03/edm – la – brief. pdf.

Ester, M. Kriegel, H. Sander, P. J. and Xu, X. , *"A Density – Based Algorithm for Discovering Clusters in Large Spatial Databases with Noise"*, Proceedings from KDD, (1996), pp. 226 – 231.

Ferguson, S. and Shum, B. , *Social Learning Analytics: Five Approaches*, International Conference on Learning Analytics and Knowledge, (2012), pp. 23 – 33.

Ferguson, R. and Simon, B. S. , *Learning Analytics to Identify Exploratory Dialogue within Synchronous Text Chat,* Proceedings of the 1st International Conference on Learning Analytics and Knowledge, Banff, Canada, (2011).

Ferguson, R. , "The State of Learning Analytics in 2012: A Review and Future Challenges", *Knowledge Media Institute the Open University UK,* (2012), Available at https://library. educause. edu/resources/2012/3/the – state – of – learning – analytics – in – 2012 – a – review – and – future – challenges.

Freya, H. and Timothy, K. S. , *"Automatic Trap Detection: A Debugging Mechanism for Abnormal Specification in the IMS Sequencing Controls",* IEEE Transactions on Learning Technologies, 3(1), (2008), pp. 176 – 189.

Fritz, J. , Classroom Walls that Talk: Using Online Course Activity Data of Successful Students to Raise Self – awareness of Underperforming Peers, *The Internet and Higher Education,* 14(2), (2010), pp. 89 – 97.

George, S. , 1*st International Conference on Learning Analytics and Knowledge,* (2010), Available at https://tekri. athabascau. ca/analytics/about.

Goldstein, J. and Katz, R. N. , *Academic Analytics: The Uses of Management Information and Technology in Higher Education,* EDUCAUSE Center for Applied Research,

Graphical Interactive Student Monitoring Tool for Moodle, (2012), (2005) Available at http://gismo. sourceforge. net/.

Greer, L. and Heaney, P. L. , Real – time Analysis of Student Comprehension: An Assessment of Electronic Student Response Technology in An Introductory Earth Science Course, *Journal of Geoscience Education,* 52(4), (2004), pp. 345 – 351.

Greller, W. and Drachsler, H. , Translating Learning into Numbers: A Ge-

neric Framework for Learning Analytics, *Journal of Educational Technology &
Society* , 3(2) , (2012) , pp. 42 – 57.

Guy, I. , Steier, T. , Barnea, M. , *Swimming against the Streamz: Search
and Analytics over the Enterprise Activity Stream*, ACM International Conference
on Information and Knowledge Management, (2012) , pp. 1587 – 1591.

Han, J. , Pei, J. and Kamber, M. , *Data Mining: Concepts and Techniques*,
Amsterdam: Elsevier, (2011) .

Hruska, M. , Amburn, C. , Long, R. and Poeppelman, T. R. , *Experience
API and Team Evaluation: Evolving Interoperable Performance Assessment*, The
Interservice/Industry Training, Simulation, Education Conference (I/ITSEC) ,
(2014), Available at http://pswordpress. azurewebsites. net/wp – content/up-
loads/2015/09/14157. pdf.

Huisman, M. and Van Duijn, A. J. , Software for Social Network Analysis,
Models and Methods in Social Network Analysis, (2005) , p. 316.

Iten, L. Arnold, K. and Pistilli, M. (2011) , *Mining Real – time Data to
Improve Student Success in a Gateway Course*, Available at http://www. bio.
purdue. edu/bootcamp/.

Johann, L. and Brandon, W. , *Learning Analytic from Research to Practice*,
New York: Springer Science Business Media, (2014) , pp. 1 – 2.

Johnson, L. , Adams, S. and Cummins, M. , *The NMC Horizon Report
2012: Higher Education Edition*, (2012) , Available at https://www. nmc. org/
publication/horizon – report – 2012 – higher – ed – edition.

Johnson, L. , Levine, A. A. and Smith, R. , "*The Horizon Report:* 2009
Australia – New Zealand Edition", New Media Consortium , (2009) , Available
at http://files. eric. ed. gov/fulltext/ED513479. pdf.

Kamenetz, A. , *Knewton's "Adaptive Learning" Technology Spreads to Tens
of Thousands of Students at ASU*, Penn State, SUNY, More, (2011) , Available at

http://robwdsa. pulsememe. com/knewtons – adaptive – learning – technology – spreads.

Karen, M. , Margaret, C. R. and Zane, L. B. , Learning Analytics as a Tool for Closing the Assessment Loop in Higher Education, *Knowledge Management & E – Learning: An International Journal*, 4(3) , (2012) , pp. 236 – 248.

Kuhn, T. S. , *The Structure of Scientific Revolutions*, (1970) , Available at scitation. aip. org/content/aapt/journal/ajp/31/7/10. 1119/1. 1969660? crawler = true.

Denner, L. , "Employing Knowledge Networks as Tools for the Development of Caribbean Small Island Developing States", *Economic Commission for Latin America and the Caribbean*, 6, (2012) , pp. 5 – 33.

Laat, M. D. , Lally, V. and Lipponen, L. , Investigating Patterns of Interaction in Networked Learning and Computer – supported Collaborative Learning: A Role for Social Network Analysis, *International Journal of Computer – Supported Collaborative Learning*, 2, (2007) , pp. 87 – 103.

LAKE2012, *Learning Analytics and Knowledge*, (2012) , Available at http://lak12. sites. olt. ubc. ca.

Larusson, J. A. and White, B. , *Learning Analytics from Research to Practice*, New York: Springer Verlag, (2014) .

Lea, G. , *Using These Words in Your Admission Essay May Secure You a Spot at Harvard*, (2015) Available at https://college. usatoday. com/2015/08/11/admitsee – essay – words – harvard – stanford.

Li, Y. , Wang, Q. and Campbell, J. , Investigating Gender and Racial/Ethnic Invariance in Use of a Course Management System in Higher Education, *Education Science*, 5(2) , (2015) , pp. 179 – 198.

Liu, B. , *Web Data Mining: Exploring Hyperlinks, Contents, and Usage Data*, (2007) , Berlin: Springer Science, Business Media.

Long, P. and Siemens, G. , Penetrating the Fog: Analytics in Learning and Education, EDUCAUSE Review, 2, (2011), pp. 31 – 40.

Lonn, S. , *"Bridging the Gap from Knowledge to Action: Putting Analytics in the Hands of Academic Advisors"*, Proceedings of the 2nd International Conference on Learning Analytics and Knowledge, ACM, (2012), pp. 184 – 187.

Lynn, S. , *How Admission Offices Use Big Data to Track Student*, (2014), Available at https: //www. thecollegesolution. com/how – college – use – big – data – to – track – your – child.

Macfadyen, L. P. and Dawson, S. , Mining LMS Data to Develop an' Early Warning System' for Educators: A Proof of Concept. *Computers and Education*, 54(2), (2010), pp. 588 – 589.

Mazur, J. , Conversation Analysis for Educational Technologists: Theoretical and Methodological Issues for Researching the Structures, Processes and Meaning of On – line Talk, *Handbook of Research on Educational Communications and Technology*, 2, (2004) pp. 1073 – 1098.

McKay, T. , Miller, K. and Tritz, J. , *"What to Do with Actionable Intelligence: E2Coach as an Intervention Engine"*, Proceedings of the 2nd International Conference on Learning Analytics and Knowledge, (2012), pp. 88 – 91.

Miyazoe, T. , *"The Interaction Equivalency Theorem "*, Distance Education in China, (2014), Available at http: //auspace. athabascau. ca: 8080/handle/ 2149/3185.

Nicole, L. M. and Rosanna, E. G. , Make New Friends or Keep the Old: Gender and Personality Differences in Social Networking Use, *Computer and Human Behavior*, 28, (2012), pp. 107 – 112.

NMC HorizonRepor 2011 *Higher Ed Edition*, (2001), Available at http: // www. nmc. org/publications/horizon – report – 2011 – higher – ed – edition.

Node XL, *Network Overview, Discovery and Exploration for Excel*, (2012),

Available at http://nodexl.codeplex.com/.

Olmos, M. , Corrin, L. , *Academic Analytics in a Medical Curriculum: Enabling Educational Excellence*, In Williams, G. , Statham, P. , Brown, N. & Cleland, B. (Eds.), *Changing Demands, Changing Directions, Proceedings Ascilite*, Hobart, (2011), pp. 930 – 941.

Parmar, A. , "Paper Review on Sharable Content Object Reference Model (SCORM): Framework for E – learning Standard", *Advanced Computing Communication Technologies (ACCT)*, Second International Conference on. IEEE, (2012), Available at http://ieeexplore. ieee. org/abstract/document/6168402/? reload = true.

Pistilli, M. D. and Arnold, K. E. , *Purdue Signals: Mining Real – time Academic Data to Enhance Student Success*, About Campus: Enriching the Student Learning Experience, 3, (2010), p. 22.

Preece, J. Rogers, Y. and Sharp, H. , Human – Computer Interaction, International Conference on Emerging Trends in Engineering & Technology, *Addison – Wesley Longman Ltd,* (1994), pp. 204 – 205.

Retalis, S. , Papasalouros, Psaromiligkos, A. , Siscos, Y. & S. Kargidis, T. , *Towards Networked Learning Analytics – a Concept and a Tool,* Proceedings of the 5th International Conference on Networked Learning, Lancaster, UK.

SAP HANA Program, *Leveraging SAP HANA to Read the Way in Use of Analytics in Higher Education,* University of Kentucky, (2014), Available at https://www. sap. com/bin/sapcom/en – us/ downloadasset.

Sharon, S. G. , *CU's Girls Who Code* 2016 – *Encouraging Girls to Consider a Future in STEM Careers While Having Fun,* (2016), Available at https://www. cu. edu/blog/uis – news/cu – girls – who – code – 2016 – encouraging – girls – consider – future – stem – careers – while – having.

Sharon, S. G. , *Student Banking Information Always Current with New ACH*

Process, (2016), Available at https://www. cu. edu/blog/uis – news/student – banking – in formation – always – current – new – ach – process.

Shneiderman, M. A. and Milic – Frayling, N. , *Analyzing (Social Media) Networks with NodeXL,* Proceedings of the Fourth International Conference on Communities and Technologies, ACM, (2009), pp. 255 – 264.

Siemens, G. , Penetrating the Analytics in Learning and Education, *EDU-CAUSE Review,* 42(2) , (2011), pp. 866.

Siemens, G. , *Open Learning Analytics: An Integrated & Modularized Platform,* (2011), London: Open University Press, pp. 113 – 148.

Siemens, G. , *Learning and Knowledge Analytics – Knewton – the futureof Education?,* (2011), Available at http://www. learninganalytics. net/?p = 126.

Siemens, G. , *What Are Learning Analytics?* , (2012), Available at https:// opus. lib. uts. edu. au/ handle/10453 /19517.

Siemens, G. , *What Are Learning Analytics,* (2016), Available at https:// opus. lib. uts. edu. au/handle/10453/19517.

Signals, *Stoplights for Learner Success,* (2009), Available at https://news. uns. purdue. edu/images/ +2009/ signals – screen. jpg.

Simens, G. , *Open Learning Analytics: an Integrated, Modularized Platform,* Ph. D Thsis, Open University Press, (2011), Available at http://www. elearnspace. org/blog/wp – content/uploads/2016/02/ProposalLearningAnalyticsModel_ SoLAR. pdf.

Simense, G. , *Learning and Knowledge Analytics: Knewton, the Future of Education,* (2011), Available at http://www. learninganalytics. net/?p =126.

Simon, B. S. , Rebecca, F. , *Social Learning Analytic,* (2011), Available at http://kmi. open. ac. uk/publications/ pdf/kmi – 11 – 01. pdf.

SNAPP Program, (2013), Available at http://www. snappvis. org/.

SoLAR Flare, (2013), Available at http://www.solaresearch.org/flare.

Stahl, G., *Computer Support for Collaborative Learning: Foundations for a Cscl Community*, (2002), Available at http://citeseerx.ist.psu.edu/viewdoc/download?doi = 10.1.1.443.1853&rep = rep1&type = pdf.

Trinkle, A., The 361 Model for Transforming Teaching and Learning with Technology, *EDUCAUSE Quarterly*, 28(4), (2005), pp. 18 – 25.

Tsvetovat, M. and Kouznetsov, A., *Social Network Analysis for Startups: Finding Connections on the Social Web*, (2011), New York: O'Reilly Media, Inc.

U.S. Department of Education, *Enhancing Teaching and Learning through Educational Data Mining and Learning Analytics*, (2016), Available at http://www.ed.gov/edblogs/technology/files/2012/03/ edm – la – brief.pdf.

UISProgram., *Risk Management*, University of Colorado, (2016), Available at https://www.cu.edu/ois/ risk – management.

UISProgram., *About UIS*. University of Colorado, (2016), Available at http://www.cu.edu/university – information – systems/about – uis.

University IdentitySystem, *Service Reliability and Project Updates*, University of Colorado, (2016), Available at https://www.cu.edu/doc/uisupdatedecember2016.pdf.

Wasserman, S. and Faust, K., *Social Network Analysis: Methods and Application*, (1994), Cambridge: Cambridge university press.

Wellman, B. and Berkowitz, S. D., *Social Structures: A Network Approach*, New York: Cambridge University, (1997), p.130.

Wise, F., "Designing Pedagogical Interventions to Support Student Use of Learning Analytics", *Proceedings of the Fourth International Conference on Learning Analytics and Knowledge*, (2014), pp. 203 – 211.

Wong, P., "The Top 10 Challenges in Extreme – scale Visual Analytics", *IEEE Computer Graphics and Applications*, 32(4), (2012), pp. 63 – 67.